法律法规案例注释版系列

中华人民共和国
民法典
物权编
案例注释版

第五版

中国法制出版社
CHINA LEGAL PUBLISHING HOUSE

第五版说明

“法律的生命不在于逻辑，而在于经验。”我国各级人民法院作出的生效裁判是审判经验的结晶，是法律适用在社会生活中真实、具体而生动的表现，是连接抽象法律与现实纠纷的桥梁。因此，了解和适用法律最好的办法，就是阅读、参考已发生并裁判生效的真实案例。从广大读者学法用法以及法官、律师等司法实务人员工作的实际需要出发，我们组织编写了这套“法律法规案例注释版”丛书。该丛书侧重“以案释法”，期冀通过案例注释法条的方法，将法律条文与真实判例相结合，帮助读者准确理解与适用法律条文，并领会法律制度的内在精神。

丛书最大的特点是：

第一，专业性。

丛书所编选案例的原始资料来源于各级人民法院已经审结并发生法律效力的判决，从阐释法律规定的需要出发，加工整理而成。案例来源主要包括但不限于：最高人民法院、最高人民检察院公布的指导案例；各级人民法院和人民检察院总结编撰并发布的供本辖区人民法院、人民检察院办案参阅、参考的典型案例。对于没有相关真实案例的重点法条，则从全国人大常委会法工委等立法部门对条文的专业解读中提炼条文注释。

第二，示范性。

裁判案例是法院依法对特定主体之间在特定时间、地点发生的法律纠纷作出的裁判，其本身具有真实性、指导性和示范性的特点。丛书选择的案例紧扣法律条文规定，对于读者有很强的参考借鉴价值。

第三，实用性。

每本书都由专业人士撰写主体法的适用提示，以帮助读者对该法有整体的了解。丛书设置“相关案例索引”栏目，列举更多的相关案例，归纳出案件要点，以期通过相关的案例，进一步发现、领会和把握法律规则、原则，从而作为解决实际问题的参考，做到举一反三。此外，我们还在主体法律文件之后收录重要配套法律文件，以及相应的法律流程图表、文书等内容，方便读者查找和使用。

希望本丛书能够成为广大读者学习、理解和运用法律的得力帮手！

2021 年 9 月

目　录

《中华人民共和国民法典》物权编

第一分编　通　　则

第一章　一般规定

第二章　物权的设立、变更、转让和消灭

第一节　不动产登记

第三节 其他规定

第三章 物权的保护

第二分编　所　有　权

第四章　一般规定

第五章　国家所有权和集体所有权、私人所有权

第七章　相邻关系

第八章　共　　有

第九章　所有权取得的特别规定

第三分编　用益物权

第十章　一般规定

第十一章　土地承包经营权

第十二章　建设用地使用权

第十三章　宅基地使用权

第十四章　居　住　权

第十五章　地　役　权

第四分编　担保物权

第十六章　一般规定

第十七章　抵　押　权

第一节　一般抵押权

第二节　最高额抵押权

第十八章　质　　权

第一节　动产质权

第二节　权利质权

第十九章　留　置　权

第五分编　占　　有

第二十章　占　　有

附　录

适用提示

2020年5月28日，《中华人民共和国民法典》由中华人民共和国第十三届全国人民代表大会第三次会议通过，自2021年1月1日起施行。物权编是一个国家的基本财产法律规定，它通过确定财产的归属以达到定分止争的目的，从而节约交易费用。物权编分为通则、所有权、用益物权、担保物权、占有五个分编。简言之，其主要内容包括：

（一）关于坚持社会主义基本经济制度

第一，物权编把坚持国家基本经济制度作为物权法的基本原则，这一基本原则作为物权编的核心，贯穿并体现在整部物权编的始终。第二，物权编对国家所有权和集体所有权、私人所有权作了明确规定，其中用较多条款对国家所有权作了规定，有利于坚持和完善社会主义基本经济制度，有利于各种所有制经济充分发挥各自优势，相互促进，共同发展。

（二）关于平等保护国家、集体和私人的物品

《中华人民共和国民法典》第二百零七条规定，国家、集体、私人的物权和其他权利人的物权受法律平等保护，任何组织或者个人不得侵犯。物权编的一项重要原则是对权利人实行平等保护。

（三）关于国有财产

物权编对国有财产的范围、国家所有权的行使和加强对国有财产的保护等作出了明确规定。例如，自然资源、国有文物、基础设施、国有机关和国家举办的事业单位的财产等属于国有资产；国有财产由国务院代表国家行使所有权，法律另有规定的依规定；国家所有的财产受法律保护，禁止任何单位和个人侵占、哄抢、私分、截留、破坏；等等。

（四）关于集体财产

物权编依据宪法和相关政策，以专章分别规定了“土地承包经营权”和“宅基地使用权”。《中华人民共和国民法典》第三百三十一条规定，土地承包经营权人依法对其承包经营的耕地、林地、草地等享有

占有、使用和收益的权利，有权从事种植业、林业、畜牧业等农业生产。关于城镇集体财产。物权编对城镇集体财产作了原则规定，即《中华人民共和国民法典》第二百六十三条规定，城镇集体所有的不动产和动产，依照法律、行政法规的规定由本集体享有占有、使用、收益和处分的权利。第二百六十五条规定，集体所有的财产受法律保护，禁止任何组织或者个人侵占、哄抢、私分、破坏。

（五）关于私有财产

《中华人民共和国民法典》第二百六十六条规定，私人对其合法的收入、房屋、生活用品、生产工具、原材料等不动产和动产享有所有权。第二百六十七条规定，私人的合法财产受法律保护，禁止任何组织或者个人侵占、哄抢、破坏。这些规定，进一步完善了保护私有财产的法律制度，有利于激发人民群众创造、积累财富的积极性，促进社会和谐。

随着住房制度改革，业主的建筑物区分所有权已经成为私人不动产物权中的重要权利。物权编从维护业主的合法权益出发，明确规定业主对建筑物内的住宅、经营性用房等专有部分享有所有权，对专有部分以外的共有部分享有共有和共同管理的权利。

（六）关于征收补偿

依据宪法、物权编的规定，为了公共利益的需要，依照法律规定的权限和程序征收、征用不动产或者动产的，应当给予公平、合理的补偿。同时，对征收补偿的其他内容作了规定。为了规范房屋征收补偿行为，维护被征收当事人的合法权益，保障建设项目的顺利进行，国家不断完善房屋征收补偿法律法规、政策，加大对房屋征收补偿的管理力度。例如，《国有土地上房屋征收与补偿条例》旨在为解决目前存在的征收补偿争议、暴力拆迁等拆迁方面的突出矛盾问题提供制度上的依据。

此外，物权编对相邻关系、担保物权、对物权的保护、占有等问题亦进行了规定。同时，《中华人民共和国民法典》物权编规定了“居住权”的相关规定。最高人民法院于2020年12月发布了《最高人民法院关于适用〈中华人民共和国民法典〉物权编的解释（一）》《最高人民法院关于适用〈中华人民共和国民法典〉有关担保制度的解释》，修订了《最高人民法院关于审理建筑物区分所有权纠纷案件适用法律若干问题的解释》等司法解释，使物权编在解决纠纷、塑造秩序中发挥越来越重要的作用。

《中华人民共和国民法典》物权编

（2020 年 5 月 28 日第十三届全国人民代表大会第三次会议通过　2020 年 5 月 28 日中华人民共和国主席令第 45 号公布　自 2021 年 1 月 1 日起施行）

目　　录

第十二章　建设用地使用权
第十三章　宅基地使用权
第十四章　居住权
第十五章　地役权
第四分编　担保物权
第十六章　一般规定
第十七章　抵押权
第一节　一般抵押权
第二节　最高额抵押权
第十八章　质　　权
第一节　动产质权
第二节　权利质权
第十九章　留置权
第五分编　占　　有
第二十章　占　　有
……

第一分编　通　　则

第一章　一般规定

第二百零五条　【物权编的调整范围】本编调整因物的归属和利用产生的民事关系。

条文注释

民法典物权编调整的是一种民事关系，即平等主体之间的财产关系，民事主体之间的财产关系核心包括财产的归属关系、流转关系、利用关系等。民法典物权编主要是对财产的归属和利用关系进行调整。

第二百零六条　【我国基本经济制度与社会主义市场经济原则】国家坚持和完善公有制为主体、多种所有制经济共同发展，按劳分配为主体、多种分配方式并存，社会主义市场经济体制等社会主义基本经济制度。

国家巩固和发展公有制经济，鼓励、支持和引导非公有制经济的发展。

国家实行社会主义市场经济，保障一切市场主体的平等法律地位和发展权利。

第二百零七条　【平等保护原则】国家、集体、私人的物权和其他权利人的物权受法律平等保护，任何组织或者个人不得侵犯。

第二百零八条　【物权公示原则】不动产物权的设立、变更、转让和消灭，应当依照法律规定登记。动产物权的设立和转让，应当依照法律规定交付。

第二章　物权的设立、变更、转让和消灭

第一节　不动产登记

第二百零九条　【不动产物权的登记生效原则及其例外】不动产物权的设立、变更、转让和消灭，经依法登记，发生效力；未经登记，不发生效力，但是法律另有规定的除外。

依法属于国家所有的自然资源，所有权可以不登记。

案例 1

吴某彬、孙某侠与洪某民间借贷纠纷案［安徽省蚌埠市中级人民法院（2020）皖03民终1410号］

两原告系夫妻关系。被告洪某与第三人吴某之间因民间借贷纠纷一案，法院于2016年10月20日作出（2016）皖0322民初2416号民事判决书，判决：吴某应偿还洪某300000元。该判决书生效后，因吴某未能按照该判决履行给付义务，洪某向法院申请强制执行。法院于2016年12月13日作出（2016）皖0322执1456号之一执行裁定书，裁定：查封登记在吴某名下的位于安徽省蚌埠市治淮路亨通嘉园X号楼X号房屋，由吴某负责妥善保管。原告吴某彬、孙某侠以案外人身份对法院执行查封吴某名下的房产不服，向法院提出书面异议，法院于2019年4月30日作出（2019）皖0322执异10号执行裁定书，裁定：驳回案外人吴某彬、孙某侠的异议请求。原告吴某彬、孙某侠于2019年5月14日向法院提起案外人执行异议之诉。

一审法院认为，对案外人提起的执行异议之诉，人民法院经审理，按照下列情形分别处理：（1）案外人就执行标的享有足以排除强制执行的民事权益的，判决不得执行该执行标的；（2）案外人就执行标的不享有足以排除强制执行的民事权益的，判决驳回诉讼请求。综合本案认定的证据以及查明的事实可以确认：①位于安徽省蚌埠市治淮路亨通嘉园X号楼X号房屋，产权登记所有人为本案第三人吴某；②原告吴某彬、孙某侠就该执行案件的执行标的（房产证房产证号：蚌私字某某）排除强制执行的民事权益。其理由是：根据物权法规定，不动产物权的设立、变更、转让和消灭，经依法登记，发生效力；未经登记，不发生效力。不动产权属证书是权利人享有该不动产物权的证明。本案中，案涉房产进行了不动产权属登记，登记权利人为吴某，即吴某为法律意义上的房屋所有权人，该不动产登记对外具有公示公信效力。因第三人吴某未履行生效民事判决书所确定的给付义务，人民法院有权查封、拍卖第三人吴某名下的房产，同时原告提供的证据不足以证明其对案涉房屋享有排除强制执行的民事权益，其提起执行异议请求不能阻却对本案诉争房产的执行，故原告的诉讼请求，不予支持。

二审法院认为，本案案由系案外人执行异议之诉，争议焦点为：一、吴某彬、孙某侠对案涉房屋是否享有足以排除强制执行的民事权益。二、本案一审案件受理费按财产案件标准收取是否有事实和法律依据。结合当事人的诉辩主张，根据本案查明的事实和有关法律规定，关于争议焦点一，吴某彬、孙某侠应当就其对执行标的享有足以排除强制执行的民事权益承担举证责任，包括但不限于执行标的转让或受让的相关合同的订立与履行情况、资金往来情况以及其他与执行标的相关的基础性法律关系的证据等。吴某彬、孙某侠既未提供其与吴某之间的借名买房书面协议，也未提交案涉房产的书面买卖合同；吴某彬、孙某侠已于一审法院查封前实际占有使用案涉房屋，被上诉人洪某、原审第三人吴某对此均无异议；吴某彬、孙某侠未能提供首付款的支付凭证，其提供的部分还贷凭证等不足以证明案涉贷款均系其偿还；吴某彬、孙某侠明知案涉房屋原系通过按揭贷款的方式所购，该房屋上设有贷款银行的抵押权负担，因此，无论其是否通过"借名"的方式购买，理应承担案涉房屋在抵押贷款未还清前，因难以办理过户登记手续而可能产生的风险，故即使案涉房屋系其借名购买，在一审法院查封前未能办理过户登记，一定程度上亦系其自身原因所致。综上，吴某彬、孙某侠对案涉房屋不享有足以排除强制执行的民事权益。关于争议焦点二，执行异议之诉是人民法院对执行过程中当事人之间的实体法律关系争议适用审判程序予以裁决的一种实体裁判制度。此类案件当事人的请求涉及财产权益的，属于财产案件，应当按照财产案件标准计收案件受理费。至于原审第三人吴某与被上诉人之间是否发生民间借贷关系的问题，上诉人吴某彬、孙某侠的该节上诉理由实际指向原判决，不属于本案执行异议之诉的审理范围，法院在本案审理中不宜处理，其可以通过审判监督程序予以救济。

第二百一十条　【不动产登记机构和不动产统一登记】不动产登记，由不动产所在地的登记机构办理。

国家对不动产实行统一登记制度。统一登记的范围、登记机构和登记办法，由法律、行政法规规定。

● ***相关规定***

《不动产登记暂行条例》第4条；《城市房地产管理法》第61～63条；《土地管理法实施条例》第4～6条

第二百一十一条　【申请不动产登记应提供的必要材料】当事人申请登记，应当根据不同登记事项提供权属证明和不动产界址、面积等必要材料。

● ***相关规定***

《不动产登记暂行条例》第8条、第16条；《国家土地管理局土地登记规则》第10条

第二百一十二条　【不动产登记机构应当履行的职责】登记机构应当履行下列职责：

（一）查验申请人提供的权属证明和其他必要材料；

（二）就有关登记事项询问申请人；

（三）如实、及时登记有关事项；

（四）法律、行政法规规定的其他职责。

申请登记的不动产的有关情况需要进一步证明的，登记机构可以要求申请人补充材料，必要时可以实地查看。

案例 2

姚某玲与某市规划和自然资源委员会赔偿行政纠纷案［某市第三中级人民法院（2020）京03行赔终43号］

坐落在某市怀柔区××街×号楼×层××××号房屋原登记在姚某玲名下，其持有该房屋的京房权证怀私移字第××某某《房屋所有权证》（以下简称×××××号房屋所有权证）。姚某玲之妹姚某因欠外债无能力归还，从姚某玲家窃取了×××××号房屋所有权证及姚某玲的身份证等相关证件，其欲进行抵押贷款。2014年6月18日，经××××××房地产经纪有限公司居间，姚某冒用姚某玲的名义与郑某签订了《房屋买卖居间合同》，约定以×××万元的价格将涉案房屋转让给郑某。当日，双方签订了《存量房屋买卖合同》，并办理了过户手续，原某市住房和城乡建设委员会（因机构改革和职能调整，现不动产登记职责由某市规划和自然资源委员会承担，以下简称市住建委）

亦为郑某颁发了X京房权证怀字第××某某《房屋所有权证》（以下简称××××××号房屋所有权证）。2018年9月11日，姚某玲以原某市规划和国土资源管理委员会为被告，向一审法院提起行政诉讼，要求确认市住建委为郑某颁发××××××号房屋所有权证的行政行为违法。一审法院于2018年11月15日作出（2018）京0116行初417号《行政判决书》（以下简称417号行政判决书），确认市住建委于2014年6月18日颁发给郑某的××××××号房屋所有权证的行政行为违法。原某市规划和国土资源管理委员会对此不服，上诉至法院。法院于2018年12月26日作出（2018）京03行终955号《行政判决书》（以下简称955号行政判决书），驳回上诉，维持一审判决。

2019年8月9日，姚某玲向某市规划和自然资源委员会递交《国家赔偿申请书》，要求某市规划和自然资源委员会赔偿因违法变更房屋权属登记而给姚某玲造成的经济损失×××万元。2019年8月12日，某市规划和自然资源委员会收到该申请书后，于同年10月29日作出《不予赔偿决定书》，决定对姚某玲提出的赔偿申请不予赔偿。2019年12月2日，姚某玲向一审法院提起行政赔偿诉讼，要求某市规划和自然资源委员会赔偿因违法变更房屋权属登记而给姚某玲造成的经济损失×××万元。

一审法院认为，姚某玲于2019年8月9日以邮寄的方式向某市规划和自然资源委员会递交《国家赔偿申请书》，某市规划和自然资源委员会于2019年8月12日就已签收，但其于2019年10月29日才向姚某玲作出《不予赔偿决定书》欠妥。

二审法院认为，《中华人民共和国国家赔偿法》①第二条第一款规定，国家机关和国家机关工作人员行使职权，有本法规定的侵犯公民、法人和其他组织合法权益的情形，造成损害的，受害人有依照本法取得国家赔偿的权利。据此，公民取得国家赔偿，应以其合法权益受到国家机关和国家机关工作人员行使职权行为的侵害为前提条件。本案中，市住建委于2014年6月18日颁发给郑某××××××号房屋所有权证的行政行为被生效判决违法，故姚某玲有权就该违法行为对其合法权益造成的实际损害提起行政赔偿诉讼。

① 本书案例适用的法律法规均为案件裁判当时有效，下文不再赘述。

第二百一十三条　【不动产登记机构的禁止行为】登记机构不得有下列行为：

（一）要求对不动产进行评估；

（二）以年检等名义进行重复登记；

（三）超出登记职责范围的其他行为。

案例 3

罗某曼与罗某琼排除妨害纠纷案［云南省昭通市中级人民法院（2020）云06民终1055号］

2015年12月，罗某曼与万福公司达成协议，该公司将位于昭阳区共计1070.6平方米的国有土地使用权转让给罗某曼。2015年12月24日，昭通市人民政府颁发了罗某曼取得该土地使用权。罗某曼从万福公司转让该公司位于昭阳区房屋前，罗某琼位于昭阳区建设北街简易房屋就存在。罗某曼转让后以罗某琼在其临时搭建的建筑物起诉至法院院。

一审法院认为，当事人对自己提出的主张有责任提供证据。物权变动的规则是确定物权归属的基本依据，而有关物权变动公示的效力的规则，则是确定物权是否完整的基本依据。物权登记其作用主要在于公示物权变动的事实，而不是物权的确权。罗某曼在取得该转让物权之前，罗某琼的物权就已历史存在，罗某曼认为罗某琼侵权的主张，无事实依据，法院对其主张不予以支持。

二审法院认为，不动产权属证书是确认不动产物权归属的证明。本案中，被上诉人罗某琼原审提交的内部认购协议书、交款收据、具结书、房屋抵押合同书、授权委托书等证据只能证明案涉建筑物所在地的来源、地址，再结合双方当事人的陈述，上述证据仅能证明案涉建筑物系被上诉人罗某琼搭建并占有使用，而上诉人罗某曼主张被上诉人违法修建案涉建筑物及违法占有，被上诉人罗某琼亦未提供相关权属证书证明案涉建筑物的物权归属，因此，对案涉建筑物是否属违法建筑及是否应拆除，应由行政主管部门认定。本案中，根据原审查明的法律事实，在罗某曼获得案涉土地使用权证以前，案涉的建筑物已经存在。针对罗某曼主张案涉的建筑物属违法建筑，侵害了其对土地享有的物权，应拆除的主张。依法应当由行政主管部门作出认定并进行处理，罗某曼未提交证据证明案涉建筑物已经行政主管部门认定为违法建筑。原审据此以举证不能判决驳回罗某曼的诉讼请求正确，上诉人的上诉理由不能成立，法院依法不予支持。

第二百一十四条　【不动产物权变动的生效时间】不动产物权的设立、变更、转让和消灭，依照法律规定应当登记的，自记载于不动产登记簿时发生效力。

案例 4

杨某英与张某元合同纠纷案［北京市高级人民法院（2020）京民终87号］

某仲裁委员会在审理张某元与贾某业借款纠纷一案过程中，一审法院依申请保全查封了登记在贾某业名下的案涉房屋，后某仲裁委员会作出（2019）京仲调字第0420号调解书。调解书生效后，张某元向一审法院申请执行，一审法院以（2019）京02执915号立案执行，准备对案涉房屋进行司法拍卖。杨某英向一审法院提出案外人执行异议，一审法院作出（2019）京02执异1163号执行裁定书，驳回了杨某英的异议请求，故杨某英提起本案诉讼。

一审法院认为，本案系杨某英提起的案外人执行异议之诉。《最高人民法院关于适用〈中华人民共和国民事诉讼法〉的解释》第三百一十二条规定，对案外人提起的执行异议之诉，人民法院经审理，按照下列情形分别处理：（1）案外人就执行标的享有足以排除强制执行的民事权益的，判决不得执行该执行标的；（2）案外人就执行标的不享有足以排除强制执行的民事权益的，判决驳回诉讼请求。案外人同时提出确认其权利的诉讼请求的，人民法院可以在判决中一并作出裁判。本案争议焦点是案外人杨某英对案涉房屋是否享有足以排除执行的民事权益。杨某英对其享有足以排除执行的民事权益应负举证证明责任。

二审法院认为，根据（2020）京02民终2296号民事判决的认定，2017年11月20日以邵某富名义与贾某业签订《不动产赠与合同》时，邵某富早已死亡，邵某富作为合同当事人，不具有相应民事权利能力和民事行为能力，该《不动产赠与合同》不符合法律规定的合同成立条件，合同未成立。在《不动产赠与合同》被法院认定为不成立的情况下，基于该合同发生的案涉房屋的所有权转移登记这一物权变动行为不发生法律效力，因此案涉房屋的所有权仍归属于邵某富名下，杨某英作为邵某富的配偶对于案涉房屋享有实体权利，该权利足以对抗基于张某元对贾某业享有的金钱债权执行依据采取的执行措施，故杨某英上诉请求成立，应予支持。关于张某元提出其对案涉房屋享有抵押权的主张，因本案执行依据并非基于抵押权作出，故张某元是否享有抵押权、抵押权的具体范围以及该权利是否可以对抗杨某英对案涉房屋享有的实体权利并非本案审查对象，张某元对此可另行主张。

第二百一十五条　【合同效力和物权效力区分】当事人之间订立有关设立、变更、转让和消灭不动产物权的合同，除法律另有规定或者当事人另有约定外，自合同成立时生效；未办理物权登记的，不影响合同效力。

案例 5

赵某仁、陈某珍与李某、赵某力民间借贷纠纷案［吉林省松原市中级人民法院（2020）吉 07 民终 760 号］

原审法院经审理认定事实如下：被告赵某力于 2016 年 10 月 25 日向原告李某借款 50000 元，后被告赵某力偿还 10000 元，2016 年 11 月 21 日被告赵某力给原告出具了 40000 元借条一枚。2016 年 11 月 25 日，原告李某与被告赵某力、案外人王某、李某鹏共同签订和解协议书，约定赵某力每月偿还原告李某、案外人王某、李某鹏 5000 元。原告为了每月的还款能得到保障，而要求赵某力的父母即被告赵某仁和陈某珍签订房屋抵押合同。原告与案外人王某、李某鹏到被告赵某仁住处，在被告赵某力的见证下，赵某仁和陈某珍分别在房屋抵押协议书上以不同的身份签字。房屋抵押协议是欠李某、李某鹏、王某共 295000 元，其中包括被告赵某力向原告李某的借款 40000 元，抵押的房屋是被告赵某仁和陈某珍共有房屋。赵某力在房屋抵押协议中备注：李某 40000 元 11 月 30 日还。2016 年 11 月 30 日前被告赵某力偿还原告 8000 元，尚欠 32000 元。

一审法院认为，借款合同是借款人向贷款人借款，到期返还借款并支付利息的合同。合法的借贷关系应受法律保护。原告提交的和解协议、抵押协议和欠条，能够认定被告赵某力欠原告李某 50000 元。而被告赵某仁签订的房屋抵押协议说明其对赵某力欠李某、李某鹏、王某的总欠款295000元提供的担保。原告要求被告偿还欠款32000元并未超出其债权，抵押协议约定每月偿还5000元，因被告赵某力服刑后，没有按月还款，已构成违约，故原告要求被告偿还欠款的请求应予以支持。从房屋抵押合同的效力来看，签合同时房屋的共有人均在场，被告赵某仁和陈某珍虽不情愿，但是考虑自己的女儿赵某力不被法律追究，赵某仁签订了房屋抵押合同，该房屋抵押合同有效，双方对于房屋抵押行为并未登记，只是抵押权未设立，李某不具有优先受偿权，不能对抗第三人，而赵某仁应在被抵押房屋价值内对债务承担清偿责任。原告与被告签订的房屋抵押协议，被告陈某珍是以担保人的身份签字，并且房屋抵押协议中记载担保人应承担连带保证责任，故原告要求被告陈某珍承担保证责任的请求应予以支持。保证人在承担保证责任后，有权在承担保证责任范围内向第一、第二被告追偿。经查，原告与被告赵某力的借条并未约定利息，故应认定为无息借款，故原告要求被告支付起诉前的利息不予支持；原告要求被告支付起诉后利息的请求原审法院予以支持。另被告赵某力在庭审时提出其在被捕时偿还原告2500元，但原告称该2500元是因原告在索要欠款时被被告赵某力打伤产生的医药费，被告赵某力也承认曾将原告打伤，被告也未提供该2500元系偿还欠款的证据，故对被告的说法原审法院不予采信。

二审法院认为，赵某仁、陈某珍上诉主张其与李某鹏、李某、王某等人签订的《房屋抵押协议》无效，要求人民法院确认此抵押协议无效，但其在上诉状中提出的几点理由均不是合同无效的情形。对于其提出当初签订《房屋抵押协议》是李某鹏等与其女儿赵某力胁迫、欺诈其所签，但对此赵某仁并未提供证据证明。在该房屋抵押协议上陈某珍是以担保人的身份签字，并且房屋抵押协议中记载担保人应承担连带保证责任，但保证人在承担保证责任后，有权在承担保证责任范围内向其他被告追偿。故原审要求陈某珍承担保证责任的判决并无不当。另法院（2019）吉07民终1757号民事判决已发生法律效力，据此，赵某仁、陈某珍上诉主张不能成立，法院不予支持。

第二百一十六条　【不动产登记簿效力及管理机构】 不动产登记簿是物权归属和内容的根据。

不动产登记簿由登记机构管理。

案例 6

王某1与王某2继承纠纷案［辽宁省营口市中级人民法院（2020）辽08民终168号］

原告王某1与被告王某2、王某3系兄妹，三人的母亲已去世多年，三人的父亲王某1997年与赵某琴再婚，2003年3月，王某自书遗嘱一份，主要内容为：按婚后约定协议办，女方无收入从事家务劳动，男方有收入，夫妻有互相扶养的义务，在婚姻存续期间，约定男方负责供给衣、食、医疗费用以及日常生活用费支出，从2002年起每月支付100元生活零用费（即1200元/年，如15年至20年即1.8万元至2.4万元）2010年起每月支付300元，如男方离世后，支付女方抚养费1.5万元（不含1998年已支付的5000元，首饰、金耳环、手镯、手表）；继承人有我的子女和再婚的老伴，负责病中护理、生命终了丧葬和善后处理等的责任义务。遗产分割：1. 房产权为王某2负责管理后再和兄妹三人协商分割，静蓉应得2/3，余1/3为静华和清强所得。本着没尽赡养责任义务的不分给或少分点的拉一把原则。2. 储蓄金分割，清强2万元，静华2万元，静蓉3万元，殿彪1万元，再婚老伴生活15年以上共分给生活费2万元。继承人应本着互谅互让、和睦团结的原则协商处理，遗产分割的份额必须按本人嘱愿实施、任何人不得侵吞或争夺。王某生前从单位分得公有房屋一处位于大石桥市长征街公园里，面积为54.11平方米，后来该房屋涉及房改，2000年9月经王某同意该房屋的所有权人登记为王某2，2011年该房屋被动迁，该房屋被征收时房屋评估总价为87978元，已由王某2回迁安置。王某于2015年8月11日去世，2015年10月21日，赵某琴与王某2、关联人王某3达成庭外调解协议一份，主要内容为：1. 原坐落在大石桥市长征街公园里、混合结构、二层、图幅号10002－201、面积为54.11平方米的楼房所有权人是王某2，赵某琴对此认可并无异议，并保证不再以任何理由对该楼房及由该楼房动迁而来的新楼房主张任何权益。2. 双方一致确认，王某生前留置在王某2手中的退休工资有6000元、个人存款6万元，社会保险局的丧葬费和抚恤金45000元，王某的丧事费用25000元是由王某2个人全部承担。3. 实际在王某2手中属于王某个人的款项共为86000元，如按照王某的自书遗嘱，赵某琴应分得2万元。如不考虑自书遗嘱按法定继承，赵某琴应分得四分之一份额即21500元。但王某2出于尊老爱幼的考虑，自愿超出规定给付赵某琴款项46000元，于本协议双方签字后且赵某琴撤诉后即时给付。4. 从社会保险局领取的王某丧葬费45000元全部归属王某2给付的款项。协议签订后王某2从王某留下的款项中给付赵某琴46000元。2015年10月22日王某1、王某2、王某3及王某的孙子王某彪将王某遗款30857元分割，王某1、王某2、王某3各自分得6950元，王某彪分得10000元。

一审法院认为，原、被告作为王某的子女，对王某的遗产均享有继承权。原告王某1称王某有存款11.4万元及工资卡存折款1.4万元由被告王某2保管，并未提供充分证据证明，法院不予采纳。原告称王某有工资款3800元由王某2保管，但王某2提供的取款回单上有“收到”二字，王某2称该款已交给王某，可以认定王某已收取，原告的主张法院不予采纳。原告称王某3向王某借款7.4万元，但并未提供借据或确系借款的证据，且王某3否认，原告的主张法院不予采纳。原告称另有房屋动迁补偿金4万元，但未提供证据，法院不予采纳。关于王某的遗款，根据王某2与赵某琴签订的庭外调解协议，可以认定遗款及丧葬费共有111000元，赵某琴分得46000元，办理王某丧事花费32631元，原告称花费律师费3000元，之后原、被告三人各自分得6950元，王某彪分得10000元，可见上述遗款已使用完毕。至于双方争议的房屋是否是王某的遗产，因该房屋系王某从单位分得的公有房，虽经王某同意在房改时登记在王某2名下，房屋被动迁之后，虽以王某2的名义进行了安置，但仍是王某的财产，该财产在王某去世后应由继承人继承，该房屋征收时评估价款为87978元，王某1虽称该房屋动迁后估价为20万元，但并未提供相应证据证明，法院认为应按该房屋被征收时的评估总价款87978元作为王某的遗产款，由三人按王某遗嘱来进行分享为宜，即被告王某2享有2/3为58652元，原告王某1享有1/6为14663元，被告王某3享有1/6为14663元，因房屋已经以王某2的名义进行了安置，应由王某2给付王某1应得遗产款14663元。

二审法院认为，首先，因案涉房屋系王某从单位分得的公有房，虽经王某同意在房改时登记在上诉人王某2名下，房屋被动迁之后，亦以上诉人王某2的名义进行了安置，但仍是王某的财产，该财产在王某去世后应由继承人继承，因王某留有遗嘱，应按照遗嘱继承。该房屋征收时评估价款为87978元，上诉人王某1虽称该房屋动迁后估价为20万元，但并未提供相应证据证明，亦未在一审期间申请司法鉴定，因此，原审法院按该房屋被征收时的评估总价款87978元作为王某的遗产款，由三人按王某遗嘱来进行分割，并无不当。其次，上诉人王某1上诉称被继承人王某于2015年3月5日在个人日记本上所记载被上诉人王某2在2015年2月9日拿走工资卡、身份证、医保卡、7张存折11.4万元。2014年2月28日王某3借7.4万元，2011年1月17日王某彪借2万元，其并未提供充分证据予以证明，法院不予支持。

第二百一十七条　【不动产登记簿与不动产权属证书的关系】 不动产权属证书是权利人享有该不动产物权的证明。不动产权属证书记载的事项，应当与不动产登记簿一致；记载不一致的，除有证据证明不动产登记簿确有错误外，以不动产登记簿为准。

案例 7

李某华与王某民排除妨害纠纷案［吉林省松原市中级人民法院(2020)吉07民终811号］

2009年11月，华鑫公司因资金短缺，在案外人刘某国处借款160万元，并与刘某国签订购买其开发建设的位于松原市乌兰大街某小区的36套车库(包括本案案涉车库)的买卖协议，以此作为债权实现的担保，在房产部门办理了预告登记。因在规定期限内，华鑫公司无力偿还，于是华鑫公司与案外人荣某海、刘某国约定，由荣某海代华鑫公司偿还所欠刘某国的160万元借款本息及担保费，作为交换条件，荣某海代偿的该160万元借款本息及担保费一并抵作2013年1月23日荣某海与华鑫公司签订的《房屋回购协议》中荣某海应付房款的一部分。2013年1月末，刘某国收到荣某海代华鑫公司偿付的欠款本息254.1万元。2013年2月1日，李某华与华鑫公司签订30份商品房买卖合同，李某华购买了华鑫公司开发的30套车库（包括本案案涉车库)，每套10万元，总价款300万元。李某华交付现金25万元并以华鑫公司欠其价款本息275万元抵付的形式，交齐了购买车库款，华鑫公司为李某华出具了30套车库的付款凭证。同日，李某华办理了该30套车库的交付手续，并缴纳了物业管理费。2014年3月17日，王某民与刘某国签订车库买卖协议书一份，刘某国将案涉车库出售给王某民，同日，王某民向刘某国交付购买车库款86625元，刘某国出具了收据并将车库钥匙交给王某民，王某民使用案涉车库至今。

一审法院认为，李某华经法律行为取得了案涉房屋（车库）不动产权证书，依法享有案涉车库的物权，致使王某民与刘某国签订的车库买卖协议无法继续履行，车库出售方构成违约，王某民已向车库出售方另案主张权利。王某民现占有使用案涉车库已现实妨碍李某华物权行使，物权人李某华可以请求王某民排除妨碍，故对李某华诉请王某民从案涉车库腾迁的主张，予以支持。关于李某华要求王某民赔偿其经济损失的诉讼请求，因李某华未提供相应证据，故对其主张，不予支持。鉴于李某华已经依法取得案涉车库的物权，王某民在本案中除不赔偿李某华的经济损失的抗辩意见外，其他抗辩意见，不予采信。

二审法院认为，王某民与荣某海、李某华与华鑫公司就案涉车库多年来一直维权诉讼，直至2019年5月李某华取得不动产权证书。王某民作为买受人支付对价接受车库，占有使用是善意的，李某华请求王某民赔偿损失不予支持。但，李某华现依据生效法律文书取得不动产权证书，王某民与荣某海等人亦案结事了，王某民应于本判决生效后立即从案涉车库腾迁。综上所述，李某华的上诉请求不能成立，应予驳回。

第二百一十八条　【不动产登记资料的查询、复制】权利人、利害关系人可以申请查询、复制不动产登记资料，登记机构应当提供。

第二百一十九条　【利害关系人的非法利用不动产登记资料禁止义务】利害关系人不得公开、非法使用权利人的不动产登记资料。

条文注释

“权利人”应当是指对登记的不动产享有所有权或他物权的人；而“利害关系人”则应当是指与登记的不动产有一定现实利益关系，并有可能因登记结果的变动而对其利益产生影响的人。

● ***相关规定***

《土地管理法实施条例》第3条；《土地登记规则》第62条

第二百二十条 【更正登记和异议登记】权利人、利害关系人认为不动产登记簿记载的事项错误的，可以申请更正登记。不动产登记簿记载的权利人书面同意更正或者有证据证明登记确有错误的，登记机构应当予以更正。

不动产登记簿记载的权利人不同意更正的，利害关系人可以申请异议登记。登记机构予以异议登记，申请人自异议登记之日起十五日内不提起诉讼的，异议登记失效。异议登记不当，造成权利人损害的，权利人可以向申请人请求损害赔偿。

第二百二十一条 【预告登记】当事人签订买卖房屋的协议或者签订其他不动产物权的协议，为保障将来实现物权，按照约定可以向登记机构申请预告登记。预告登记后，未经预告登记的权利人同意，处分该不动产的，不发生物权效力。

预告登记后，债权消灭或者自能够进行不动产登记之日起九十日内未申请登记的，预告登记失效。

案例 8

刘某玲、王某2与谈某炳民间借贷纠纷案［青海省海西蒙古族藏族自治州中级人民法院（2020）青28民终324号］

王某伟生前为某县公安局干警，系原告所在村的驻村书记，原告谈某炳因办理贷款需王某伟签字，故王某伟了解到原告贷款的事实。2018年3月15日，原告的贷款被批准并放款至原告账户，王某伟以自己看病需要用钱为由从原告处借款20000元，原告当日取出现金交于王某伟，王某伟于当日给原告出具了欠条一张，约定于2019年3月15日之前一次性还清。2018年7月28日，王某伟因病去世，致使由其本人偿还原告的欠款成为不可能。另查明，王某伟与被告刘某玲系夫妻关系，二人生育一女王某2，王某伟的父母均先于王某伟离世，现王某伟的继承人为被告刘某玲、王某2两人。王某伟生前与其妻子刘某玲于2013年9月22日在威隆公司以分期付款的方式购买了位于某市某路商品房一套，该房屋登记业主为王某伟，房款共计331752元，王某伟生前其夫妻共同支付了房款281752元，2018年8月2日由被告刘某玲付清了剩余房款50000元，现房款已全部付清，且该房屋于2018年8月22日已交房。

一审法院认为，债务应当清偿，借款人应当按照约定全面履行自己的义务。本案中，王某伟向原告借款并约定还款期限，双方形成了民间借贷的法律关系。现王某伟因病离世，使原告的债权不能直接向其主张，但并不意味着原告丧失其债权。被告刘某、王某2作为王某伟的法定继承人已继承王某伟的相关遗产（位于某市某路商品房的相关份额），原告基于此向其继承人主张权利符合法律规定。被告刘某玲、王某2应当在继承王某伟遗产的范围内偿还对原告的借款，故原告的诉讼请求，该院予以支持。被告委托诉讼代理人关于"购买房屋时王某伟用其公积金支付房款62000元，剩余房款均来自他人借款，故房屋不属于王某伟遗产，王某伟的遗产只有31000元人民币"的答辩意见将房屋所有权与债务混为一谈，于法无据，该院不予支持。王某伟的遗产继承问题属另外的法律关系，本案不予处理。

二审法院认为，王某伟生前与其妻子刘某玲同威隆公司之间形成了商品房买卖合同关系，根据合同约定，二人享有付清购房款后取得某市某路商品房房屋所有权的权利。本案中，王某伟死亡时间为2018年7月28日，威隆公司出具的证明载明案涉房屋入住时间为2018年8月22日，王某伟生前未取得案涉房屋的所有权，但其夫妻已共同支付房款281752元，王某伟生前享有的请求威隆公司交付房屋及转移所有权的权利能够转化为可以用经济价值衡量的现实利益。一审法院虽未查明刘某玲与王某2继承王某伟遗产的详细情况，但结合近年来房价上涨的实际情况，王某伟生前在该房屋中享有的现实利益足以还清其欠付被上诉人谈某炳的20000元借款，故王某伟生前未取得房屋所有权不能成为二上诉人拒付该笔款项的理由。

● *相关规定*

《城市商品房预售管理办法》第10条；《最高人民法院关于适用〈中华人民共和国民法典〉物权编的解释（一）》第4条、第5条

第二百二十二条　【不动产登记错误损害赔偿责任】 当事人提供虚假材料申请登记，造成他人损害的，应当承担赔偿责任。

因登记错误，造成他人损害的，登记机构应当承担赔偿责任。登记机构赔偿后，可以向造成登记错误的人追偿。

案例 9

某市不动产登记局与卢某瑜、曾某凤行政撤销案［某自治区某市中级人民法院（2020）桂03行终236号］

1977年，唐某生（现已去世）未经有关部门批准，未办理有关建房手续，在某市琴潭路××号（原址）建房两间，约13平方米。该房现址为某市苗圃路18号12旁，四至为北接龚桂喜家，南接原电机厂（现为桂林航天电器公司）水泵房，西面大门正对方向为走道，东面外墙接过道，过道接某市饮食服务公司集资房。由于该房屋在唐某生兴建时无任何准建手续，属违章建房，唐某生曾于1982年2月26日向市规划部门申请，在交罚款后获得同意缓拆。1982年11月21日，唐某生与原告卢某瑜签订一份《协议书》，约定，唐某生有在桂青路派出所隔壁房间厨房两间折价165元卖给卢某瑜。1996年6月4日，原告以唐某生名义向原某市规划局交纳违规费50元，向某市城市规划监察大队交纳罚款、保证金382元。同日，某市规划管理局向唐某生颁发（1996）第200号临时建筑证。2001年8月6日，原告以唐某生名义向某市城市管理监察大队交纳罚款550元。2001年8月7日，某市建设规划局出具（2001）城规管竣临验字第196号《临时建设工程竣工规划验收合格单》。原告自1982年从唐某生处购买此房后使用该房，2000年期间，原告去某地做生意，该房由第三人曾某凤使用。第三人曾某凤原是原某市郊西外大队尚智二队社员。随着某市城市建设，西外大队土地被征用，原告由农业人口转为非农业人口。1992年12月6日，某市土地申报登记发证办公室向第三人颁发市土办字（1992）000175号临时用地通知书，同意第三人临时使用国有土地24.6平方米。2001年11月，第三人曾某凤办理了诉争房屋的房屋所有权证，证号为×××，随后又办理了国有土地使用证，证号为桂市国用×××号。第三人在办理产权证时，要求将产权证中房屋坐落地点写成象山区苗圃路北巷X号，与其母亲的房屋地址相一致。由于原告对此发生争议，2005 年 5 月某市房产管理局对为第三人办理的房屋所有权证重新核查，认为其在申办时缺少建筑证或批准文书等，应作出不予登记决定，故决定收回第三人持有的证号为 ××× 房屋所有权证并予以注销登记。随后，某市国土资源局也收回了第三人持有的桂市国用（2003）第 400046 号国有土地使用证。2006 年，原告就案涉房屋起诉曾某凤。1991 年 3 月 31 日，某市象山区华南服务社在该报告上签署“情况属实”并加盖公章。第三人以此证明原告妻子于 1984 年已将上述房屋卖给了第三人。

一审法院认为，原告要求撤销被告 2019 年 5 月 24 日核发的（2019）某市不动产权第 0030269 号《不动产权证书》，其实是为了证实涉案房屋是原告在 1982 年 11 月 21 日向唐某生购买所得，所有权人为原告而非第三人。但由于原告已经于 2006 年在该院起诉曾某凤请求曾某凤停止侵权、立即将侵占原告的房子交还原告，该诉请其实已经包含案涉房屋归属原告所有的确权要求。首先，原告相关的民事纠纷已经经过人民法院审理，生效法律文书认为当时涉讼房屋是否保留使用尚不确定，而该职权为行政机关的职权，非法院的职能，以此裁定驳回卢某瑜的起诉。其次，当事人提起行政诉讼应当具有诉的利益，就是其向法院提出的诉讼请求，具有必须通过法院审理并作出判决予以解决的必要性和实效性，即能通过本案审理使纠纷获得实质性地解决。原告现提起撤销之诉的行政诉讼，是以行政诉讼的手段来救济其认为其系案涉房屋所有权人的民事权利，属于无效率的诉讼保护，不具有诉的利益。最后，不动产物权变动登记行为是一项行政确认行为，不具有设权效力。

二审法院认为，涉案房屋原权利人唐某生已去世，上诉人以其与唐某生签订有《协议书》，按照协议约定唐某生以 165 元的价格将涉案房屋出卖给上诉人为由，要求撤销被上诉人核发给一审第三人曾某凤的（2019）某市不动产权第 0030269 号《不动产权证书》。一审第三人曾某凤述称上诉人不具备农转非的条件，不是房屋所有权人，并曾在一审法院（2006）象民一初字第 125 号案件中出具一份有上诉人妻子签名的“报告”，主张上诉人妻子于 1984 年将涉案房屋卖给了第三人。故本案民事基础法律关系不清，上诉人应先通过民事渠道，确定涉案不动产权属关系后，再请求行政机关撤销不动产登记。一审法院裁定驳回卢某瑜的起诉，符合法律规定，法院依法予以维持。

第二百二十三条　【不动产登记收费标准的确定】不动产登记费按件收取，不得按照不动产的面积、体积或者价款的比例收取。

第二节　动产交付

第二百二十四条　【动产物权变动生效时间】动产物权的设立和转让，自交付时发生效力，但是法律另有规定的除外。

案例 10

魏某与王某智执行异议案［辽宁省沈阳市中级人民法院（2020）辽01民终2263号］

原告魏某与被告卢某强曾系情侣关系。2017年，魏某因民间借贷纠纷将卢某强诉至法院，法院作出（2017）辽0114民初7545号民事判决后，沈阳市中级人民法院作出（2018）辽01民终8793号民事判决，判决卢某强偿还魏某借款1366500元及逾期利息。在该民间借贷纠纷案件中，经魏某申请，法院于2017年6月20日查封了登记在卢某强名下的辽A×××某某号车辆。判决生效后，因卢某强未履行判决确定的给付义务，经魏某申请强制执行，法院于2019年6月22日将辽A×××某某号车辆扣押。扣押后，王某智作为案外人向法院提起了执行异议，法院作出（2019）辽0114执异128号执行裁定，裁定中止对辽A×××某某号车辆的执行。原告魏某不服该裁定，以案外人执行异议之诉诉至法院。

一审法院认为，动产所有权的转移以交付为条件。公安机关办理的机动车登记，并非机动车的权属登记，而是准予或者不准予车辆上道路行驶的登记。2016年6月25日，被告卢某强以其名下的辽A×××某某号车辆置换此前抵顶的车辆及其欠付被告王某智的部分工程款，是双方真实意思的表示，不违反法律、法规的强制性规定，亦未损害第三人的合法权益，为有效的合同。虽然被告王某智提供的合同中缺少其自己的签字，但该合同在形式上的瑕疵并不能够影响该合同的效力。被告王某智依约向被告卢某强支付了差价款、返还了原抵顶的车辆，被告卢某强将该车辆交付给被告王某智，被告王某智即取得了该车辆的所有权。

保全措施与执行措施仅能针对被申请人所有的财产进行。一审法院于2017年6月20日查封辽A×××某某号车辆，于2019年6月22日扣押了该车辆，上述查封、扣押的行为均发生在该车辆所有权已转移至被告王某智之后。被告王某智对该车辆享有的所有权足以排除强制执行。

二审法院认为，执行异议之诉作为排除不当执行的诉讼制度，审理重点应当围绕着系争执行标的物是否属于被执行人的责任财产而展开。若系争执行标的物属于被执行人的责任财产，则应继续强制执行；若系争执行标的物不属于被执行人的责任财产，则应排除强制执行。本案中，卢某强在法院对案涉车辆采取查封措施之前已与王某智签订《车辆交换协议》，在王某智支付对价后实际向王某智交付了案涉车辆。王某智已实际取得了案涉车辆的所有权，且足以排除强制执行。上诉人魏某提出案涉车辆并未交付的主张因未提供证据予以证明，故法院不予支持。

第二百二十五条　【船舶、航空器和机动车物权变动采取登记对抗主义】船舶、航空器和机动车等的物权的设立、变更、转让和消灭，未经登记，不得对抗善意第三人。

案例 11

时某浩与刘某荣占有物返还纠纷案［山东省枣庄市中级人民法院（2020）鲁04民终1530号］

刘某荣曾以时某浩向自己借款不还为由诉至一审法院，一审法院于2016年12月5日立案，案号（2016）鲁0481民初6875号，案件审理中刘某荣提交的证据为欠条两张，内容分别为“欠条，我时某浩欠刘某荣50000元整（伍万元整），2015.9.11，借款人2016.1.30归还，借款人：时某浩”，“欠条，我时某浩欠刘某荣50000元整（伍万元整），2015.9.11借款人2016.1.30归还，买车花3万元，把车归还。借款人：时某浩，2015.9.18”，后该案一审法院以（2016）鲁0481民初6875号民事调解书的形式结案，双方达成的调解协议内容：时某浩欠刘某荣借款本金5万元，于2017年6月30日前归还1万元，于2017年12月30日前偿还1.5万元，余款2.5万元及财产保全费520元于2018年8月30日前偿还完毕。后刘某荣申请强制执行并于2018年5月11日执行终结。时某浩主张刘某荣因2015年9月11日的借款强行扣押了自己所有的鲁D×××某某奇瑞轿车，后经法院调解已偿还借款5万元，故要求刘某荣返还所扣押的涉案车辆。刘某荣对此不予认可，并辩称时某浩原向自己借款金额为8万元，后来以涉案的车辆抵偿了3万元，出具了5万元的借条，金额为8万元的借条原件已被时某浩收回，为证明自己的主张，刘某荣提交签署日期为2015年9月11日的借条复印件一份，内容“欠条，时某浩欠刘某荣80000元整，捌万元整，2015.9.11欠款，2016.1.30归还，欠款人：时某浩，欠款日期：2015.9.11”。时某浩对刘某荣的陈述及欠条复印件均不予认可，其陈述自己在2015年8、9月的某一天向刘某荣出具了2015年9月18日的欠条，金额为5万元，后与刘某荣约定将该涉案车辆抵5万元，刘某荣也同意了，再后来刘某荣与自己发生冲突，由北辛派出所接警处理，在派出所给刘某荣又打了5万元欠条。以上两张金额为5万元的借条，在（2016）鲁0481民初6875号作为证据提交，案件审理中，时某浩未提到以车抵账5万元的事实，时某浩另陈述执行终结后自己找刘某荣要车，刘某荣先不接电话，后来换电话号码后找不到她了。刘某荣将涉案车辆于2016年6月6日以21500元的价格卖给孔明海并将车辆的车辆行车证及车辆登记证书一并交给孔明海，由孔某鹏代孔明海办理了相关手续，后孔明海将该车辆卖给了王某娟，孔某鹏代孔明海与王某娟在翔宇公司办理了车辆的过户手续，时某浩主张刘某荣、孔某鹏、王某娟、翔宇公司未经车主同意擅自进行私自买卖及车辆转移登记，应承担车辆返还不能的赔偿责任。

一审法院认为，时某浩主张刘某荣擅自转卖自己的车辆应承担返还车辆的责任或承担车辆返还不能的经济损失，时某浩陈述曾用涉案车辆抵偿刘某荣借款，刘某荣对此亦予认可，故双方已达成以物抵债协议。在刘某荣诉至法院要求返还借款5万元的（2016）鲁0481民初6875号案件中，不论在案件的审判阶段及执行过程中时某浩均并未提及借款已用涉案车辆抵偿，另外，时某浩认可在其与刘某荣商议完以涉案车辆抵偿5万元借款后，自己又在北辛派出所向刘某荣就同一笔借款再次向刘某荣出具借条，明显与事实不符，一审法院不予采信。案件审理中，刘某荣又提交2014年9月18日署名时某浩出具的金额为8万元的借条复印件，该借条虽为复印件，但与刘某荣陈述可相互印证，故时某浩主张的事实，证据不足，其主张处于真伪不明的状态，故时某浩主张刘某荣返还车辆或赔偿车辆灭失费用，一审法院均不予支持。时某浩主张刘某荣、孔某鹏、王某娟、翔宇公司未经车主同意擅自进行私自买卖及车辆转移登记，应承担车辆返还不能的连带赔偿责任，依照法律规定，动产物权的设立和转让自交付时发生法律效力，但法律另有规定的除外。船舶、航空器和机动车等物权的设立、变更、转让和消灭，未经登记不得对抗善意第三人。时某浩认可车辆在刘某荣处后，自己与刘某荣达成以车抵债协议，刘某荣实际占有使用涉案车辆。刘某荣将车辆出卖给孔明海，孔明海将车辆卖给王某娟，孔明海、王某娟均无恶意，并依法办理了车辆过户手续，翔宇公司依照相关规定审核了车辆的相关手续办理车辆过户登记，亦不存在过错，故时某浩主张孔某鹏、王某娟、翔宇公司与刘某荣承担车辆返还不能的损失，于法无据，一审法院不予支持。

二审法院认为，上诉人主张涉案车辆系被刘某荣强行开走作抵押，刘某荣称该车辆系上诉人以3万元折抵借款，并提交了8万元借条复印件。法院认为，刘某荣提交的8万元借条虽系复印件，但上诉人于2015年9月18日出具的欠条中载明“欠刘某荣5万元……买车花3万，把车归还”，该内容能够与上述欠条复印件互相对应。同时，上诉人在与刘某荣的民间借贷纠纷案件中从未提及已将车辆抵偿给刘某荣，不再欠款的事由。再则，车辆由刘某荣占有后，该车的行驶证及登记证手续也一直由刘某荣持有。综合以上因素，法院认定刘某荣称涉案车辆系上诉人折价3万元以抵偿借款的理由成立，法院予以采信。刘某荣已经合法取得涉案车辆，故其将涉案车辆转卖并不违反法律规定，上诉人要求被上诉人赔偿损失没有事实和法律依据。

● *相关规定*

《民用航空法》第14条、第16条；《海商法》第13条；《最高人民法院关于适用〈中华人民共和国民法典〉物权编的解释（一）》第6条、第20条

第二百二十六条 【简易交付】 动产物权设立和转让前，权利人已经占有该动产的，物权自民事法律行为生效时发生效力。

条文注释

本条规定的是设立或者转让动产物权时的一种特殊的情形，即物权的受让人已经取得了动产的占有，而后又与动产的所有权人达成移转所有权或者设定质权合同的情形。例如，承租人或者借用人，依据租赁合同或者借用合同已经取得了动产的占有，而后又与动产的所有权人达成协议，购买该项动产或者在动产上设定质权。在上述情形下，动产物权的公示已经在事先完成，物权受让人已经能够依物权的排他性行使物权，动产的现实交付已经没有实际意义。因此，物权的变动就在当事人之间的关于物权变动的协议生效时生效。

本条的“法律行为”主要是指动产的受让人与动产的所有人达成转移所有权或设定质权的合同行为。

第二百二十七条 【指示交付】 动产物权设立和转让前，第三人占有该动产的，负有交付义务的人可以通过转让请求第三人返还原物的权利代替交付。

条文注释

指示交付，又称返还请求权的让与，是指让与动产物权的时候，如果让与人的动产由第三人占有，让与人可以将其享有的对第三人的返还请求权让与给受让人，以代替现实交付。

本条规定的特殊交付适用于动产物权的让与人对其所转让的标的物不享有物理意义上直接占有和直接控制的可能，出让人无法通过现实交付的方式使得动产物权得以变动。

本条的“第三人”是指能够对所转让的动产进行物理意义上直接占有和直接控制的一方。

这里的第三人包括：(1) 基于合同等关系而产生的能够对动产进行直接占有和控制的有权占有人。值得注意的是，在利用提单、仓单等证券进行动产物权变动时，接受货物而签发提单或者仓单的承运人或者仓储保管人都可能成为本条中的“第三人”。(2) 不具备法律上的正当原因而占有动产的无权占有人。例如，甲将自己收藏的古董出售给乙，买卖合同达成时甲不知该古董已被丙盗去，甲此时只能向乙转让他对于丙的返还原物请求权来代替实际交付，而丙即本条所指的“第三人”。

移转请求权的交付方式只是通过当事人之间的约定而产生的，并且标的物仍然处于第三人占有之下，因此要使占有发生移转，还需要第三人实际交付标的物。如果第三人因行使抗辩权拒绝交付财产，则请求权的转让只能在转让人和受让人之间产生效力，并不能因此对抗第三人。除抗辩权外，如果第三人对出让人享有法定或约定的抵销权，或者因为出让人欠第三人的债务而使第三人享有留置权，第三人也可通过行使这些权利而拒绝向买受人作出交付。

● ***相关规定***

《最高人民法院关于适用〈中华人民共和国民法典〉物权编的解释(一)》第18条

第二百二十八条　【占有改定】 动产物权转让时，当事人又约定由出让人继续占有该动产的，物权自该约定生效时发生效力。

条文注释

占有改定，是指在转让动产物权时，转让人希望继续占有该动产，当事人双方订立合同并约定转让人可以继续占有该动产，而受让人因此取得对标的物的间接占有以代替标的物的实际交付。

以占有改定的方式实现所有权移转仅仅是通过当事人的合意在观念中完成的。无论约定采取何种形式，口头或者书面，第三人都无从察知物权的变动，所以对于因信赖出让人直接占有动产这一事实状态，而与之交易的第三人就必须通过善意取得制度加以保护。

第三节　其他规定

第二百二十九条　【法律文书、征收决定导致物权变动效力发生时间】因人民法院、仲裁机构的法律文书或者人民政府的征收决定等，导致物权设立、变更、转让或者消灭的，自法律文书或者征收决定等生效时发生效力。

案例 12

章某云与某童装公司排除妨害纠纷案［浙江省温州市中级人民法院（2020）浙03民终3016号］

章某云系某县瓯北街道和三村村民，章某云户5人在和三村有承包地1.839亩，某县人民政府于2000年4月30日向章某云颁发了某农包（永）字第0225××××号《土地承包权证》，承包期限为30年，从2000年1月1日至2029年12月31日。2005年9月21日，章某云所在的和三村委会召开村民代表会议，讨论因温州绕城高速北线建设项目需要征收村集体土地350亩及征收补偿标准等事项。同年9月27日，某县国土资源局征地事务所与原瓯北镇和三村委会签订了《征收补偿协议》，共计征收土地23.118公顷，补偿费用计2011.077万元。2008年3月17日，原某县国土资源局发布《征地补偿安置方案公告》。2008年8月29日，和三村委会再次召开村民代表大会，讨论征收村集体土地的有关事项，包括征地补偿标准及安置方式。2008年9月2日，某县国土资源局征地事务所与原瓯北镇和三村再次签订《征收补偿协议》，共计征收土地0.791公顷，补偿费用计71.19万元。征地后，原瓯北镇政府于2009年前将相关土地补偿费、青苗补偿费等款项陆续支付给和三村委会，并通过和三村委会向相关村民支付相关土地征用补偿费及青苗补偿费等款项，其间大部分村民领取了相关土地征用补偿款项，章某云等人无正当理由未领取土地补偿款。和三村委会于2018年6月10日将征地补偿款中的51167.50元汇入章某云名下的银行账户。2018年2月24日，以原某县国土资源局作为出让人、某童装公司作为受让人，双方签订了一份《国有建设用地使用权出让合同》，合同载明：宗地总面积4680.14平方米，其中出让宗地面积为4596.23平方米，出让价款346万元。其中第六条载明：出让人同意在2018年5月24日前将出让宗地交付给受让人，出让人同意在交付土地时该宗地应达到本条第（二）项规定的土地条件……（二）现状土地条件完成围墙圈建和场地平整……上述出让的宗地中包括章某云土地承包权证载明的部分土地。因章某云及部分村民对土地征收行为不予认可，并占用土地，致使企业无法正常进场建设。2018年6月9日，某县人民政府瓯北街道办事处（以下简称瓯北街道办事处）根据某县关于工业项目“拔钉清障”及清零行动工作要求，制订相关进场方案，决定对和三村10个项目包括某童装公司受让的地块在内启动进场。和三村委会和某童装公司于2018年6月7日分别以竖立公告牌的形式进行了公告，告知相关利益人在2018年6月10日前对相关地上附着物自行处理回收完毕。2018年6月11日，瓯北街道办事处具体组织实施“拔钉清障”行动。同年7、8月，某童装公司在受让宗地上的厂房围墙建成。审理过程中，章某云申请对涉案树木价值进行评估。法院依法委托某资产评估事务所（普通合伙）进行评估，该所于2019年5月8日出具了资产评估报告书，载明：价值类型为市场价值，涉案树木价值于评估基准日2019年4月17日的评估值为406770元。章某云支出鉴定费23500元。

一审法院认为，栽种桂花树的涉案土地原系章某云户的承包地，后被依法征收，可见章某云不再对涉案土地享有承包经营权，其与某童装公司之间不再具有相邻关系。章某云基于相邻关系要求某童装公司停止侵害、排除妨害、保证其承包地正常排出积水的诉讼请求，于法无据，不予支持。本案中，在土地平整、围墙建设尚未开始前，某童装公司与和三村委会已分别发布公告，告知相关利益人在2018年6月10日前对相关地上附着物自行处理回收完毕，但章某云并没有在规定时间内对栽种在某童装公司受让土地上的桂花树进行处理；后，章某云在发现种植桂花树的涉案土地有积水时，却没有采取有效措施防止损失发生，最终任由桂花树死亡。而某童装公司在其依法受让的土地上建设厂房，并无过错。又，章某云在涉案土地已被依法征收的情况下，为得到更多补偿，在涉案土地上抢栽抢种桂花树，其行为违背了诚实信用原则，现要求赔偿不具有正当的诉讼利益。综上，章某云的诉讼请求于法无据，均不予支持。

二审法院认为，经已经生效的温州中院（2019）浙03行终540号行政裁定书认定，本案涉及的桂花树系章某云等人在承包地被征收之后种植。章某云的承包地在2008年征地公告确定的征收范围内，章某云以某一部分承包地补偿款未收到为由，主张其承包地未被征收不符合法律规定，法院不予支持。某童装公司进场施工之前，当地村委会和某童装公司均已经发过公告，要求对相关地上附着物自行处理回收。但从某童装公司进场施工前到出现积水，章某云对涉案桂花树均未采取任何措施预防或减少损失。故一审法院未支持章某云要求某童装公司赔偿桂花树损失的诉请并无不当，法院予以支持。

● ***相关规定***

《最高人民法院关于适用〈中华人民共和国民法典〉物权编的解释（一）》第7条、第8条

第二百三十条 【因继承取得物权的生效时间】因继承取得物权的，自继承开始时发生效力。

条文注释

1. 本条所指的“继承开始”是指“被继承人死亡”之时。这里的“死亡”既包括事实死亡，如老死、病死、意外事故致死等，也包括宣告死亡。在宣告死亡的情形，自判决所确定的死亡之时继承开始。

2. 无论是因法定继承还是因遗嘱继承或者受遗赠而取得物权，如果涉及的遗产为不动产，依照法律规定应该办理登记，但继承人未办理登记的，其处分行为不发生效力。

● ***相关规定***

《最高人民法院关于适用〈中华人民共和国民法典〉物权编的解释（一）》第8条

第二百三十一条 【因事实行为设立或者消灭物权的生效时间】因合法建造、拆除房屋等事实行为设立或者消灭物权的，自事实行为成就时发生效力。

案例 13

魏某与某镇人民政府行政撤销案［江苏省徐州市中级人民法院(2020) 苏03行终640号］

魏某系某镇村民，其在某县建有涉案房屋一处，魏某与其母亲卢某芹(琴) 在此居住。2018年4月19日，某镇人民政府对魏某母亲卢某芹（琴）作出《责令限期拆除违法建筑决定书》（沙责拆决字〔2018〕第5号），告知卢某芹（琴）其在某镇××组（××南侧、中石化加油站东侧）擅自搭建简易房屋的行为违反了《中华人民共和国城乡规划法》第四十条第一款的规定，并责令卢某芹（琴）于2018年4月22日前自行拆除。该决定书还告知了申请行政复议及提起行政诉讼的权利和期限。决定作出当日，某镇人民政府向卢某芹（琴）直接送达《责令限期拆除违法建筑决定书》，但卢某芹（琴）拒绝在送达回证上签字。魏某认为某镇人民政府作出前述《责令限期拆除违法建筑决定书》违法，于2019年1月24日向法院提起行政诉讼。

一审法院认为，根据某镇人民政府提交的送达回证显示，某镇人民政府于2018年4月19日将被诉《责令限期拆除违法建筑决定书》向魏某母亲直接送达。魏某作为涉案房屋的共同居住人，应当知道该决定书的内容。魏某称其未收到涉案《责令限期拆除违法建筑决定书》，该院不予采信。魏某对该决定书不服，应自2018年4月19日之日起六个月内提出，其于2019年1月24日提起本案诉讼，已超过前述条文规定的起诉期限，依法应予驳回。

二审法院认为，根据《责令限期拆除违法建筑决定书》、送达回证等材料，结合上诉人的自述及被上诉人的答辩意见，可知上诉人与卢某芹（琴）(琴) 之间系母子关系，二人共同居住、使用涉案房屋，被上诉人于2018年4月19日作出被诉《责令限期拆除违法建筑决定书》并于当日向卢某芹(琴)（琴）送达，该决定书中明确告知当事人六个月的起诉期限，上诉人作为与卢某芹（琴）（琴）长期共同居住的家庭成员，一审法院认定上诉人应当知道该决定书的内容，并无不当。上诉人于2019年1月24日提出本案诉讼，超过了法定的起诉期限，故一审法院裁定驳回起诉，并无不当。

相关案例索引

任某诉任某某所有权确认纠纷案（最高人民法院《人民司法·案例》2011年第04期）

本案要点

建造房屋属于取得权利的事实行为，房屋建好后即在事实上产生了房屋的所有权，建造人亦因此取得该房屋的所有权。但房屋一经拆除，建造人对房屋的所有权也随之消灭。

● ***相关规定***

《城市房地产管理法》第60条；《最高人民法院关于适用〈中华人民共和国民法典〉物权编的解释（一）》第8条

第二百三十二条　【非依民事法律行为享有的不动产物权变动】处分依照本节规定享有的不动产物权，依照法律规定需要办理登记的，未经登记，不发生物权效力。

第三章　物权的保护

第二百三十三条　【物权保护争讼程序】物权受到侵害的，权利人可以通过和解、调解、仲裁、诉讼等途径解决。

第二百三十四条　【物权确认请求权】因物权的归属、内容发生争议的，利害关系人可以请求确认权利。

案例 14

罗某兴与梁某志排除妨害纠纷案［辽宁省葫芦岛市中级人民法院（2020）辽14民终1500号］

罗某兴、梁某志系同一村民组村民，两家宅院东西相邻，罗某兴宅院居东，梁某志宅院居西。在罗某兴、梁某志两家宅院南侧，有一弯形近似东西走向的不规则的通道，罗某兴、梁某志两家现在可利用该通道向西通行。该通道在梁某志宅院前路段处，现在的状况是：该通道南侧有一道小石墙，小石墙南侧是一条流水沟，通道北侧是梁某志家构筑的石墙。该通道在梁某志家宅院前路段处，最窄处约 1.8 米宽（罗某兴庭审述称 1.4 米宽），最宽处约 3 米宽。因罗某兴认为，梁某志家在该通道北侧所垒的石墙，侵占了原有通道，致使原有通道变窄，妨害了罗某兴通行，曾要求当地司法部门给予处理。2017 年 4 月 24 日，经要路沟乡司法所调解，双方达成了调解协议如下："梁某志自愿将院外园子墙计 7 米长向里挪一墙宽，工时费 700 元，由罗某兴付给梁某志，里面部分以树桩和路外边为准，且路边不再栽树。"但该调解协议达成后又被撤销，罗某兴于 2017 年 6 月 29 日向法院提起（2017）辽 1422 民初 1634 号排除妨害案诉讼，法院对该案进行开庭审理后，罗某兴于 2017 年 3 月 14 日撤回该案起诉，对此，法院曾依法裁定准予罗某兴对该案撤回起诉。之后罗某兴于 2019 年 4 月 18 日又提起本案诉讼。

一审法院认为，本案争议的主要焦点是，案涉争议通道在梁某志宅院前路段处，原始通道宽度究竟是多宽；该通道北侧梁某志家构筑的石墙是否侵占了原始通道；本案通道北侧梁某志家构筑的石墙及本案争议通道所占土地的土地使用权是否属于梁某志。对此，罗某兴诉称及庭审述主张的事实是："案涉争议通道在梁某志宅院前路段处，通道的原始宽度约 3 米宽，该 3 米宽通道用地，属于公用通道用地，相关土地使用权不属于梁某志，由于梁某志在该通道北侧构筑了石墙，石墙侵占了该通道用地，致使该通道变窄，形成了现在梁某志宅院前路段处最窄处现在不足 1.4 米宽。"而梁某志辩称主张的主要事实是："梁某志在该通道北侧构筑的石墙，没有侵占原有通道，有老树桩子为证。梁某志宅院前通道，本来就是人行路，道路最窄处为 1.8 米宽，根本不是罗某兴所说的 3 米宽公用通道。村里和小组从没有规划梁某志院墙前的人行路是官道，梁某志家宅院前道路（包括通道南侧的矮墙在内）所占土地的使用权，全部在梁某志的土地使用权范围内"等。综上，因罗某兴对其主张的上述事实举证不足，法院对罗某兴主张的上述事实，依法不能认定。

二审法院认为，关于梁某志是否侵占案涉通道问题，经法院实地勘察，因该通道的原始地貌已经发生改变，该通道原边界界线在何处、通道宽度均无法确定。罗某兴主张梁某志所垒石墙侵占公用通道，要求排除妨害，根据罗某兴提供的现有证据无法证明梁某志侵权事实存在。故原审对于罗某兴的主张未予支持，并无不当。

案例 15

邵某才与邵某友所有权确认纠纷案［辽宁省朝阳市中级人民法院（2020）辽13民终1251号］

1966年5月，被告邵某仁经政府批准，在龙城区获得宅基地一处，自己建造房屋四间，批准用地面积266平方米，建筑面积77.5平方米，由当时的某乡人民政府发放宅基地使用证。被告邵某才于1993年7月1日，将该宅基地使用权证变更到自己名下，记载的土地使用者为邵某才。1989年被告邵某仁及其他子女迁至市内居住，原告及被告邵某才在该院落居住。2001年3月23日，原、被告三人经协商以抓阄的方式决定将上述房屋转让给原告邵某友，并签署了凭证一份，内容为："辽宁省朝阳市龙城区邵某仁的房宅归于其次子邵某有（友）所有，口说无凭，立字为据，房宅南面是道，东面邻居是张某风，北面是道，西面邻居是邵某志，以此为证，永不反悔，日期为2001年3月23日。"原告邵某友于当日将房屋转让费6000元交给被告邵某仁，邵某仁并出具收条一张，内容为："今收到经协商卖给邵某友房子房款6000元整。"后邵某才迁至承包地中的看护房居住，2003年，原告一家也迁至自己的看护房居住，原告将该房屋交给其姐姐邵某荣居住。2017年被告邵某仁向不动产登记部门提出请求，要求将登记为邵某才的宅基地使用权证变更为邵某仁所有，经行政决定及行政诉讼，2019年5月23日，朝阳市中级人民法院以该纠纷已超过二十年最长诉讼时效为由终审裁定驳回了邵某仁的起诉。

一审法院认为，经司法鉴定，原告提供的由原、被告三人签署的《凭证》上的"邵某才"的签字确定为被告邵某才本人所签，据此可以认定案涉的四间平房原属于被告邵某仁所有，邵某仁出卖该房屋给原告是经原告及二被告共同协商同意的。被告邵某才称该签字不能代表自己的真实意思表示，无证据证明，不予采信。原告本人虽为非农业户籍，但其妻子及子女为本村农业户籍，原告购买该房屋是为其家庭成员居住，原告仅是代表其家庭成员购买，其家庭成员购买该房屋不违反法律规定，且该买卖行为不存在其他无效行为，故原告购买案涉房屋有效，该房屋应属于原告所有。

二审法院认为，依据被上诉人邵某友提交的发放宅基地使用证登记表可以认定本案诉争房屋系被上诉人邵某仁于1966年在政府批给其的宅基地上建造。依据被上诉人邵某友提交的凭证以及证人邵某的证言可以认定2001年经上诉人邵某才与被上诉人邵某友、邵某仁三方共同协商同意，被上诉人邵某仁将诉争房屋卖给被上诉人邵某友，上诉人邵某才亦在凭证上签字确认。虽然上诉人对签字不予认可，但经鉴定可以确认凭证上的签字系上诉人邵某才本人书写。基于上述事实，原审法院认定诉争房屋应归被上诉人邵某友所有并无不当。法院行政裁定是因邵某仁提起诉讼超过诉讼时效而驳回其起诉，并未对上诉人的宅基地使用证效力进行确认。

相关案例索引

陈某与宋某物权确认纠纷案（最高人民法院民事审判第一庭《民事审判指导与参考》2010年第3集）

本案要点

夫妻离婚后，一方擅自将婚姻关系存续期间购买的房屋出卖，并与买受人、房产公司签订三方合同；而为了规避税款，夫妻一方又与买受人签订双方合同，且该双方合同已经被人民法院确认为无效合同。此时买受人已经基于三方合同以及善意取得了房屋的所有权，夫妻另一方不能向买受人主张返还房屋。

● ***相关规定***

《土地管理法》第16条；《行政复议法》第6条、第30条

第二百三十五条　【返还原物请求权】无权占有不动产或者动产的，权利人可以请求返还原物。

案例16

宋某国与杨某等返还原物纠纷案［北京市第二中级人民法院（2020）京02民终6247号］

杨某顺与王某茹系夫妻关系，二人共育有二女一男，长女杨某琴、次女

杨某玲、儿子杨某。房山区琉璃河镇二街村东街××号院原为杨某顺所留祖宅。王某茹于1982年7月23日去世，杨某顺于1998年1月8日去世。1996年6月1日，杨某在杨某琴、杨某玲不知情的情况下与宋某国签订《契约》，契约上约定杨某将诉争院落及房屋典给宋某国，期限从1996年6月1日到2046年，并由宋某国给付杨某现金12000元。宋某国与杨某是朋友关系。签订《契约》之前，宋某国已经在该宅院租住，签订《契约》后继续在该宅院居住。宋某国自入住该宅院后，对房屋进行了部分维修及建设。后宋某国夫妇将户口迁入该宅院。2018年，杨某琴、杨某玲、杨某起诉至法院，要求确认房山区琉璃河镇二街村东街××号房屋及宅院归三人共有，并要求宋某国返还房屋及院落。北京市房山区法院判决，某市房山区琉璃河镇二街村东街××号宅院内的房屋归原告杨某琴、杨某玲、杨某共同共有。因在（2019）京0111民初4575号民事案件中，杨某琴、杨某玲、杨某在诉讼请求中要求宋某国返还房屋及院落。故该判决书论理部分中写明“因被告在此房屋内居住多年，在此期间对房屋进行了翻修扩建，对该房屋及院落进行了一定的投入，原被告双方应当在确认被告方的损失后再行解决房屋返还问题。”判决后，宋某国对该判决不服并提起上诉，二审中，宋某国撤诉。现房山区琉璃河镇二街村在进行棚户区改造，因双方存在纠纷，涉诉宅院拆迁未拆除。故杨某琴、杨某玲、杨某诉至法院，要求宋某国腾退房屋并恢复原状。宋某国称双方虽然签订的是典，但实际就是买卖，不同意杨某琴、杨某玲、杨某的诉讼请求。

一审法院认为，无权占有不动产或者动产的，权利人可以请求返还原物。本案中，杨某琴、杨某玲、杨某要求返还的位于某市房山区琉璃河镇二街村东街××号院，（2019）京0111民初4575号民事判决书已经判决位于涉诉宅院内的房屋归杨某琴、杨某玲、杨某共同共有。该判决已经生效。故杨某琴、杨某玲、杨某要求宋某国返还房屋及宅院的诉求，法院予以支持。对于返还时间，虽然杨某与宋某国所签订的典当《契约》中约定典当期限为1996年6月1日至2046年，但现涉及拆迁，故应当进行返还。另外，《契约》并未经杨某琴、杨某玲同意，对杨某琴、杨某玲并不具有约束力。现杨某琴、杨某玲要求返还房屋及院落，宋某国应当返还。如宋某国认为其不能继续居住，杨某应承担责任，而要求赔偿损失，可另行起诉。对于宋某国具体腾退返还时间，由法院依据现实情况进行酌定。

二审法院认为，本案的争议焦点在于一审法院是否剥夺了宋某国的诉讼权利。经法院核查，一审法院于2019年11月8日对本案进行开庭审理，开庭前，依照宋某国填写的送达地址确认书向其邮寄了传票。宋某国于2019年10月24日签收。经法院核对一审庭审录像及开庭笔录，宋某国及其一审委托诉讼代理人黄京娜律师于庭审当日到庭参加诉讼，进行了答辩、举证质证、法庭辩论和最后陈述，并在开庭笔录的每一页签字确认。一审法院不存在未通知宋某国或其代理人参加庭审和剥夺诉讼权利的情形。

相关案例索引

郝某等与张某返还原物纠纷案［（2018）京01民终3798号］

本案要点

用益物权人对他人所有的不动产或者动产，依法享有占有、使用和收益的权利。无权占有不动产或者动产的，权利人可以请求返还原物。

● ***相关规定***

《最高人民法院关于适用〈中华人民共和国民法典〉物权编的解释（一）》第7条

第二百三十六条　【排除妨害、消除危险请求权】 妨害物权或者可能妨害物权的，权利人可以请求排除妨害或者消除危险。

案例 17

董某华与郑某秋物权保护纠纷案［湖北省武汉市中级人民法院（2020）鄂01民终2559号］

位于武汉市江岸区宁波里X号房屋原系董某斌承租乐泰公司管理的直管公有房屋。2015年5月，宁波里X号房屋的承租人董某斌向乐泰公司申请将该房屋过户至其儿子董某华名下。2015年5月20日，董某华将其承租的宁波里X号房屋的住房使用权有偿转让给汪某，并经乐泰公司和国有资产经营管理公司批准同意。2016年7月19日，汪某将其承租的宁波里X号房屋的住房使用权有偿转让给殷某。2017年4月24日，殷某（转让方、甲方）与郑某秋（受让方、乙方）签订《公有房屋使用权转让协议》，约定将甲方所拥有的位于武汉市江岸区宁波里X号房屋转让给乙方，上述公房使用权有偿转让价格为450000元。后乐泰公司、房地产公司公房管理部均在直管公有住房使用权有偿转让审批表上加盖公章，表示同意办理上述转让手续。2017年5月5日，乐泰公司（出租人、甲方）与郑某秋（承租人、乙方）签订《公有住房住宅公约》，约定，位于武汉市江岸区宁波里X号房屋的承租人为郑某秋，并注明“原发住房租约一律作废”。殷某、郑某秋为此向乐泰公司缴纳中介代办费200元、工本费20元，向房地产公司缴纳房屋有偿转让过户费13500元。2017年7月起，郑某秋向乐泰公司每月缴纳房租23.70元。涉案房屋一直由董某华居住至今。

一审法院认为，妨害物权或者可能妨害物权的，权利人可以请求排除妨害或者消除危险。公房使用权人在法律允许的范围内，依法对房屋享有占有、使用、部分收益和有限处分的权利。涉案房屋承租权现登记在郑某秋名下，但董某华一直居住在涉案房屋内，妨害了郑某秋对涉案房屋承租使用权的行使，故对郑某秋要求董某华从涉案房屋腾退的诉讼请求，一审法院予以支持。对于郑某秋主张的租金损失。因董某华自郑某秋有偿受让房屋后一直居住在涉案房屋内，故董某华应参照《公有住房住宅租约》中约定的月租金标准，向郑某秋支付租金损失。

二审法院认为，在涉案房屋由董某华过户给汪某的过程中，董某华签署了《直管公房使用权有偿转让申请书》《承诺书》《委托代办房屋转让手续协议》，其作为完全民事行为能力人，应当知晓申请公房使用权有偿转让的法律后果。现郑某秋已经与乐泰公司签订《公有房屋住宅租约》。董某华在本案中并未提交充分证据证明郑某秋受让涉案房屋存在法律规定的无效情形。董某华上诉认为其仍是涉案房屋的公房使用权人，缺乏事实和法律依据。一审综合本案事实，对郑某秋诉请董某华腾退并承担至实际腾退之日止的租金损失予以支持，符合民事诉讼的证据采信标准，于法有据，法院予以维持。

● *相关规定*

《最高人民法院关于适用〈中华人民共和国民法典〉物权编的解释（一）》第7条

第二百三十七条 【修理、重作、更换或者恢复原状请求权】 造成不动产或者动产毁损的，权利人可以依法请求修理、重作、更换或者恢复原状。

案例 18

尹淑某与王某凝排除妨害纠纷案［辽宁省葫芦岛市中级人民法院（2020）辽14民终1127号］

尹某阳系王某凝外公。1991年尹某阳去世，1997年于某珍去世。尹某阳与于某珍婚姻存续期间分得单位公房一户。1993年3月于某珍以尹某阳的名字参加房改，取得部分产权，房照名为尹某阳。1998年尹贺某与王某安结婚，1998年10月12日婚生长女王某凝。2007年双方因感情破裂诉至连山区人民法院，连山区人民法院作出（2007）连民二初字00139号民事判决书，认定"尹贺某婚前财产有坐落在连山区连山大街××号楼一楼楼房一户"，判决："准予原告王某安与被告尹贺某离婚；坐落于连山区新华大街××号楼一楼楼房一户归被告尹贺某所有。"该案于2011年由尹贺某申诉，连山区人民法院作出（2011）连审民初字第00012号民事判决书，判决后王某安提起上诉，葫芦岛市中级人民法院作出（2012）葫审民再终字第00005号民事判决，维持（2011）连审民初字第00012号民事判决书，该判决现已生效。上述判决书均未对（2007）连民二初字00139号民事判决书中三项"坐落于连山区新华大街××号楼一楼楼房一户归被告尹贺某所有"的内容进行变更。2014年5月16日，尹贺某因病去世。现王某凝、尹淑某均认可判决书中"连山区新华大街××号楼一楼楼房一户"与本案争执的葫芦岛市连山区楼房为同一户楼房。王某凝于2015年提起诉讼，在该案审理过程中，尹淑某认为（2007）连民二初字00139号民事判决书侵犯其合法权利，向法院提起第三人撤销权之诉，连山区人民法院立案审理后，作出（2016）辽1402民撤1号民事判决书："驳回尹淑某诉讼请求。"尹淑某不服，上诉至葫芦岛市中级人民法院，中院审理后认为"应当向最后作出已发生法律效力裁决书的人民法院提起诉讼"，故以（2016）辽14民终1030号裁定"驳回尹淑某的起诉"。尹淑某不服该裁定，向葫芦岛市中级人民法院申请再审，该案审理过程中，尹淑某撤回再审申请，中院作出（2017）辽14民申32号民事裁定书。

一审法院认为，王某凝从其母亲尹贺某（已去世）处继承的坐落于葫芦岛市连山区中房××号楼房系部分产权，其系该部分产权楼房的所有人。依照法律规定，妨害物权或可能妨害物权的，权利人可以请求排除妨害或者消除危险。王某凝作为案涉房屋的所有权人，应当对其房屋享有占有、使用、处分的权利。尹淑某、尹金某占有王某凝房屋的行为已经妨害了王某凝物权行为的行使，故王某凝请求尹淑某搬出此案涉楼房合法有据，予以支持。尹淑某以其明确于某珍生前留有遗嘱该案涉楼房归其所有为由予以抗辩，经查，案涉的房屋经连山区人民法院生效的（2007）连民二初字00139号民事判决书判决归尹贺某所有，虽然在本案审理过程中尹淑某认为该判决侵害了其合法权利，提起了相关诉讼，但是均未改变该判决结果，故对其抗辩按遗嘱内容继承案涉楼房归其所有的理由于法无据，不予支持；王某凝主张要求尹淑某赔偿经济损失的请求，也于法无据，不予支持。

二审法院认为，双方当事人诉争涉及的葫芦岛市连山区楼房，经连山区人民法院（2007）连民二初字00139号民事判决书判决归尹贺某所有，该判决已发生法律效力。尹贺某去世后，其独生女王某凝应具有占有、使用权利。尹淑某占有王某凝房屋的行为已经妨害了王某凝对其物权的行使，故王某凝请求尹淑某搬出此案涉楼房合法有据，予以支持。

● ***相关规定***

《最高人民法院关于适用〈中华人民共和国民法典〉物权编的解释（一）》第7条

第二百三十八条　【物权损害赔偿请求权】 侵害物权，造成权利人损害的，权利人可以依法请求损害赔偿，也可以依法请求承担其他民事责任。

案例19

张某全与肖某排除妨害纠纷案 ［河南省洛阳市中级人民法院（2020）豫03民终4645号］

2017年11月5日，张某全因拆除肖某邻居王某圈的房屋时，造成肖某房屋二层南墙破洞开裂，房子整体结构受到严重影响。2018 年 7 月 23 日，甲方肖某与乙方朱某岩签订退房协议：“现因二楼多处漏水，乙方机器损坏，不能正常营业，二楼租房者（牙科）提出退房，由一楼租户王某林代户主肖某森付给乙方牙科租房者 15000 元。租金付后，二楼房租房协议作废。”该 15000 元朱某岩已收到。后因朱某岩拒不搬出租赁房屋，致王某林将朱某岩、肖某一并诉至一审法院。经一审法院主持调解，于 2019 年 9 月 11 日做出（2019）豫 0311 民初 3779 号民事调解书，内容为朱某岩应当于 2019 年 9 月 26 日之前腾退租赁肖某的房屋（已经形成附合的装饰、装修物不得拆除），肖某应当于 2020 年 3 月 11 日前向朱某岩支付装修费 20000 元，肖某、王某林、朱某岩无其他纠纷。2020 年 4 月 8 日，肖某向朱某岩出具收到条一份，内容为同意朱某岩按照 15000 元支付（2019）豫 0311 民初 3779 号民事调解书确定的所有款项，款项已清结。

一审法院认为，本案系因张某全对肖某房屋造成损害，致肖某诉至法院要求经济赔偿，故本案的案由应当确定为财产损害赔偿纠纷。本案张某全在拆除肖某相邻关系人不动产时，给肖某房屋安全造成影响，导致租户退租，因此给肖某造成的经济损失即租金损失 15000 元和赔偿装修费的损失 15000 元，张某全应当予以赔偿。关于肖某主张朱某岩在 2018 年 7 月 23 日之后继续占用原租赁的房屋从而导致肖某损失租金 18000 元，应由张某全予以赔偿的诉讼请求，因该损失并非由张某全造成，一审法院不予支持。肖某主张维修房屋花费 450 元，但未提供证据证明，一审法院不予支持。张某全经一审法院合法传唤无正当理由未到庭参加诉讼，视为对自己民事抗辩权的放弃。

二审法院认为，张某全拆除肖某邻居王某圈的房屋时，使肖某房屋整体结构受到严重影响。在此之前，肖某的房子并不漏水，在此之后，肖某的房子反复漏水，由此可知涉案房屋严重漏水与张某全拆除王某圈的房屋有关。张某全上诉主张涉案损失已经结算完毕，其不再承担赔偿责任。肖某的房屋在 2017 年 11 月 5 日被张某全损坏，肖某的租户要求退租，肖某为此损失 30000 元。肖某承诺收到 1800 元后房屋再漏水与张某全无关，是对房屋修复及以后的承诺，并未免除以前张某全的损害赔偿责任。张某全关于涉案损失已经全部结算完毕的上诉主张，法院不予支持。

第二百三十九条　【物权保护方式的单用和并用】本章规定的物权保护方式，可以单独适用，也可以根据权利被侵害的情形合并适用。

● ***相关规定***

《治安管理处罚法》第49条

第二分编　所　有　权

第四章　一般规定

第二百四十条　【所有权的定义】所有权人对自己的不动产或者动产，依法享有占有、使用、收益和处分的权利。

案例20

熊某叁与王某聪排除妨害纠纷案［河南省郑州市中级人民法院（2020）豫01民终8020号］

熊某叁、程某涛二人原系男女朋友关系。2006年12月10日，位于新郑市××花园××楼××单元××楼某某的房屋以熊某叁名义签订《商品房买卖合同》，总房款为130000元，其中首付款52000元，按揭78000元。2007年1月10日，熊某叁就上述房屋向某银行新郑支行申请贷款，在《个人贷款申请审批表》中配偶姓名一栏自书配偶姓名为程某涛，并提供了其与程某涛的结婚证复印件。同时程某涛作为财产共有人向贷款银行出具承诺函，愿意对上述贷款承担连带责任。之后涉案房屋的按揭贷款由程某涛负责偿还。2014年8月16日，程某涛向李某新出具《特别授权委托书》一份，载明：委托人程某涛与熊某叁购买位于新郑市郑××路西侧××小区××单元××

东户，该房产属分期付款房，并已抵押给中国银行，因分期不能按时付款，所以作为共有人的程某涛特委托李某新处理该房产，并有权处分变卖转让收款，归还银行欠款，有权代理委托人在新郑市房管局办理过户手续等权利。委托人处由程某涛签字。2015 年 3 月 14 日，程某涛（甲方、出卖方）、熊某叁（出卖方）、王某聪（乙方、买受方）签订《房屋买卖合同》一份，合同约定将上述涉案房屋出售给乙方；交易价格为 30 万元，以按揭形式支付，买方向卖方支付现金 15 万元，余款以银行按揭手续为准；买方应在本合同签字之日一个月内支付现金，由乙方向银行按月支付；甲方应在合同生效后一个月内向乙方交付房屋；合同另约定双方的其他权利义务等内容。该合同落款处甲方签字为熊某叁、程某涛、李某新；乙方签字王某聪。合同签订后，程某涛将涉案房屋交付王某聪，王某聪装修入住至今，其间房屋的按揭贷款由王某聪转给李某新后，由李某新代为偿还按揭贷款。

一审法院认为，第三人程某涛经传票传唤无正当理由拒不到庭，怠于行使法律赋予的权利，应视为对其举证、质证、辩论等诉讼权利的放弃。当事人对自己提出的诉讼请求所依据的事实或者反驳对方诉讼请求所依据的事实，应当提供证据加以证明，但法律另有规定的除外。在作出判决前，当事人未能提供证据或者证据不足以证明其事实主张的，由负有举证责任的当事人承担不利的后果。涉案房屋虽以熊某叁名义购买，但根据（2019）豫 0184 民初 5409 号案件、（2019）豫 0184 民初 8873 号案件中王某聪、程某涛及熊某叁的举证材料及该院查明的事实可以证实，涉案房屋系由第三人程某涛实际出资购买并实际占有，之后房屋按揭由程某涛负责偿还，在程某涛占有涉案房屋期间通过第三人李某新将涉案房屋卖给王某聪，程某涛出卖涉案房屋时出具有委托书及其与熊某叁的“结婚证”复印件，而王某聪作为买方据此有理由相信程某涛对涉案房屋具有处分的权利；且在王某聪占有涉案房屋直至向熊某叁起诉要求过户之时，熊某叁仍未就涉案房屋向王某聪主张要求返还，因此，熊某叁本案提交的证据不能证明其系涉案房屋的实际出资人，而王某聪提交的证据之间能够相互印证涉案房屋由程某涛出资，因此，综合以上证据及事实，该院对熊某叁的诉讼请求不予支持。

二审法院认为，当事人对自己提出的诉讼请求所依据的事实或者反驳对方诉讼请求所依据的事实，应当提供证据加以证明，但法律另有规定的除外。熊某叁起诉要求王某聪腾空、交还房屋并支付房屋占有使用费，涉案房屋虽以熊某叁的名义购买，但熊某叁提供的证据不足以证明其为涉案房屋实际出资人，根据各方当事人提供的证据及陈述，并结合王某聪、程某涛曾对涉案房屋提起诉讼的情况，涉案房屋权属问题存在争议，故熊某叁现在请求王某聪腾空并交还涉案房屋，一审法院不予支持并无不当。

第二百四十一条　【所有权人设立他物权】所有权人有权在自己的不动产或者动产上设立用益物权和担保物权。用益物权人、担保物权人行使权利，不得损害所有权人的权益。

● ***相关规定***

《土地管理法》第9条、第10条

第二百四十二条　【国家专有】法律规定专属于国家所有的不动产和动产，任何组织或者个人不能取得所有权。

条文注释

本条是关于国家专有的规定。注意：

（1）国家专有的财产由于不能为他人所拥有，因此不能通过交换或者赠与等任何流通手段转移其所有权。

（2）尽管单位和个人对国有财产不能取得所有权，但他们可以依照相关法律的规定使用或经营某些国有财产。

（3）本条只对国家专有财产作了概括性规定，具体范围由各个相关单行法律、行政法规规定。国家专有的财产包括但不限于以下各项：①国有土地。依据法律、行政法规的规定，属于国家所有的土地有：城市市区的土地；农村和城市郊区已被征收的土地；依法不属于集体所有的森林、山岭、草地、荒地、滩涂及其他土地等。②海域。③水流。④矿产资源。⑤野生动物资源。⑥无线电频谱资源。⑦国防资产。

● ***相关规定***

《宪法》第9条、第10条

第二百四十三条　【征收】为了公共利益的需要，依照法律规定的权限和程序可以征收集体所有的土地和组织、个人的房屋以及其他不动产。

征收集体所有的土地，应当依法及时足额支付土地补偿费、安置补助费以及农村村民住宅、其他地上附着物和青苗等的补偿费用，并安排被征地农民的社会保障费用，保障被征地农民的生活，维护被征地农民的合法权益。

征收组织、个人的房屋以及其他不动产，应当依法给予征收补偿，维护被征收人的合法权益；征收个人住宅的，还应当保障被征收人的居住条件。

任何组织或者个人不得贪污、挪用、私分、截留、拖欠征收补偿费等费用。

案例21

冷某与某区房屋征收局房屋拆迁安置补偿合同案［贵州省贵阳市中级人民法院（2020）黔01民终4274号］

2013年7月9日，原告作为乙方（被征收人）与甲方被告（征收部门）签订《房屋征收补偿安置协议》，协议约定：甲方因某区云上棚户区改造建设项目（一期）建设需要，根据《国有土地上房屋征收与补偿条例》以及《某区云上棚户区改造建设项目（一期）集体土地上房屋征收补偿安置方案》等规定对乙方房屋进行征收。协议对各方权利义务进行了约定。同日，原告冷某与其母亲徐某芝作为乙方（被征收人）与天地房开公司（甲方）签订《补充协议》，约定“三、其他条款4. 乙方签订《房屋补偿安置协议》与本补充协议，过渡期以2013年2月19日开始计算，甲方保证乙方回迁安置房如期交付，逾期不能交房回迁的，甲方按照每月递增支付10%的过渡费用向乙方支付超期安置费用，最高五倍封顶，过渡费计算面积为326.76平方米”。协议签订后，原告将被征收房屋交给被告拆迁，被告按约向原告发放了过渡期间的过渡费。2016年6月24日的云上棚户区改造项目（湿地阳光花园）回迁安置交房单上交房单位为天地房开公司，接房人处冷某、徐某芝签字盖印，但未签时间。2016年7月22日，冷某、徐某芝在交房单上签字盖印，但仅领取房号为13栋××03房屋的钥匙。之后，冷某、徐某芝在贵阳御思源物业管理服务有限公司的信笺纸上出具《收条》，记载“今从物业服务中心领取13－××04、11－××04两套房门的钥匙，所有接房手续和应缴费用将在2017年1月1日前与物业服务中心办理完毕……”，领取人处徐某芝、冷某签字盖印，但无落款时间。2017年，冷某、徐某芝认为案涉房屋存在质量问题多次反映并要求整改，第三人天地房开公司对案涉房屋进行整改。2018年3月16日第三人天地房开公司支付徐某芝、冷某超期过渡费66113.30元，2018年3月21日支付徐某芝、冷某超期过渡费33886.70元，共计100000元。2018年3月21日，徐某芝、冷某出具《收条》一份，记载：“今收到天地房开公司超期过渡费，金额为33886.70元，至此，冷某、徐某芝名下所有安置住房整改问题已全部解决。”

一审法院认为，依法成立的合同，受法律保护。当事人应当按照约定全面履行自己的义务。原告与被告签订的《房屋征收补偿安置协议》系双方真实意思表示，没有违反法律、行政法规的强制性规定，合法有效。本案中，原、被告在《房屋征收补偿安置协议》中约定“产权调换的安置房屋应符合国家质量安全标准和安置房入住条件”，被告用于安置的安置房已取得由建设、勘察、设计、施工、监理五家单位出具的《建筑工程竣工验收报告》，原告认为案涉房屋存在质量问题不符合交付条件，但仅提交自述材料及与案涉房屋相邻的房屋照片，其提交的证据不能证实被告安置的房屋未达交付条件。从被告提交的承诺、收条等证据综合分析，可以认定原告收房后发现案涉房屋确实存在需要整改的问题，之后第三人天地房开公司亦对案涉房屋进行了实际整改。2018年3月原告通过收条方式签字盖印确认案涉房屋存在的问题已全部整改完毕，至此，针对房屋整改纠纷已解决完毕，因此，现原告要求被告及第三人天地房开公司、花溪补偿中心按照《房屋补偿安置协议》安置符合安全标准的房屋的诉请，一审法院不予支持。被告未在协议约定的时间即2015年7月9日对原告进行安置，原、被告双方对2015年7月9日之后至2016年6月24日的超期过渡费已支付完毕均无异议。现原告主张被告支付2016年6月25日起的超期过渡费，原告在回迁安置交房单虽未签时间，但从双方认可过渡费支付至2016年6月24日，可以认定交房单上的时间为第三人天地房开公司所签时间即2016年6月24日。之后，原告实际领取案涉房屋钥匙的时间收条上虽未记载，但从收条内容可以推断其领取钥匙的时间在2017年1月1日之前。原告收房后因案涉房屋存在整改问题，第三人天地房开公司对案涉房屋实际进行了整改。第三人天地房开公司对案涉房屋及徐某芝名下的房屋整改完毕后于2018年3月分两次共计支付超期过渡费100000元，原告及其母亲徐某芝认可其名下所有安置房整改问题全部解决，因此。从2016年6月25日起的超期过渡费至整改完毕期间的过渡费第三人天地房开公司已支付原告，原告与其母亲收悉后并无异议且已书面确认双方纠纷解决完毕，故现再次诉请被告及第三人支付超期过渡费，不符合法律规定，不予支持。二审法院认为，根据被上诉人提交的2016年6月24日云上棚户区改造项目（湿地阳光花园）回迁安置交房单、2016年7月22日交房单，以及徐某芝、冷某在物业服务中心领取13－××04、11－××04号房钥匙出具的收条，被上诉人安置给上诉人的安置房上诉人实际已进行收房。对于上诉人反映的质量问题，天地房开公司已进行整改并于2018年3月16日、2018年3月21日分两次共计向上诉人及另案当事人徐某芝（上诉人之母）以超期安置过渡费的名义支付10万元，徐某芝、冷某签字捺印确认“冷某、徐某芝名下所有安置住房整改问题已全部解决”，现上诉人主张案涉房屋只是进行了表面整改，未进行实质整改，因其已签字捺印确认整改问题已全部解决，故法院不予支持其所称未整改完毕的主张。上诉人还对其签字捺印确认已整改完毕的效力提出异议，但其所称其不懂房屋结构知识并不影响效力的认定，该主张明显不能成立。上诉人系房屋拆迁安置协议的合同相对人，其确认整改完毕亦无须其父亲冷某兵同意，亦无证据表明其签字捺印系受诓骗所作，故对于该项上诉理由，法院不予采纳。

● 相关规定

《宪法》第10条、第13条；《土地管理法》第2条、第45～51条、第79条

第二百四十四条 【保护耕地与禁止违法征地】国家对耕地实行特殊保护，严格限制农用地转为建设用地，控制建设用地总量。不得违反法律规定的权限和程序征收集体所有的土地。

● ***相关规定***

《土地管理法》第四章；《土地管理法实施条例》第四章

第二百四十五条 【征用】因抢险救灾、疫情防控等紧急需要，依照法律规定的权限和程序可以征用组织、个人的不动产或者动产。被征用的不动产或者动产使用后，应当返还被征用人。组织、个人的不动产或者动产被征用或者征用后毁损、灭失的，应当给予补偿。

案例 22

黎某全与黎某文恢复原状纠纷案［某自治区梧州市中级人民法院（2020）桂04民终288号］

为了改善某县白石水库埌南镇新光村金斗组移民生活环境，消除隐患，根据某县水库移民工作管理局申请，决定实施埌南镇新光村金斗组移民避险解困项目。经某县维护稳定工作领导小组办公室对上述项目社会稳定风险评估后，同意实施。2014年12月16日，某自治区水库移民工作管理局、发展和改革委员会、财政厅联合发文《关于下达2014年大中型水库移民避险解困试点项目计划的通知》，某县被纳入我区2014年大中型水库移民避险解困试点县。项目名称为金斗组避险解困项目，所属水库为白石水库，建设地点为埌南镇新光村金斗组。2015年9月，某县水库移民工作管理局作为发包人，由承包人融达公司实施某县埌南镇新光村金斗组避险解困安置点至道路工程。该道路经过原告黎某全的自留山。承包方在道路施工中，在原告自留山原路路基的基础上进行加宽。原告认为被告修路侵犯了其自留山所有权和使用权，并挖死其自留山的松木、杉木苗，侵犯了原告的合法权益，要求被告恢复自留山的原状及赔偿经济损失1750元。由于被告没有满足原告的诉求，原告于2019年2月26日网上信访，2019年4月9日，某县库区安置工作管理局作出《信访事项答复意见书》，对原告要求对所占用的林地补偿诉求无法支持。为此，原告向法院起诉。

一审法院认为，涉案的道路施工项目系2014年某自治区水库移民工作管理局、发展和改革委员会、财政厅联合下达的2014年大中型水库移民避险解困试点项目的配套工程，是一项民心工程，是符合政策要求和群众利益的，其目的是解决、改善库区移民的生产生活问题，受益者系项目沿线库区村民，具有社会公益性。项目实施过程中占用的土地是无偿提供的，不需征地，地上的附着物补偿也是由受益村组内部自行处理的某县埌南镇新光村金斗避险解困安置点至道路工程虽然经过原告的林地，但只是在原路的基础上进行加宽，是解决群众出行方便，更是在水库遇到险情时更有利避险，故原告要求被告恢复自留山原状及赔偿挖死的松木和杉木的经济损失1750元的请求，原审法院不予支持，且其也没有提供相应的证据予以证明自留山的原状情况，以及受损林木的数量和单价，故其应当承担举证不能的法律后果。被告黎某文作为被告某县发展和改革局的工作人员，其履行的是工作单位的职责，不应承担民事责任。被告某县发展和改革局认为本案已过诉讼时效，因原告为补偿等问题在2019年2月还向相关部门信访，故本案没有超过诉讼时效。

二审法院认为，关于是否需恢复原状问题。涉案道路施工项目是某自治区水库移民工作管理局、发展和改革委员会、财政厅联合下达的2014年大中型水库移民避险解困试点项目的配套工程，该项目是凤塘一、二、三组为方便凤塘组全体村民生活、生产出行道路方便而向某县移民局、埌南镇政府申请建设的，该项目的受益者是沿线库区村民，有利于群众生产出行方便，有利于水库遇险情时避险解困，上诉人黎某全作为凤塘某某的村民也是该工程的受益人，理应予以支持并承担一定的公益责任；上诉人黎某全所请求恢复原状的涉案林地历史上已形成道路，涉案道路施工项目依照凤塘一、二、三组的申请及施工合同的规定在原路上进行平整、拓宽，对上诉人所承包林地的使用影响轻微，故该项目的实施并未对上诉人黎某全的土地承包经营权构成侵害，因此，上诉人黎某全要求恢复自留山原状于法、于情不符，原审法院驳回上诉人黎某全要求恢复自留山原状的诉讼请求并无不当，法院予以维持。关于经济损失问题，涉案项目用地是由村民无偿提供，不需征地，土地及地上附着物补偿由受益村组内部自行处理，且上诉人黎某全没有提供充分证据证明其受到的经济损失，上诉人黎某全请求赔偿经济损失无事实依据，因此，原审判决被上诉人某县发展和改革局无须向上诉人黎某全赔偿经济损失正确，法院予以维持。被上诉人黎某文是被上诉人某县发展和改革局的工作人员，其依法履行职务，无须承担民事责任。

● ***相关规定***

《宪法》第 10 条、第 13 条；《土地管理法》第 2 条

第五章　国家所有权和集体所有权、私人所有权

第二百四十六条　【国家所有权】法律规定属于国家所有的财产，属于国家所有即全民所有。

国有财产由国务院代表国家行使所有权。法律另有规定的，依照其规定。

第二百四十七条　【矿藏、水流和海域的国家所有权】矿藏、水流、海域属于国家所有。

第二百四十八条　【无居民海岛的国家所有权】无居民海岛属于国家所有，国务院代表国家行使无居民海岛所有权。

第二百四十九条　【国家所有土地的范围】城市的土地，属于国家所有。法律规定属于国家所有的农村和城市郊区的土地，属于国家所有。

第二百五十条　【国家所有的自然资源】森林、山岭、草原、荒地、滩涂等自然资源，属于国家所有，但是法律规定属于集体所有的除外。

案例 23

古某伟与施某如排除妨害纠纷案［四川省泸州市中级人民法院(2020) 川05民终634号］

双方均住在某县枧槽苗族乡政府所在地九龙街村街上，由于两家所建在街上的营业住宿为一体的房屋所占的地基均不规范，相互之间各自所建房屋的外墙与对方的房屋外墙相邻或相接触的部分，构成建筑物的相邻关系。古某伟所有的部分外墙与施某如所有的墙体之间有一段空间，该空间就是古某伟与施某如在枧槽苗族乡主持达成《建房调解协议书》所指的"应该留足和古某伟的住房背面山墙间隔距离1.5米"，用于采光。施某如在该空间上方用塑料瓦封盖，并在该空间堆放和允许其他人堆放杂物。同时将一些铁皮钉在古某伟的外墙上。施某如在用盖自己建筑物以上空间时有部分超出自己建筑物的范围，遮挡了古某伟建筑物范围的空间。施某如的排污管道的室外部分没有进行掩埋处理，悬挂于别人享有所有权的外墙上。施某如的灶头和楼梯建在施某如自己的房屋内。

一审法院认为，不动产的相邻权利人应当按照有利生产、方便生活、团结互助、公平合理的原则，正确处理相邻关系。施某如在古某伟房屋墙体上，和古某伟享有权利空间上方用塑料瓦封盖，并在该空间堆放和允许其他人堆放杂物。同时将一些铁皮钉在古某伟的外墙上。施某如在用盖自己建筑物以上空间时有部分超出自己建筑物的范围，遮挡了古某伟建筑物范围的空间。施某如的排污管道的室外部分没有进行掩埋处理，悬挂于别人享有所有权的外墙上。施某如的这些行为有违正确处理相邻关系原则。对古某伟的通风、采光构成妨碍，对古某伟权利构成侵犯，施某如的妨碍行为依法应当排除，侵权行为依法应当立即停止，古某伟的请求符合法律规定，一审法院依法予以支持，但是古某伟请求施某如拆除楼梯和灶头的请求主张，因古某伟没有举证证明施某如的楼梯和灶头是建在古某伟享有权利的范围内，故该请求主张一审法院不予支持。

二审法院认为，虽古某伟、施某如在《建房调解协议书》中有“施某如必须搞好山墙排水和不得向山墙外排放污水、污物和建厕所以及其他建筑物”的约定，但施某如建房（包括修建楼梯和楼梯下的厨房）至今已经有十年的时间，古某伟对施某如在两房之间1.5米的间隔距离内修建楼梯和楼梯下的厨房一直未提出异议（该楼梯是施某如上自家二、三楼的唯一通道），且只要施某如对1.5米的间隔距离内设置在古某伟所有的墙上的塑料瓦拆除，移开堆放和允许他人堆放在古某伟用于采光空间内的杂物，拆除钉在古某伟墙上的铁皮等杂物后，并不影响古某伟房屋的采光和古某伟对房屋的维修。故对古某伟要求施某如拆除在两房之间1.5米的间隔距离内修建楼梯和楼梯下厨房的请求不予支持。

● ***相关规定***

《宪法》第9条

第二百五十一条　【国家所有的野生动植物资源】法律规定属于国家所有的野生动植物资源，属于国家所有。

第二百五十二条　【无线电频谱资源的国家所有权】无线电频谱资源属于国家所有。

第二百五十三条　【国家所有的文物的范围】法律规定属于国家所有的文物，属于国家所有。

● ***相关规定***

《文物保护法》第2条、第5条、第32条

第二百五十四条　【国防资产、基础设施的国家所有权】国防资产属于国家所有。

铁路、公路、电力设施、电信设施和油气管道等基础设施，依照法律规定为国家所有的，属于国家所有。

条文注释

上述7条规定了国有财产的具体范围，适用这几条时注意结合《宪法》以及《矿产资源法》《水法》《土地管理法》等专门法律的相关规定。

(1) 矿藏、水流、海域、无线电频谱资源、城市的土地、国防资产属于国家所有。

(2) 法律规定属于国家所有的铁路、公路、电力设施、电信设施和油气管道等基础设施、文物、农村和城市郊区的土地、野生动植物资源，属于国家所有。

(3) 除法律规定属于集体所有的外，森林、山岭、草原、荒地、滩涂等自然资源，属于国家所有。

矿藏，主要指矿产资源，即存在于地壳内部或者地表的，由地质作用形成的，在特定的技术条件下能够被探明和开采利用的，呈固态、液态或气态的自然资源。

水流，指江、河等的统称。此处水流应包括地表水、地下水和其他形态的水资源。

海域，是指中华人民共和国内水、领海的水面、水体、海床和底土。内水，是领海基线向陆地一侧至海岸线的海域。领海，是指沿着国家的海岸、受国家主权支配和管辖的一定宽度的海水带。

野生动物，指受保护的野生动物，即珍贵、濒危的陆生、水生野生动物和有益的或者有重要经济、科学研究价值的陆生野生动物；野生植物，是指原生地天然生长的珍贵植物和原生地天然生长并具有重要经济、科学研究、文化价值的濒危、稀有植物。

第二百五十五条 【国家机关的物权】国家机关对其直接支配的不动产和动产，享有占有、使用以及依照法律和国务院的有关规定处分的权利。

案例24

张某坤与张某民民间借贷纠纷案［湖北省武汉市中级人民法院(2019)鄂01民终12319号］

2008年8月24日，张某民向坤隆公司与张某坤出借现金90万元，坤隆公司与张某坤当日出具借条一张，载明："今借到张某民人民币玖拾万元整，每月利息肆万伍仟元整。双方约定：如发生争议，由洪山区人民法院管辖。用武珞四巷××号全部房屋及土地做抵押。"2011年1月28日，张某民(甲方)与坤隆公司和张某坤(均为乙方)签订了《借款合同》，合同中约定："一、借款数额、期限、利率。1. 甲方同意在本合同签订生效后，将出借现金人民币70万元整支付给乙方。2. 甲、乙双方均确认本次借款资金期限为三个月，即从2011年1月28日至2011年4月27日。3. 本次甲方出借资金的利息，甲、乙双方均同意按月利率8%计算。二、借款利息支付时间和方式。利息的具体支付时间，甲、乙双方约定每月27日付息人民币56000元整。如不按期支付利息，每逾期一天支付人民币7000元整违约金。三、担保物为保证本合同的顺利履行，乙方自愿同意以武珞四巷××号房产包括街面上二层楼：门面与住房，也就是整个由坤隆公司收购的副食调料一厂的全部固定资产做抵押……五、违约责任1. 乙方到期不能还款，除按合同约定的利息外，每延迟一天向甲方支付7000元违约金。2. 乙方延迟还本金，付利息超过30天，根据合同约定，甲方享有处分权，甲方可将其武珞四巷85号房产全部收回自行管理或自行进行变卖处理，一切收入归甲方所有。六、合同纠纷解决……2. 如协商不成可向人民法院诉讼，双方约定由洪山区人民法院管辖。同时约定：如发生法律纠纷，涉及该案的甲方所发生的一切诉讼费用、律师、执行、拍卖等费用均由乙方全部承担……"同日，坤隆公司与张某坤出具借条，载明："今借到张某民现金人民币伍万陆仟元整。另外，张某民转到我卡上人民币陆拾肆万肆仟元整。合计借到张某民人民币柒拾万元整。如发生争议，双方约定：由洪山区人民法院管辖。此据。"

并于当日通过交通银行账户转账支付64.4万元。2011年11月14日，张某民再次通过银行转账方式支付张某坤借款11万元，坤隆公司与张某坤于当日出具借条，载明："今借到张某民先生现金壹拾壹万元整。"2012年2月13日，坤隆公司向张某民出具《承诺函》一份，其中载明："由于本公司经营不善，无能力再偿还向你个人借的钱，目前借款连本带息已达肆佰伍拾余万元人民币。为了避免债务进一步扩大，本公司决定将本已抵押给你的武珞路四巷××号房产（建筑面积1308.92m²、土地面积1444.44m²）和本公司新修的临街两层楼，楼下八间门面、楼上八间住房全部抵偿给你，同时将以上房产证、土地证、收购合同原件全部交给你。以此作为交换条件，公司不再差你任何借款、利息、逾期利息，双方互不相欠……"自2011年6月29日起至2013年1月12日止，张某坤分12次通过银行转账方式共计向张某民支付327900元。

一审法院认为，本案的争议焦点在于：第一，张某民实际出借的借款本金是181万元还是75.4万元；第二，张某民主张的第三、四笔借款，即70万元和11万元的借款是否已超过诉讼时效；第三，张某民主张的律师费是否予以支持。第一，关于借款本金的认定。结合张某民提交的证据与庭审查明的事实，张某民出借给坤隆公司与张某坤共计三笔借款，第一笔借款金额为90万元，以现金方式支付；第二笔借款金额为70万元，其中5.6万元以现金方式支付、64.4万元通过银行转账方式支付；第三笔借款金额为11万元，以银行转账方式支付。因此，张某民实际出借的借款本金金额为171万元。第二，关于张某民主张的第三、四笔借款，即70万元和11万元的借款是否超过诉讼时效。结合张某民提交的证据与庭审查明的事实，借款70万元的借款期间已于2011年4月27日届满，但张某坤当庭陈述其最后一笔还款时间为2013年1月12日，而借款11万元并未约定还款时间，并且张某坤当庭自述其从2014年之后就再未与张某民联系也没有告知张某民其身在何处，法院认为，张某坤的上述行为已经在客观上阻碍了张某民作为权利人行使其权利，属于诉讼时效中止的情形，当张某坤再次与张某民取得联系后，张某民一直在通过电话、短信等方式主张其债权，直至向法院提起诉讼，故张某民主张的该两笔借款并未超过诉讼时效。张某民与坤隆公司、张某坤之间的民间借贷关系业已成立且合法有效，张某民依约出借了借款本金共计171万元，坤隆公司、张某坤也应该按照约定履行其还本付息的义务。

二审法院认为，关于张某坤上诉对本金金额提出的异议，张某民一审提交了借条、证人证言、银行流水、《承诺函》等证明借款金额，一审认定张某民实际出借本金金额为171万元，有相应证据予以佐证，故法院对张某坤关于本金数额的上诉意见不予支持。关于张某坤上诉认为第二笔借款70万元已超过诉讼时效的意见，一审认定张某坤未与张某民联系、没有告知其身在何处属于诉讼时效中止的情形，债务人不主动与债权人联系不属于法律规定的诉讼时效中止情形；该借款70万元的借款期间于2011年4月27日届满，即使以张某坤最后一笔还款时间2013年1月12日起算，至张某民2016年7月起诉，该笔借款亦早已超过两年的诉讼时效;，对张某民向张某坤主张的70万元借款本金及未付的利息部分法院不予支持。但张某民起诉前张某坤已支付的该70万元的利息仍为有效，且就本案三笔借款而言，90万元及11万元借款均未约定还款期限，仅70万元借款约定于2011年4月27日到期。

第二百五十六条　【国家举办的事业单位的物权】国家举办的事业单位对其直接支配的不动产和动产，享有占有、使用以及依照法律和国务院的有关规定收益、处分的权利。

案例25

樊某生与某房管所物权保护纠纷案［广东省某市中级人民法院(2020)粤01民终8368号］

2000年6月28日，某市国土资源和房屋管理局向某市机关用房管理所（以下简称市机房所）发出《接管通知书》，写明因征用补偿，王圣堂后街××号36套房屋共362.5760平方米的房屋由市机房所接管。根据《安排住户移交情况表》记载，王圣堂×××房的建筑面积为53.6578平方米，户主为樊某生。2005年4月，市机房所经批准更名为某房管所，负责市直管房屋管理等工作。2015年5月，樊某生曾向某房管所填报《直管房租赁申报表》，但某房管所、樊某生双方未形成租赁合同关系。2018年2月25日，某房管所向樊某生发出《通知》，称因就案涉房屋未与樊某生形成租赁关系，要求樊某生自收到通知起5日内前往某房管所处办理相关手续。逾期未办理的，将追究樊某生的法律责任等。樊某生于次日收取该《通知》。同年3月，某房管所再向樊某生发出《律师函》并在案涉房屋现场张贴，该函件内容为要求樊某生在3月14日前办理相关租赁手续，逾期办理的，某房管所将追究其法律责任等。

一审法院认为，就本案的法律关系问题，某房管所、樊某生之间并未形成过租赁合同关系，樊某生实际占用某房管所代管的房屋，因此本案纠纷应属物权保护纠纷，而非租赁合同纠纷。案涉房屋于2000年6月28日由房管部门接管并由某房管所负责管理，樊某生作为案涉房屋的实际使用人系因拆迁安置回迁至案涉房屋中居住，某房管所、樊某生双方理应理顺使用关系并计付相应的费用。至于该费用的标准，由于双方未能协商一致，故该费用标准应结合案涉房屋的产权属性以及本案实际情况予以处理。现无证据表明某房管所曾在2015年5月13日要求樊某生填报《直管房租赁申报表》之前要求理顺其与樊某生的租赁合同关系，但从某房管所提供的证据《安排住户移交情况表》可见，某房管所对于樊某生在案涉房屋中居住的情况是清楚的。因而，未能形成理顺租赁关系的责任并不能完全归责于樊某生一方。鉴于某房管所在2018年2月25日仍向樊某生发出《通知》要求理顺租赁关系，并限期要求樊某生与某房管所协商，故在该期间届满前（即2018年3月3日）的房屋使用费标准宜按同期同地段公房租金标准计付。至于该通知限定期届满后，因樊某生仍未能与某房管所形成租赁关系，该期间的房屋使用费标准宜参照房管部门公布的同期同地段房屋租金参考价计付。

二审法院认为，樊某生一审提供的《房屋拆迁安置协议》载明，拆迁单位经批准拆迁樊某生原承租房屋，拆迁单位安排某市广源西王圣堂自编××号九层东向39平方米，产权属于公有的房屋给樊某生回迁。樊某生在二审提供的案涉房屋《租金发票》显示其按照远低于市场租金标准的公房标准交纳租金。虽然某房管所否认上述证据的真实性，但某房管所提交的《安排住户移交情况表》也记载了该所在接管案涉房屋时樊某生就是该房屋的户主，本案中，并无证据证明向某房管所移交案涉房屋的单位曾对樊某生入住涉案房屋以及交纳租金等问题提出过异议，故一审认定樊某生作为案涉房屋实际使用人系因拆迁安置回迁至案涉房屋中居住并无不当，法院予以确认。同时，从上述材料可以看出，樊某生回迁入住案涉房屋后至某房管所接管前曾经交纳的案涉房屋租金标准与普通平等民事主体之间租赁关系有显著差异，可见其作为案涉房屋的实际占用人系基于历史形成的保障性租赁关系。某房管所作为案涉房屋接管单位，理应承继樊某生就案涉房屋形成的上述公房租赁关系。某房管所在接管案涉房屋后于2015年5月13日要求樊某生填报《直管房租赁申报表》，之后向樊某生发出《通知》和张贴《律师函》，要求与樊某生理顺双方租赁关系，以及樊某生至今未能与某房管所签订租赁合同，均属于他们之间非平等民事主体的法律关系，因此，某房管所以其与樊某生没有办理租赁手续、樊某生未支付租金等为由，提出本案物权保护纠纷不应作为民事诉讼案件受理。

第二百五十七条　【国有企业出资人制度】国家出资的企业，由国务院、地方人民政府依照法律、行政法规规定分别代表国家履行出资人职责，享有出资人权益。

条文注释

关于国家机关，应注意其处分所占用的国有财产时，要依照法律和国务院有关法规所赋予的权限和程序进行，不得擅自处置，并且国家机关对所占用的国有财产没有收益权。

国家举办的事业单位，其对占有的国有财产行使收益、处分权时，也要依照法律和国务院有关法规所赋予的权限和程序进行，不得擅自处置。

值得注意的是，事业单位因其类型、财产的特殊性，对其收益和处分的权利也应分别处理：一是国家举办的事业单位对其占用的财产毫无处分权利，比如故宫博物院对其占用的某些财产；二是经过审批，国家举办的事业单位对其占用的财产具有部分处分权利；三是国家举办的事业单位对其占用的财产具有完全的处分权利。

● ***相关规定***

《企业国有资产监督管理暂行条例》第4~6条、第12条

第二百五十八条　【国有财产的保护】国家所有的财产受法律保护，禁止任何组织或者个人侵占、哄抢、私分、截留、破坏。

案例 26

张某阳、姚某娟等与陆某民、季某珍等追偿权纠纷案［江苏省苏州市中级人民法院（2020）苏 05 民终 2437 号］

张某阳、姚某娟、盛世强联公司作为申请人 1，陆某民、季某珍、久得利公司作为申请人 2，郭某强、天益公司作为申请人 3，王某国、国鑫公司作为申请人 4，郭某文、王某桂、恒远公司作为申请人 5，陆某东、某某芬、东华印花公司作为申请人 6 共同向民生银行出具《中国民生银行小微联保申请书》，该申请书载明：本申请书所涉全体申请人同意经由本申请书形成权利共享、责任共担的联保体，向贵行共同申请用于联保体成员生产经营活动的授信额度，由全体联保体成员除对本人外的单个联保体成员、成员名下经营实体及由任一联保体成员指定的第三人使用的授信承担最高额共同连带担保责任。贷款发放后，王某国未能按合同约定还款。2019 年 8 月 6 日，民生银行向陆某民出具《证明书》一份，涉案的主要内容是：截至 2016 年 8 月 19 日，担保人陆某民基于编号为 ××× 的《联保体授信合同》为主合同债务人王某国代偿了贷款本金 408271.28 元。

一审法院认为，现有证据可以证明截至 2016 年 8 月 19 日陆某民、季某珍偿还了编号为 ××× 的《借款合同》项下王某国所欠的款项 368268.71 元。现陆某民要求主合同债务人王某国还代偿款 368268.71 元于法有据，予以支持。陆某民、季某珍主张自 2018 年 12 月 20 日起至实际清偿之日止按中国人民银行贷款利率计算的利息，应予支持，但因 2019 年 8 月 20 日起中国人民银行已授权全国银行间同业拆借中心于每月 20 日公布贷款市场报价利率，中国人民银行贷款利率这一标准已经取消，故自 2019 年 8 月 20 日起的利率标准应按全国银行间同业拆借中心公布的贷款市场报价利率计算。

二审法院认为，案涉联保体授信合同、借款合同及担保合同均成立并有效，陆某民、季某珍作为联保体成员及案涉王某国借款的连带责任保证人向债权人民生银行为债务人王某国承担了担保责任之后，有权向债务人王某国及其他保证人追偿。张某阳、姚某娟、盛世强联公司、陆某东、某某芬、东华印花公司、东华机电公司上诉提出的联保体保证金问题，从联保申请书及联保体授信合同的相关约定分析，各联保体成员通过按比例缴付保证金以获取贷款并为他方提供担保，各方共同担保的意思表示明确，故陆某民一方账上的保证金被民生银行扣划之后，其有权基于前述合同的约定向其他联保体成员追偿。

第二百五十九条　【国有财产管理法律责任】履行国有财产管理、监督职责的机构及其工作人员，应当依法加强对国有财产的管理、监督，促进国有财产保值增值，防止国有财产损失；滥用职权，玩忽职守，造成国有财产损失的，应当依法承担法律责任。

违反国有财产管理规定，在企业改制、合并分立、关联交易等过程中，低价转让、合谋私分、擅自担保或者以其他方式造成国有财产损失的，应当依法承担法律责任。

● ***相关规定***

《刑法》第 167 ~ 169 条

第二百六十条　【集体财产范围】集体所有的不动产和动产包括：

（一）法律规定属于集体所有的土地和森林、山岭、草原、荒地、滩涂；

（二）集体所有的建筑物、生产设施、农田水利设施；

（三）集体所有的教育、科学、文化、卫生、体育等设施；

（四）集体所有的其他不动产和动产。

● ***相关规定***

《宪法》第 10 条

第二百六十一条　【农民集体所有财产归属及重大事项集体决定】农民集体所有的不动产和动产，属于本集体成员集体所有。

下列事项应当依照法定程序经本集体成员决定：

（一）土地承包方案以及将土地发包给本集体以外的组织或者个人承包；

（二）个别土地承包经营权人之间承包地的调整；
（三）土地补偿费等费用的使用、分配办法；
（四）集体出资的企业的所有权变动等事项；
（五）法律规定的其他事项。

案例27

吴某权与金星厂租赁合同案［江苏省无锡市中级人民法院（2020）苏02民终1604号］

2010年5月20日，甲方金星厂和乙方吴某权签订《租地协议》1，约定甲方出租给乙方三块地块（按图）；一切场地设施设备在不违反政策下由乙方自己负责；租期暂定2年，从2010年6月10日起至2012年6月10日为止，根据需要可续订；租金为每年25万元等内容。经查，该协议所涉地块为金星厂厂区范围。

同年，案外人甲方奚某法代表后西队村民小组（后并入姑里村）和吴某权曾签订《租地协议》（以下称《租地协议》3），约定因需要租用后西队空置土地5.4亩；每亩租金1500元；暂定租期5年；承租方一次性支付土地租金一年共计8100元；五年后如需续订协议双方另行商定。经查，该协议实际履行至2012年，后因后西队村民小组将资产上交给姑里村管理而未终止履行，后西队村民小组实际收取吴某权交付的共计2年租金。2014年年初，金星厂分别向姑里村和长馨村租得其厂区南侧和西侧的地块。2014年1月8日，甲方金星厂和乙方吴某权签订《租地协议》2，约定甲方租给乙方两块地，1号地块28万元，2号地块10万元，一切场地设施设备在不违反政策下由乙方自己负责，甲方不承担责任，如政府动用乙方无条件搬迁；租期暂定2年，从2014年1月1日至2015年12月31日，根据需要可续订；租金总计每年38万元；拆迁款归乙方所有；租金每年1月1日交25万元，5月30日交13万元。双方租赁范围实际包含场地、房屋、设备等，但房屋并未办理建设工程规划许可证；双方实际履行过程中，吴某权在租赁场地内进行各项施工建设以开展经营活动，并向金星厂支付租金。协议到期后，双方继续履行但未续订书面合同，吴某权欠付2017年部分租金及2018年租金。

一审法院认为，出租人就未取得建设工程规划许可证或者未按照建设工程规划许可证的规定建设的房屋，与承租人订立的租赁合同无效。本案中金星厂出租给吴某权的房屋未取得建设工程规划许可证，双方之间的租赁合同无效。房屋租赁合同无效，当事人请求参照合同约定的租金标准支付房屋占有使用费的，人民法院一般应予支持。租赁期间届满，承租人继续使用租赁物，出租人没有提出异议的，原租赁合同继续有效，但租赁期限为不定期。按照金星厂发给吴某权的第一封《律师函》载明其欠付租金为2017年的欠付金额7万元及2018年的全年租金38万元，后吴某权支付的15万元优先抵偿2017年欠付占有使用费，故尚欠租金均为2018年的占有使用费，对支付期限没有约定或者约定不明确。因双方合同实际在2018年年底终结履行，故吴某权应当在2018年年底付清欠付占有使用费。

二审法院认为，涉案土地为农民集体所有的土地，在未取得规划许可的情况下，出租用于非农业建设，其租赁关系应认定为无效。故金星厂将向姑里村委租赁的涉案土地再转租给吴某权的转租行为无效。因此，金星厂与吴某权签订的《租地协议》无效。虽然《租地协议》无效，但因吴某权实际占有并使用了涉案场地，故吴某权仍应向金星厂支付涉案场地占有使用费。其占有使用费可以参照合同约定的租金标准计算。

● ***相关规定***

《宪法》第17条；《土地管理法》第14条、第15条；《农村土地承包法》第18条、第48条

第二百六十二条　【行使集体所有权的主体】对于集体所有的土地和森林、山岭、草原、荒地、滩涂等，依照下列规定行使所有权：

（一）属于村农民集体所有的，由村集体经济组织或者村民委员会依法代表集体行使所有权；

（二）分别属于村内两个以上农民集体所有的，由村内各该集体经济组织或者村民小组依法代表集体行使所有权；

（三）属于乡镇农民集体所有的，由乡镇集体经济组织代表集体行使所有权。

案例28

白某华与白某斌农村土地承包合同案［辽宁省辽阳市中级人民法院(2020) 辽10民终1350号］

原告白某华、白某斌、白某生、白某雪与被告陈某久是同村村民。原告是第四村民小组村民，被告是第二小组村民。被告于2007年以前承包本村四组的田家坟地段，被告在该地上栽种了苹果树。2009年分田（口粮田）到户，村委会将田家坟段8.7亩的土地分给了原告家。当时被告已经栽种苹果树，原告家的祖坟又在被告家分的地中，被告要求与原告家调换，原告的父亲白喜顺同意了。2018年被告将该地上的苹果树全部砍伐，之后又种上了1000棵苹果树苗。原告知道后，要求将土地换回来，被告不同意。现在原告诉至法院，要求被告返还原告家分的田家坟地段的土地。

一审法院认为，原告与被告两家互换土地承包经营权，虽然互换双方未签订书面协议，未到登记机关进行登记，但已经实际履行，该履行行为可以补正互换合同的形式瑕疵，故换地协议合法有效。关于四原告提出，四原告与被告系两个村民小组成员，订立的互换协议无效一节，法院认为，双方当事人基于真实意思的表示，自愿调换土地，双方所在集体经济组织同意，被告对互换的土地长期经营管理，内容没有违反法律、法规的强制性规定，属于有效合同。原告的主张，法院不予支持。关于四原告提出，换地当时约定被告的果树砍伐时将该地换回来一节，原告未提供证据证明其主张，法院不予支持。关于四原告提出被告现在经营的土地，原告持有土地经营权证，互换期限应到承包期满的2016年12月31日一节，法院认为，土地承包经营权互换合同依法成立即生效，除明确约定互换期限的合同或当事人另行约定外，互换行为的效力应当及于整个剩余承包期间，即互换双方对互换后的承包地在承包期及延包期内都享有土地承包经营权。

二审法院认为，双方当事人互换土地不违反法律规定，口头互换协议有效。上诉人主张互换的土地非同一集体经济组织所有，因未能提供证据予以证明，且在二审庭审中，其认可该互换土地为村委会发包，非村小组发包，并提供了村委会发包土地的台账，故上诉人关于互换土地非同一集体经济组织所有，互换协议无效的上诉主张，不予支持。

● ***相关规定***

《土地管理法》第 10 条；《农村土地承包法》第 12 条；《农业法》第 11 条

第二百六十三条　【城镇集体财产权利】城镇集体所有的不动产和动产，依照法律、行政法规的规定由本集体享有占有、使用、收益和处分的权利。

● ***相关规定***

《宪法》第 8 条

第二百六十四条　【集体财产状况的公布】农村集体经济组织或者村民委员会、村民小组应当依照法律、行政法规以及章程、村规民约向本集体成员公布集体财产的状况。集体成员有权查阅、复制相关资料。

● ***相关规定***

《村民委员会组织法》第 30 条

第二百六十五条　【集体财产的保护】集体所有的财产受法律保护，禁止任何组织或者个人侵占、哄抢、私分、破坏。

农村集体经济组织、村民委员会或者其负责人作出的决定侵害集体成员合法权益的，受侵害的集体成员可以请求人民法院予以撤销。

案例 29

周某康与某市某区大荆镇周岭村民委员会物权保护纠纷案［陕西省商洛市中级人民法院（2020）陕 10 民终 283 号］

被告周某康系原告某市某区大荆镇周岭村民委员会村民。20 世纪 50 年代，原告前身某县××社××大队××社进行铁器加工，周岭铁业社最初为某县××社××大队铁业修造加工厂，1981年改为某县××社××大队农修厂，1985年又变更为某县大荆镇周岭村农修厂，变更前后企业经济性质均为集体所有制。1973年被告进入周岭铁业社打铁成为铁业社成员，并担任铁业社出纳。1976年3月19日，王某娃将现位于某市某区大荆镇街道北至猪市巷，某房屋坐西向东土木结构街房两间及后院以820元卖与周岭铁业社，并订立卖房契约，被告周某康在契约上“买房人”后签名捺印。同年某县××社××大队在街房后院为周岭铁业社新建土木结构瓦房三间。自此周岭铁业社开始使用上述房屋继续经营，铁业社成员为集体劳动，由周岭大队为其计算工分，不再发放工资。1980年工商企业普查登记时，上述两间街房及后院三间房屋作为某县××社××大队农修厂的厂房予以登记。1985年被告成为大荆镇周岭村农修厂的企业负责人，后与他人在上述房屋中以铁匠炉为单位各自打铁，对外以大荆镇周岭村农修厂名义继续经营。2001年，被告周某康成立大荆岁康铁匠铺，在涉案房屋中继续进行个体经营，至此大荆镇周岭村农修厂停止经营。1991年起，被告以周岭铁业社名义每年按涉案房屋内铁匠炉个数向原告缴纳以“上交款”“管理费”“房租款”为项目，金额为750元至2200元不等的款项直至2013年年底。其间，原告多次对两间街房及后院房屋进行管理维修，并处理与周围邻居的地界纠纷。

一审法院认为，物权的取得和行使，应当遵守法律，尊重社会公德，不得损害公共利益和他人合法权益。劳动群众集体组织的财产属于劳动群众集体所有。本案中，王某娃将两间街房及后院卖于周岭铁业社的事实清楚，有被告提供的卖房契约及某区法院生效判决予以证实。原告提供的王某高的调查笔录及证言等证据能够证实街房及后院是卖给周岭铁业社，卖房契约上主文部分亦明确记载房屋系卖与周岭铁业社。据此周岭铁业社应取得两间街房的所有权及后院的使用权。某县××社××大队在街房后院为周岭铁业社新建房屋三间的事实有任石头、苏某某的调查笔录等证据予以证实，该房屋交周岭铁业社实际使用后，亦应属周岭铁业社的财产。周岭铁业社变更为某县大荆公社周岭农修厂后，在工业企业普查时亦将上述房屋登记为周岭大队农修厂所有的厂房，此能进一步印证涉案房屋应归周岭铁业社所有。周岭铁业社系某县××社××大队开办的集体经济组织，虽然先后经历了周岭大队铁业修造加工厂、周岭大队农修厂、周岭村农修厂的变迁，但其经济性质均为归属于周岭大队、周岭村的集体经济。被告向原告以周岭铁业社名义缴纳管理费等费用，亦是原告村集体管理集体经济组织的体现。作为集体经济组织的周岭铁业社，其发展为周岭村农修厂并停止经营后，所有财产归××房××村全体农民集体所有。况且，被告独立经营后，原告曾多次对房屋进行管理维修，并处理邻里关系，此亦是村集体行使房屋权属的体现。故原告要求确认涉案街房及后院房屋归其所有的诉讼请求，法院应予支持。

二审法院认为，尽管在1976年3月19日房屋买卖契约上买受人处签名的是周某康，但是该房屋买卖契约的正文中明确表述是王某娃将房屋卖给了周岭铁业社而不是周某康。加之，1976年按当时的国家政策，不允许私营经济存在，××社××村委会的集体经济，周某康是铁业社的出纳，作为集体经济组织的一名工作人员，其在当时的历史环境下，没有个人为集体出资购买案涉房屋的动机。更合理的解释是，在当时历史的条件下，各方的认识水平有限，对集体组织行为和个人行为在法律概念上没有厘清的情况下，周某康作为铁业社的出纳以个人名义代表周岭铁业社在买卖契约上签了字。另外，直到2013年年底，周某康还以“管理费”“上交款”“房租费”的名义向周岭村委会交费，会员归××房××村委会所有。

第二百六十六条　【私人所有权】私人对其合法的收入、房屋、生活用品、生产工具、原材料等不动产和动产享有所有权。

● ***相关规定***

《刑法》第92条

第二百六十七条　【私有财产的保护】私人的合法财产受法律保护，禁止任何组织或者个人侵占、哄抢、破坏。

案例30

刘某珠与肖某莲财产损害赔偿纠纷案［江西省赣州市中级人民法院(2020)赣07民终2220号］

原告赖某华和被告刘某珠、肖某莲均系某县社溪镇龙田村同一村民小组的邻居，原告房屋位于被告房屋后方，地势高于被告房屋，原告房屋前面余坪与被告屋后排水沟后侧上方的堡坎相连，堡坎中间高度有一横向排水沟贯通。2018 年下半年，原告在翻修屋前余坪时，因修建挡土墙而占用了被告屋后堡坎上原排水沟的位置，双方由此产生纠纷。经龙田村委会调解，原告及其兄弟赖贤荣和被告刘某珠及其兄弟刘某珍于 2018 年 12 月 6 日签订《保墈、排水沟调解协议书》，约定："双方堡坎界地址为上向距刘某珍屋后屋角 3 米距离，下向距刘某珠屋后屋角 2.5 米距离，拉一直线，由赖贤荣负责砌堡坎"。"双方相邻排水沟位置：距赖某华屋门前已浇筑挡土墙中线距离 1.5 米，即刘某珠屋后距挡土墙 1.5 米拉一直线，由赖某华负责浇砌保墈砌好排水沟。注：该排水沟属刘某珠。如上述堡坎、排水沟倒塌，由赖某华兄弟负责维修好。"上述协议书签订后，原告开始浇砌堡坎及排水沟，施工过程中，原告将堡坎浇砌成 T 字形带斜坡，导致堡坎浇砌界址超越了双方协议约定的界线。二被告为此提出异议，要求原告拆除。因双方交涉未果，二被告遂于 2018 年 12 月 20 日左右，自行将原告所浇砌的堡坎全部挖除。2018 年 12 月 25 日，经社溪派出所和龙田村委会工作人员调解，原告和被告刘某珠就堡坎重新浇砌达成协议，双方在协议中确认以现场红线划分确定排水沟的具体修建界线，在砌堡坎时，上面要砌好水沟并保持畅通，由原告负责砌好，同时由原告负责清理被告拆除堡坎和排水沟遗留的石块。该协议签订后，因原告未按约定重新进行浇砌堡坎和排水沟，也未及时清理被告挖除堡坎所遗留石块，二被告遂将石块自行清理拉走。因赔偿事宜协商未果，原告向法院提起诉讼。原告因浇砌堡坎及排水沟购买相关材料共计花费 9600 元。

一审法院认为，私人的合法财产受法律保护，禁止任何单位和个人侵占、哄抢、破坏。行为人因过错侵害他人民事权益，应当承担侵权责任。被侵权人对损害的发生也有过错的，可以减轻侵权人的责任。本案中，原告和被告因浇筑堡坎和排水沟产生争议，本应通过理性的方式解决纠纷，但被告在双方存在争议，尚未协商妥当的情况下，迳行将原告所浇砌的堡坎全部挖除，并将原告浇砌堡坎使用的材料拉走，造成被上诉人财产损毁，侵害了原告的财产权益，应当承担侵权责任。原告在浇砌堡坎的过程中，未全面履行双方达成的协议，所砌堡坎超越了协议约定的界线，且在事情发生后，未及时处理遗留材料，造成损失扩大，对本案的发生存在一定过错，应当承担相应的民事责任。结合本案纠纷发生的原因、经过、双方过错程度等实际情况，一审法院酌定被上诉人的损失由被告承担70%，由原告自行承担30%。

二审法院认为，关于上诉人的过错责任以及赔偿比例如何确定。本案上诉人在尚未协商一致的情况下，擅自挖除被上诉人修建的堡坎，并将被上诉人修建堡坎所使用的石料全部拉走，造成被上诉人的财产损毁，侵害了被上诉人的财产权益，应当承担侵权责任。被上诉人在修建堡坎和排水沟的过程中并未全面履行双方达成的协议，超越了协议约定的界限，事后并未及时重新修建堡坎清理遗留材料，对损失的发生存在一定过错，应当承担相应的民事责任，一审法院酌定被上诉人的损失由被上诉人自行承担30%的过错责任，上诉人承担70%的过错责任，并无不当。上诉人刘某珠和肖某莲要求应由被上诉人赖某华承担全部过错责任，缺乏法律依据，法院不予支持。

相关案例索引

秦某杰等与孙某泽所有权确认纠纷案［（2020）南民一终字第00107号］

本案要点

不动产登记仅是一种公示行为，它的目的是保护善意第三人的利益，使第三人知道物权的设立和变动，从而避免善意第三人的利益受到损害，以维护交易安全，但它并非一种赋权行为，物权登记的存在，并不能绝对排除他人对物权享有真正的权利。不动产物权登记的效力，也只是一种推定效力，与实际权利状况并不一定吻合，若当事人认为权属证书记载的权利人错误，并提供充分的证据证实自己是真正权利人的，应当否定不动产权属证书记载的权利人的权利。

第二百六十八条　【企业出资人的权利】国家、集体和私人依法可以出资设立有限责任公司、股份有限公司或者其他企业。国家、集体和私人所有的不动产或者动产投到企业的，由出资人按照约定或者出资比例享有资产收益、重大决策以及选择经营管理者等权利并履行义务。

● ***相关规定***

《公司法》第3条、第4条、第20条、第64条

第二百六十九条 【法人财产权】营利法人对其不动产和动产依照法律、行政法规以及章程享有占有、使用、收益和处分的权利。

营利法人以外的法人，对其不动产和动产的权利，适用有关法律、行政法规以及章程的规定。

第二百七十条 【社会团体法人、捐助法人合法财产的保护】社会团体法人、捐助法人依法所有的不动产和动产，受法律保护。

第六章 业主的建筑物区分所有权

第二百七十一条 【建筑物区分所有权】业主对建筑物内的住宅、经营性用房等专有部分享有所有权，对专有部分以外的共有部分享有共有和共同管理的权利。

案例 31

苏某君与某市市场管理服务中心排除妨害纠纷案［辽宁省锦州市中级人民法院（2020）辽07民终703号］

原告是为某市商贸城市场运行提供服务，对商贸城内进行物业管理，收取摊床及物业管理费、综合管理费，保障市场正常运行的事业单位。被告系商贸城市场一楼摊床经营业户。经营了两个摊床，被告经营的摊床由某市工商局所建设并出售给案外人，案外人又将产权出售给被告，当时每个摊床的面积为1.5米长，0.5米宽。被告在购买摊床后一直在此经营，在使用过程中，为了使用方便，未经相关部门的允许私自改造，将摊位加宽，同时在摊床南侧建立U型货架子，被告的改造行为侵占了公共通道，影响了顾客的正常通行，挤压了消防施救空间，产生了消防安全隐患，在一定程度上也影响了其他经营者的经营活动，造成了经营不便，引起了顾客和其他经营者的不满，为此多次向某市城建部门反映，城建部门和原告也多次进行调解，但问题始终未有得到解决。故原告诉至法院，要求被告停止侵害，排除妨碍，恢复摊床的原状。

一审法院认为，被告作为商贸城市场内的业主对商贸城市场内自己专有的部分即摊床享有所有权。对摊床以外的公共空间享有与其他全体业主公有的权利。被告对自己专有部分的摊床享有占有、使用、收益和处分的权利。但被告行使权力不得危及建筑物的安全，不得损害公共利益和他人合法权益，应当遵守法律，尊重社会公德。而被告在改造摊床的过程中，建起了U型货架，占用了全体业主公共的空间，影响了顾客的通行，影响其他经营者的经营活动。挤压了消防施救空间，存在着消防安全隐患。因此，原告要求的被告停止侵害、排除妨碍、恢复原状的请求合理，依法予以支持。

二审法院认为，根据被上诉人提交的证据及上诉人的陈述可以确定上诉人最初从某市工商局购得的是摊床产权，摊床状态是长1.5米，宽0.5米，不包括其他任何部分，摊床之外的其他部分属于全体商户的公用部分。商户在使用公用部分时应当遵循互便互利的原则，不应给其他商户带来不便。现上诉人在摊床南侧私自搭建了货架子，明显侵占了公共通道，已给其他商户的通行造成不便。被上诉人作为事业单位法人，其职能就是为某市商贸城运行提供管理服务保障。因此当上诉人的行为可能影响到某市商贸城的正常运行时，被上诉人有权通过诉讼的方式实现管理目的，故上诉人主张被上诉人不具备诉讼主体资格的观点，法院不予采信。

● *相关规定*

《物业管理条例》第6条、第27条、第38条、第58条

第二百七十二条　【业主对专有部分的专有权】业主对其建筑物专有部分享有占有、使用、收益和处分的权利。业主行使权利不得危及建筑物的安全，不得损害其他业主的合法权益。

案例32

张某赫与魏某中执行异议案［河南省南阳市中级人民法院（2020）豫13民终1862号］

关于本案的由来。一审法院在审理魏某中诉中盛公司等被告民间借贷纠纷一案中，于2015年11月14日作出（2015）宛龙民二初字第0597号民事保全裁定书。2016年1月15日，某县房管局协助一审法院查封了中盛公司开发的君临天下包含本案讼争的3号楼1单元13××室在内的相关房屋。2016年6月21日，一审法院作出（2015）宛龙民二初字第0597号民事判决书，判决被告中盛公司承担还款责任。魏某中对判决数额不服提起上诉，南阳市中级人民法院二审后作出（2016）豫13民终3244号民事判决书，变更判决数额为“自本判决生效之日起十五日内，南阳市中盛房地产开发有限公司向魏某中偿还借款本金11966478.6元，其中4559539.62元借款本金自2015年5月7日起按年利率24%计付利息至欠款付清之日止，另7406938.96元借款本金自2015年4月17日起按年利率24%计付利息至欠款付清之日止”。判决生效进入执行后，2018年12月20日，一审法院作出（2017）豫1303执恢545号之四执行裁定书，续行查封了涉案房产。在对该房产的执行中，原告张某赫向一审法院提起执行异议，一审法院审查后作出（2019）豫1303执异177号执行裁定书，驳回了原告张某赫的异议请求。张某赫对裁定不服，依法提起了案外人执行异议之诉。

一审法院认为，本案的争议焦点是案外人张某赫对涉案房产是否享有足以排除执行的民事权益。张某赫请求对执行标的排除强制执行，故张某赫应当举证证明其对涉案房产享有民事权利且权利合法真实，足以排除强制执行。张某赫于2015年4月28日认购涉案房屋，认购房价为50.3918万元，其房款的支付方式为工程款冲抵50万元房款，现金支付3918元。从张某赫提交的认购书及君临天下收款通知书看，冲抵的50万元双方约定为购房定金，余下房款3918元的交纳时间是2016年10月8日。张某赫未能提供出认购后即占有了房屋的直接证据，如房屋交付确认单，故此，一审法院依证据确认张某赫于2017年6月占有房屋。一审法院依据魏某中的申请查封涉案房屋于2016年1月15日，查封时间早于张某赫交纳余下房款3918元九个多月，早于张某赫占有使用房屋一年半。法律规定，处分法院查封的财产，当事人的处分行为因违法而无效。虽然张某赫同意中盛公司以购买君临天下房屋的应付房款冲抵工程款50.3918万元，并为此签订了认购书，但在双方的合同履行完毕及房屋交接前，双方仍然是金钱债务关系，张某赫对房屋仅有物权期待权。如果交房不能，产生的法律后果是违约责任。一审法院查封涉案房屋时，涉案房屋尚未交付，房款也未支付完毕，一审法院查封后，张某赫与中盛公司已无继续买卖房屋交易的合法权利。

二审法院认为，本案是执行案外人提起的执行异议之诉纠纷，案件争议的焦点是案外人张某赫对案涉房屋享有的民事权益是否足以排除强制执行。针对张某赫对执行标的所享有的民事权益是否足以排除强制执行，可以结合被执行人中盛公司的责任财产范围，异议人张某赫、申请执行人魏某中及被执行人中盛公司对案涉房屋各自享有的权利性质，以及案涉房屋的功能、属性等方面进行综合判断。

相关案例索引

邓某与杨某相邻关系纠纷案（最高人民法院中国应用法学研究所《人民法院案例选》2010年第4辑）

本案要点

行为人为了阻止居住于其楼上的住户擅自悬挂牌匾的行为，从其家中封闭阳台穿出铁棍，该行为在阻止其楼上住户的同时亦损害了该幢楼房其他区分所有权人的合法权益，属于对建筑物的不当使用，该幢楼房的任何住户均有权请求行为人排除妨碍。

第二百七十三条　【业主对共有部分的共有权及义务】业主对建筑物专有部分以外的共有部分，享有权利，承担义务；不得以放弃权利为由不履行义务。

业主转让建筑物内的住宅、经营性用房，其对共有部分享有的共有和共同管理的权利一并转让。

● ***相关规定***

《物业管理条例》第54条、第55条

第二百七十四条　【建筑区划内的道路、绿地等场所和设施属于业主共有财产】建筑区划内的道路，属于业主共有，但是属于城镇公共道路的除外。建筑区划内的绿地，属于业主共有，但是属于城镇公共绿地或者明示属于个人的除外。建筑区划内的其他公共场所、公用设施和物业服务用房，属于业主共有。

案例33

润丰公司与龚某超物权保护纠纷案［贵州省遵义市中级人民法院(2020）黔03民终2790号］

2011年4月26日，龚某超委托其父亲龚某清与润丰公司签订《商品房买卖合同》，约定由龚某超以45万元的价格购买某小区B7栋架空层及紧邻该架空层的公共绿化带共计约300m²。合同签订后，龚某清当即向润丰公司支付价款45万元，润丰公司亦将上述架空层及公共绿化带交付给龚某清管理使用。2015年1月29日，龚某清将上述架空层租赁给王官友经营“三友私房菜馆”，双方约定租赁期限自2015年8月1日至2020年7月30日，租金为6万元/年。2018年8月9日，龚某超将润丰公司诉至一审法院，要求确认双方所签订的《商品房买卖合同》有效；一审法院于2018年11月19日作出（2018）黔0302民初8697号民事判决：确认该《商品房买卖合同》有效。2019年3月4日，某小区业委会向一审法院提起第三人撤销之诉，要求撤销（2018）黔0302民初8697号民事判决；一审法院于2019年5月29日作出（2019）黔0302民撤6号民事判决：撤销（2018）黔0302民初8697号民事判决。龚某超、润丰公司不服（2019）黔0302民撤6号民事判决，向遵义市中级人民法院提起上诉，该院于2019年10月29日作出（2019）黔03民终5104号民事判决：驳回上诉、维持原判。一审法院在审理(2018）黔0302民初8697号案件过程中，龚某超、润丰公司均认可双方的买卖标的系架空层，属于没有规划许可的建筑，不能办理产权登记。(2019）黔03民终5104号民事判决进一步认定：涉案不动产的规划即为架空层，属于建筑物区分所有权中的共有部分。

一审法院认为，架空层是指在建筑物底层或高层塔楼首层设置的无任何围护结构的建筑物，架空层只能设置能自由、便捷直接进入的绿地、休闲空间，为业主终日免费开放，不得设置经营性质项目。某小区业委会作为某小区业主大会选举产生的合法组织，其有权代表全体业主要求龚某超、润丰公司拆除架空层隔墙并将该架空层及公共绿化带恢复原状。某小区业委会所提出的第一、二项诉讼请求于法有据，法院予以支持。某小区业委会要求龚某超、龚某清将所收取的租金48万元退还某小区全体业主，鉴于架空层本身不得设置经营性质项目，因经营架空层所得收益应为非法收入，本案各方当事人均无权取得该收益，而该收益的具体处置则不属于本案审理范围。因此，一审法院对某小区业委会所提出的第三项诉讼请求不予支持。润丰公司、龚某超、龚某清主张涉案不动产系普通商品房而非架空层，因其该项抗辩主张缺乏事实依据，故法院不予采信。

二审法院认为，关于某小区业委会诉讼主体是否适格的问题。某小区业委会是依法成立的组织，并依法备案。业主大会代表和维护物业管理区域内全体业主在物业管理活动中的合法权益，而业主委员会代表业主大会履行职责。某小区业委会成立经遵义市红花岗区住户和城乡建设局予以备案，为了维护全体业主的共同利益，履行法定职责的行为，符合规定，某小区业委会的民事诉讼主体资格适格。本案龚某超、龚某清上诉认为某小区业委会不具有原告的诉讼主体资格的理由不能成立，法院不予支持。关于涉案标的物是否为架空层的问题。一审法院在审理（2018）黔0302民初8697号案件过程中，龚某超、润丰公司均认可双方的买卖标的系架空层，属于没有规划许可的建筑，不能办理产权登记。法院（2019）黔03民终5104号民事判决认定涉案不动产的规划即为架空层，属于建筑物区分所有权中的共有部分。而贵州省高级人民法院（2020）黔民申561号民事裁定书对龚某超对法院（2019）黔03民终5104号民事判决申请再审的请求，经该院审查后裁定驳回其再审申请。故法院对润丰公司上诉称房屋作为可以出售并办理独立产权的商业用房，该部分不属于小区业主共同共有，不属于架空层的理由，因其提交的证据不足，不能达到其证明目的，法院不予采纳。

第二百七十五条　【车位、车库的归属规则】建筑区划内，规划用于停放汽车的车位、车库的归属，由当事人通过出售、附赠或者出租等方式约定。

占用业主共有的道路或者其他场地用于停放汽车的车位，属于业主共有。

第二百七十六条　【车位、车库优先满足业主需求】建筑区划内，规划用于停放汽车的车位、车库应当首先满足业主的需要。

第二百七十七条　【设立业主大会和选举业主委员会】业主可以设立业主大会，选举业主委员会。业主大会、业主委员会成立的具体条件和程序，依照法律、法规的规定。

地方人民政府有关部门、居民委员会应当对设立业主大会和选举业主委员会给予指导和协助。

案例 34

怡景公司与某小区业主委员会物业服务合同案［江苏省徐州市中级人民法院（2019）苏03民终8789号］

2012年2月1日，双方签订《物业管理合同》，约定由某小区业主委员会委托怡景公司对为某商城提供物业服务，总面积约6万平方米。该《物业管理合同》合同签订后，怡景公司对该物业提供了物业服务，并于2013年9月在某市某区某街道办事处进行了备案。2017年6月29日，某小区所属的某街道办事处余窑社区居委会在小区内张贴《关于欧洲广场业主委员会换届通知》，公布了某小区业主委员会换届工作的开始。因怡景公司不认可某小区业主委员会的资质，不同意退出涉案小区，经某小区业主委员会催促无果双方发生争议，某小区业主委员会遂以诉称理由诉至一审法院。2019年4月26日，涉案小区魏晰等部分业主11人诉至一审法院，要求撤销某市某区某小区业主大会作出的选举成立第二届业主委员会的决定。一审法院经审查后作出（2019）苏0311民初2750号民事裁定，驳回了魏晰等11人的起诉。

一审法院认为，业主可以设立业主大会，选举业主委员会。根据某小区业主委员会备案书及相关备案材料显示，某小区业主委员会系在物业所在地的某市某区某街道办事处的指导下成立业主大会、并有物业管理区域内专有部分占建筑物总面积过半数的业主且占总人数过半数的业主参加、而选举产生的业主委员会，且在某市某区房产服务中心进行了备案，故某小区业主委员会可以代表业主与业主大会选聘的物业服务企业签订物业服务合同。现原业主委员会与怡景公司2012年2月1日签订的《物业管理合同》已于2017年2月底到期，故在双方不再续签合同的前提下，双方的《物业管理合同》已经终止，怡景公司即应当退出某小区物业服务。怡景公司虽提供徐州市宏伟制图公司的《某商城面积汇总》机打件一份主张小区建筑面积为71070.82m²，但怡景公司并不能证明其主张的该面积为不动产登记簿记载的面积总和，且2013年《泉山区物业服务合同备案表》中显示的备案小区总面积亦为6万平方米，小区总户数为310户，故而怡景公司仅凭《某商城面积汇总》机打件不能证明参与投票的业主总面积不足小区建筑面积半数，对怡景公司辩称某小区业主委员会换届选举参与投票业主建筑面积不过半的辩称主张，一审法院不予采信。

二审法院认为，关于某小区业主委员会是否具有本案诉讼主体资格问题。业主可以设立业主大会，选举业主委员会。业主委员会作为业主大会的执行机构，具有对外代表全体业主、对内具体实施与物业管理有关行为的职能，其行为的法律效果及于全体业主。某小区业主委员会经业主选举产生并已在某市某区房产服务中心进行了备案，在某小区业主委员会未被依法撤销的情形下，其具有原告主体资格。现原业主委员会与怡景公司2012年2月1日签订的《物业管理合同》已于2017年2月底到期，某小区业主委员会有权要求怡景公司退出某小区物业服务区域。

● ***相关规定***

《物业管理条例》第8～20条

第二百七十八条　【由业主共同决定的事项以及表决规则】 下列事项由业主共同决定：

（一）制定和修改业主大会议事规则；

（二）制定和修改管理规约；

（三）选举业主委员会或者更换业主委员会成员；

（四）选聘和解聘物业服务企业或者其他管理人；
（五）使用建筑物及其附属设施的维修资金；
（六）筹集建筑物及其附属设施的维修资金；
（七）改建、重建建筑物及其附属设施；
（八）改变共有部分的用途或者利用共有部分从事经营活动；
（九）有关共有和共同管理权利的其他重大事项。

业主共同决定事项，应当由专有部分面积占比三分之二以上的业主且人数占比三分之二以上的业主参与表决。决定前款第六项至第八项规定的事项，应当经参与表决专有部分面积四分之三以上的业主且参与表决人数四分之三以上的业主同意。决定前款其他事项，应当经参与表决专有部分面积过半数的业主且参与表决人数过半数的业主同意。

案例35

钟某发与某小区业委会物权保护纠纷案［广东省某市中级人民法院（2020）粤01民终9407号］

某小区业委会向一审法院起诉请求：1. 钟某发立即将位于某市×××区×××大道北1296号－1302号某小区西广场122平方米公共用地腾空交还给某小区业委会；2. 钟某发立即向某小区业委会支付上述场地的场地使用费158400元（自2016年4月1日起计算至2019年3月31日止）；3. 由钟某发承担本案诉讼费。

一审法院认为，钟某发应向某小区业委会支付2016年7月24日至2019年3月31日的占有使用费64516.13元。如果未按本判决指定的履行期限履行给付金钱义务，应当依照《中华人民共和国民事诉讼法》第二百五十三条的规定，加倍支付迟延履行期间的债务利息。

二审法院认为，关于钟某发上诉主张某小区业委会所取得的业主授权虚假的问题。某小区业委会向一审法院提交的授权委托书，显示其已取得业主户数过半及专有建筑面积过半的业主同意，钟某发主张该授权委托书中部分业主签名不真实，但并未提交证据予以证明，其主张并无事实依据，法院不予支持。关于钟某发是否应当返还场地并支付占有使用费的问题。钟某发承认其有占有使用涉案场地，由于其无合法依据对该场地占有使用收益，而涉案场地位于某小区规划红线范围内，现某小区业委会要求其返还涉案场地并支付相应的对价于法有据。至于其申请法院向国土规划部门调取涉案小区红线图的问题，由于一审法院已经查清相关事实，该申请并无必要，法院不予接纳。

● ***相关规定***

《物业管理条例》第 11 ~ 14 条

第二百七十九条　【业主将住宅转变为经营性用房应当遵循的规则】业主不得违反法律、法规以及管理规约，将住宅改变为经营性用房。业主将住宅改变为经营性用房的，除遵守法律、法规以及管理规约外，应当经有利害关系的业主一致同意。

案例 36

严某与杨某发相邻关系纠纷案［广东省某市中级人民法院（2020）粤 01 民终 11867 号］

某市某区华侨新村光明路 X0、X1 号是联体建筑物。杨某发是 X0 号二楼的产权人，严某、黄某分别是 X1 号 X 楼及 X0 号 X 楼的共有产权人之一。凯蔚公司的营业执照登记地址为某市某区光明路 X0 号地下，其法定代表人为陈某林。诉争“邱中乔生发黑发”“大东造型”“大东造型 CABLEMODELING”的三个招牌悬挂于 X0 号地下房屋专属部分的三面外墙上。

一审法院认为，根据虽然建筑物的外墙、通道等公共通行部分属全体业主共有非属专有部分，但业主基于对住宅的专有部分特定使用功能的合理需要，有权利用与其专有部分相对应的外墙面等共有部分。凯蔚公司作为案涉房屋的使用权人，该房屋外墙属于专有部分使用的自然延伸。凯蔚公司承租案涉房屋后，经过有关行政管理部门同意将案涉房屋作为经营性场所使用并用于经营凯蔚公司，同时利用该房屋专属部分的对应外墙面，悬挂、张贴与其经营项目有关的招牌，无证据证明其违反了法律、法规的禁止性规定，严某、杨某发、黄某也未提供证据证明凯蔚公司、陈某林的上述行为违反了案涉小区的管理规约。故凯蔚公司、陈某林在案涉房屋外墙面悬挂、张贴招牌的行为属于对该专有部分的合理使用，该权利是业主专有权行使的合理延伸。其次，行使权利即使是合理的，也不能损害他人的合法权益，这是现代法制社会的一项基本规则，在建筑物区分所有法律关系中也应当适用。严某、杨某发、黄某的现有证据未能证明凯蔚公司、陈某林的上述行为对其生活造成较严重的后果或侵害其合法权益，基于公平合理、便于使用的原则，严某、杨某发、黄某对此负有合理容忍的义务。因此，严某、杨某发、黄某要求凯蔚公司、陈某林移除案涉房屋外墙的招牌广告，一审法院不予支持。

二审法院认为，严某、杨某发、黄某上诉认为案涉房屋不存在真实合法的租赁关系，凯蔚公司无权使用案涉房屋。凯蔚公司一审提交了《某市房屋租赁合同》《房地产登记簿查册表》《房屋租赁登记备案证明》等证据，可以证明其承租案涉房屋的事实。严某、杨某发、黄某虽然对凯蔚公司使用案涉房屋的权利提出异议，但是基于凯蔚公司提交了上述证据以及凯蔚公司实际使用案涉房屋的事实，本案也没有证据显示凯蔚公司与案涉房屋的业主存在纠纷，故法院对严某、杨某发、黄某的上述意见不予采纳。

相关案例索引

赵某军等诉宋某坤等业主共有权纠纷案［（2012）平民二终字第224号］

本案要点

业主对其建筑物专有部分享有占有、使用、收益和处分的权利。业主行使权利不得危及建筑物的安全，不得损害其他业主的合法权益；业主不得违反法律、法规以及管理规约，将住宅改变为经营性用房；业主将住宅改变为经营性用房的，除遵守法律、法规以及管理规约外，应当经有利害关系的业主同意。

第二百八十条　【业主大会、业主委员会决定的效力】业主大会或者业主委员会的决定，对业主具有法律约束力。

业主大会或者业主委员会作出的决定侵害业主合法权益的，受侵害的业主可以请求人民法院予以撤销。

案例 37

京楚公司与名都公司确认合同无效纠纷案［湖北省武汉市中级人民法院（2020）鄂01民终1795号］

京楚公司根据某市某区住房保障和房屋管理局于2014年1月13日出具的武房商证阳字第201400××××、201400××××、201400××××号《商品房权属证明书》，获得该公司开发经营的某市某区十里新村××号汉府上院地下室栋－1层，建筑面积均为30.68平方米的车位1、车位7、车位8的相应权属。2016年11月27日，经汉府上院业主大会投票表决，鹤园公司获得325票，满足业主大会"经专有部分占建筑物总面积过半数的业主且占总人数过半数的业主同意"要求，被选聘为汉府上院物业管理服务企业。次日，汉府上院业委会与鹤园公司签订了《物业服务合同》1份，约定了汉府上院物业服务事宜，其中物业服务合同期限为3年，自2016年12月1日至2019年11月30日。2018年7月11日，汉府上院业委会与名都公司签订《物业服务合同》1份，约定了汉府上院物业服务事宜，其中物业服务合同期限为3年，自2018年7月1日至2021年6月30日。现京楚公司以其拥有汉府上院地下车位权属，系该小区业主，认为汉府上院业委会与名都公司于2018年7月11日签订的《物业服务合同》，违反了法律规定，决定选聘物业服务企业未经专有部分占建筑物总面积过半数的业主且占总人数过半数的业主同意，属于违反法律、行政法规的强制性规定的情形，要求确认该合同无效。

一审法院认为，鹤园公司成立于2000年5月23日，名都公司成立于2017年2月24日，鹤园公司与名都公司均具有不同的主体资格，属于两个不同的民事主体，并非仅为公司名称发生变化。合同变更并非消灭原合同，设立新合同，而仅仅是在原合同继续存续的基础上对原合同某些权利义务内容作出修改，合同的变更只能是内容的改变而不包括主体的变化。汉府上院业委会在其与鹤园公司签订的合同尚未到期的情况下，与名都公司签订的《武汉市物业服务合同》，属于新签订的合同，并非原合同的变更，故汉府上院业委会认为该合同是其与鹤园公司签订的《武汉市物业服务合同》的变更的观点，不予采信。名都公司取代鹤园公司，成为汉府上院小区物业服务企业，仍应当符合法定的选聘程序。现汉府上院业委会与名都公司于2018年7月11日签订的《物业服务合同》，未经法定的选聘程序，未经专有部分占建筑物总面积过半数业主且占总人数过半数的业主同意。即使汉府上院业委会在未经法定选聘程序的情况下与名都公司签订了物业服务合同，京楚公司作为业主应在法律规定时间内请求撤销业主委员会的选聘物业公司的决定。关于该合同的效力问题，汉府上院业委会作为业主大会执行机构，对外代表全体业主，业委会的决定对业主具有约束力，其与名都公司签订的物业服务合同，系双方当事人真实意思表示，合同内容本身并未违反法律规定。至于汉府上院业委会选聘名都公司为物业服务合同相对方的程序是否合法，系全体业主与业委会之间的内部管理问题。

二审法院认为，首先，名都公司与鹤园公司仅仅是续签了物业服务合同，名都公司承继了鹤园公司相关的权利义务，不存在重新选聘物业公司的情形，京楚公司当时对该行为也未提出任何异议，且得到了绝大多数业主的认可和同意。其次，京楚公司在本案的一、二审诉讼中，也未提交任何证据证明名都公司与鹤园公司之间的承继关系未经过该小区半数以上业主的同意以及续签的物业服务合同条款中侵犯其哪些相关的权益。因此，京楚公司的上诉请求及理由，没有事实和法律依据，法院不予支持。

第二百八十一条　【建筑物及其附属设施维修资金的归属和处分】建筑物及其附属设施的维修资金，属于业主共有。经业主共同决定，可以用于电梯、屋顶、外墙、无障碍设施等共有部分的维修、更新和改造。建筑物及其附属设施的维修资金的筹集、使用情况应当定期公布。

紧急情况下需要维修建筑物及其附属设施的，业主大会或者业主委员会可以依法申请使用建筑物及其附属设施的维修资金。

● ***相关规定***

《物业管理条例》第54条、第55条、第63条

第二百八十二条　【业主共有部分产生收入的归属】建设单位、物业服务企业或者其他管理人等利用业主的共有部分产生的收入，在扣除合理成本之后，属于业主共有。

第二百八十三条　【建筑物及其附属设施的费用分摊和收益分配确定规则】建筑物及其附属设施的费用分摊、收益分配等事项，有约定的，按照约定；没有约定或者约定不明确的，按照业主专有部分面积所占比例确定。

条文注释

建筑物共有部分及其附属设施的费用是指对共有部分及其附属设施的维护、修缮和管理等所产生的费用，如公共走廊的打扫、电梯的修理、绿地的维护以及建筑物外墙的重新粉刷等，它属于所有权上的负担。建筑物共有部分及其附属设施的收益是指通过对这些部分的使用所获得的利益，如租金等。

对于建筑物共有部分及附属设施的费用分摊、收益分配，物权法依照意思自治原则确立了约定优先的规则，即首先依照区分所有权人约定的方案确定，仅在没有约定或约定不明确时，才按照业主专有部分所占比例确定。适用后一标准应注意的是，区分所有建筑物的共用部分，有供全体区分所有权人使用者，为“全体共用部分”；有仅供部分区分所有权人使用者，如建筑物专有部分的共同墙壁、楼地板等，为“一部共用部分”。对全部共用部分的费用分摊和收益分配，由全体区分所有权人按其共有的应有部分比例分担或分享；对一部共用部分的费用分摊和收益分配，则由相关区分所有权人按其应有部分比例分担或分享。

第二百八十四条　【建筑物及其附属设施的管理】业主可以自行管理建筑物及其附属设施，也可以委托物业服务企业或者其他管理人管理。

对建设单位聘请的物业服务企业或者其他管理人，业主有权依法更换。

条文注释

本条规定了区分所有建筑物的两种管理方式：自主管理和委托管理。前者是指由区分所有权人自己执行管理业务，对区分所有建筑物及其附属设施自行管理。可以由全体区分所有权人直接管理，亦可组成管理团体进行管理；后者是指将对区分所有建筑物的管理事务委托给物业管理机构或者其他管理人进行管理。对于这两种管理方式，业主可以选择采用。

物业服务人是依据业主大会决议批准的物业管理服务合同，由管理人与管理服务人双方共同签署，并依据物业管理服务合同的约定，提供专业化物业管理服务技术的行为人，也就是物业管理活动中的物业管理公司。业主大会有选聘、解聘物业管理公司的权利和自由。

● ***相关规定***

《物业管理条例》第 2 条、第 32～36 条

第二百八十五条　【物业服务企业或其他接受业主委托的管理人的管理义务】物业服务企业或者其他管理人根据业主的委托，依照本法第三编有关物业服务合同的规定管理建筑区划内的建筑物及其附属设施，接受业主的监督，并及时答复业主对物业服务情况提出的询问。

物业服务企业或者其他管理人应当执行政府依法实施的应急处置措施和其他管理措施，积极配合开展相关工作。

第二百八十六条　【业主守法义务和业主大会与业主委员会职责】业主应当遵守法律、法规以及管理规约，相关行为应当符合节约资源、保护生态环境的要求。对于物业服务企业或者其他管理人执行政府依法实施的应急处置措施和其他管理措施，业主应当依法予以配合。

业主大会或者业主委员会，对任意弃置垃圾、排放污染物或者噪声、违反规定饲养动物、违章搭建、侵占通道、拒付物业费等损害他人合法权益的行为，有权依照法律、法规以及管理规约，请求行为人停止侵害、排除妨碍、消除危险、恢复原状、赔偿损失。

业主或者其他行为人拒不履行相关义务的，有关当事人可以向有关行政主管部门报告或者投诉，有关行政主管部门应当依法处理。

案例38

罗某和与新柳公司建筑物区分所有权纠纷案［辽宁省丹东市中级人民法院（2020）辽06民终1102号］

1994年1月10日，被告与原振兴公司签订协议，被告以84万元的价格购买了该公司开发建设的坐落于某市某区新柳商业城某座2号建筑面积为130.44平方米、使用面积为104平方米的独立商号。1996年9月25日，被告将涉案房屋租赁给新柳公司使用经营，租赁协议中约定“此协议生效之日，乙方（新柳公司）即具有对甲方（指被告）房屋至屋外台阶处、遮阳棚的租赁使用权”“乙方有权根据经营需要，拆除甲方房屋内与乙方经营区连通的玻璃隔断，对出入门的位置进行改造，并将甲方遮阳棚的商业字号进行更改”新柳公司租赁期间对房屋进行了装修改造。租赁期满后，被告另行对外出租至今。2013年5月2日，原、被告与涉案房屋承租人之一的包必国分别作为甲、乙、丙三方签订商铺产权确认协议，2016年和2017年间，原告曾以与本案同样诉请将被告两度诉至法院，后分别被按撤诉处理和准许撤诉处理。

一审法院认为，关于被告是否侵占了新柳商业城共有部分问题。被告房屋权属证书记载面积以外的部分不属于其专有，而应当由新柳商业城全体业主共有，被告现商铺占有面积超出了房屋权属证书记载面积，显然占用了新柳商业城的共有部分。被告的占用行为属于侵害他人合法权益的行为。关于原告是否是适格权利主体问题。本案不适用诉讼时效的规定。被告强调涉案房屋现状的形成为新柳公司所为，没有提供证据支持，且新柳公司并不具有新柳商业城共有部分的所有权，其无权就建筑物共有部分进行处分，被告与新柳公司之间有关共有部分的约定，不具有法律效力。

二审法院认为，关于上诉人主张其购买案涉商铺协议中已包括双方争议的共有部分一节。上诉人主张其购买商铺的价格高于其他商铺，原因就在于签订购买商铺的协议时双方商议的价格已包括了案涉双方争议面积的价款，只是在协议书和不动产登记证书中未予体现。本案系建筑物区分所有权纠纷，不动产登记证书的效力要大于其他书证的证明效力。因此，即便上诉人主张的事实存在，但在其所持有的不动产登记证书载明的面积未作变更之前，一审法院依据双方当事人持有的不动产登记证书对上诉人专有部分和各业主共有部分作出认定，并无不当。同时，二审中被上诉人提供的现商铺承租人包必国于2013年向被上诉人交纳租金的收据可以证明上诉人知晓争议面积不是其专有部分。故对上诉人的该项上诉主张，法院不予支持。

● ***相关规定***

《物业管理条例》第17条、第46条、第51条、第67条

第二百八十七条　【业主请求权】业主对建设单位、物业服务企业或者其他管理人以及其他业主侵害自己合法权益的行为，有权请求其承担民事责任。

第七章　相邻关系

第二百八十八条　【处理相邻关系的原则】不动产的相邻权利人应当按照有利生产、方便生活、团结互助、公平合理的原则，正确处理相邻关系。

案例39

冯某兴与冯某培相邻关系纠纷案［湖南省长沙市中级人民法院(2020) 湘01民终7497号］

冯某兴与冯某培及案外人冯某平系亲兄弟，三人的房屋彼此相邻。冯某培屋后2.4亩山林（以下简称涉案山林）的权利人系冯某培。2018年9月17日，冯某培及案外人冯某平修建入户水泥道路（顺接冯某兴已建好的水泥道路），请来了施工方并拖来了修路的混凝土等建筑材料。冯某兴以冯某培及案外人冯某平修路侵占了其土地，而且修建入户水泥道路时冯某培及案外人冯某平未出钱，现冯某培及案外人冯某平使用其已建好的水泥道路需要支付一定的费用，基于以上理由，冯某兴阻止道路施工。冯某培遂电话通知村治安主任罗某坤前来处理，罗某坤来到现场后，组织双方协调未果。适逢妇女组长冯某双经过，罗某坤请求冯某双做一下双方的调解工作，冯某双遂去做了冯某培的工作。之后，冯某兴没有再阻止道路施工，冯某培及案外人冯某平将入户道路修建完毕。之后，冯某兴欲在涉案山林挖土，遭到冯某培的阻拦，双方产生纠纷。

一审法院认为，不动产的相邻权利人应当按照有利生产、方便生活、团结互助、公平合理的原则，正确处理相邻关系。不动产权利人对相邻权利人因通行等必须利用其土地的，应当提供必要的便利。本案中，冯某兴与冯某培系亲兄弟，更应互相帮助。冯某培修建入户道路需利用冯某兴已修建好的水泥道路，冯某兴理应提供必要的便利，而不应阻止冯某培施工。冯某兴主张双方达成了土地兑换口头协议，经查，双方产生纠纷后，村干部罗某坤协调未果，后经冯某双做工作，冯某兴没有再阻工。关于调解协议的内容，冯某双做工作时罗某坤没有在场，罗某坤去涉案山林划界线时冯某双也没在场。

二审法院认为，不动产的相邻权利人应当按照有利生产、方便生活、团结互助、公平合理的原则，正确处理相邻关系。上诉人冯某兴与被上诉人冯某培系亲兄弟，更应该友好互助，共同发展。冯某兴在冯某培修入户道路时阻止冯某培施工并要求与冯某培兑换林地，双方产生纠纷。村干部罗某坤、冯某双出面做工作后，顺利修路。就林地兑换问题，村干部冯某双陈述其只做了工作，并没有到划界的实地去。法院认为冯某兴的上诉请求，没有充分的证据支持，法院不予支持。

相关案例索引

姚某娜与石某丽相邻关系纠纷案［（2018）豫01民终3104号］

本案要点

不动产的相邻各方，应当按照有利于生产、方便生活、团结互助、公平合理的精神，正确处理相邻关系。不动产权利人建造建筑物，不得危及相邻不动产的安全。给相邻方造成妨碍或者损失的，应当停止侵害，排除妨碍，赔偿损失。

第二百八十九条　【处理相邻关系的依据】法律、法规对处理相邻关系有规定的，依照其规定；法律、法规没有规定的，可以按照当地习惯。

案例 40

吴某与邢某相邻通行纠纷案［辽宁省盘锦市中级人民法院（2020）辽11民终94号］

吴某和邢某均系盘山县坝墙子镇张家村某某村民，双方系家族亲属关系，前后毗邻而居。邢某诉请通行的案涉道路系位于双方房屋东侧的南北路，非吴某个人私自建设。至本次起诉前，邢某出行始终经由案涉道路。后因吴某大门门锁被撬（吴某已报案处理，但公安机关未有结论），双方产生矛盾，吴某将大门上锁致邢某无法从案涉道路通行，故邢某诉至法院。另查明，在案现有证据无法证明邢某诉请通行的案涉道路的所有权归属。

一审法院认为，本案系相邻通行纠纷，法律设立不动产相邻关系的目的是尽可能确保相邻的不动产权利人之间的和睦关系，解决相邻的两个或多个不动产所有人或使用人因行使权利而发生的冲突，维护不动产相邻各方的利益平衡。综合本案事实可以认定，邢某在双方产生矛盾前即本次起诉前始终经由案涉道路通行，吴某亦对此事实予以认可，盘山县坝墙子镇张家村村委会已证实案涉道路过去一直归邢某使用，故案涉道路属历史形成的通道。邢某与吴某系同组村民，且具有亲属关系，又系前后近邻，双方本应和睦相处，按照有利生产、方便生活、团结互助、公平合理的精神，正确处理相邻道路通行问题。本案邢某在起诉前始终经由案涉道路通行，且在案现有证据无法证明案涉道路的所有权归属，故吴某应本着团结互助、方便生活原则继续为邢某出行提供便利，本案审理过程中，吴某未向法院说明阻止邢某通行的正当理由，故其对于案涉道路不应加以限制，邢某诉请经由案涉道路通行的主张成立。本案邢某虽也可通过其门前的水泥路绕行通行，但势必会给其生活造成一定的不便，故吴某以案涉道路并非邢某出行必经之路为由主张驳回邢某诉请的抗辩意见不符合相邻关系的处理原则。吴某与邢某庭审中提供的土地使用证及房屋产权证均无法证明案涉道路的所有权归属，故上述证据对本案的关键事实不具有证明力作用，法院不予采纳。

二审法院认为，本案是相邻权纠纷。不动产的相邻各方，应当按照有利生产、方便生活、团结互助、公平合理的精神，正确处理通行等方面的相邻关系，给邻方造成妨碍或损失的，应当停止侵害，排除妨碍，赔偿损失。邢某诉请通行的案涉道路系位于双方房屋东侧的南北路。因村里统一规划，包括吴某及邢某在内的村民家均修建了统一的围墙及大门。而案涉道路在上诉人吴某家的院内，若邢某继续在原有的道路通行，必然要经过吴某家的院子再从吴某家的大门通过。为满足邢某的通行权，吴某家的大门不能上锁，势必会对吴某的居住权、隐私权带来影响。事实上也发生了吴某家因大门未上锁导致财产损失的情况发生。案涉道路虽然是历史形成的道路，但目前已不是唯一可供邢某通行的道路，在邢某家的南面有一条可供通行的水泥路。故法院认为，在保障邢某通行权的同时，也要考虑到吴某的居住安全和财产安全。故在邢某还有其他道路可以选择通行的情况下，吴某将自家院落围起、给自家大门上锁的行为，并无不当。邢某要求继续在案涉道路通行缺乏事实和法律依据，不应予以支持。

第二百九十条　【相邻用水、排水、流水关系】不动产权利人应当为相邻权利人用水、排水提供必要的便利。

对自然流水的利用，应当在不动产的相邻权利人之间合理分配。对自然流水的排放，应当尊重自然流向。

案例41

王某友与晏某祥恢复原状纠纷案［四川省凉山彝族自治州中级人民法院（2020）川34民终862号］

在2013年修建村道公路时，为了晏某祥家田地能排水，修建了涵洞，从涵洞中排出的水通过罗某福承包地排到麻龙河中，全长约16米左右，涵洞出口不远处在罗某福承包地排水沟边有一笼竹子。罗某福默许晏某祥家从罗某福承包地上排水。2016年罗某福与王某友调换土地，将涵洞出口处的承包地换给了王某友家。王某友平整土地，将排水沟旁边竹林的竹根刨出来，对晏某祥家排水造成了一定影响。晏某祥与王某友因排水产生矛盾后，经乡村组调解未达成协议，晏某祥遂起诉至一审法院。

一审法院认为，晏某祥家在争议土地上排水始于2013年，当时承包该土地的罗某福默许晏某祥家排水，已成事实。2016年王某友与罗某福调换土地后应尊重历史，如确需变动土地使用状态时，应与晏某祥协商一致，并取得土地管理人的同意。而本案王某友在平整土地，挖除竹林时，对原有排水沟造成一定影响，对此应承担一定的民事责任，酌情补偿晏某祥家恢复排水沟费用600元。因晏某祥家使用王某友家土地排水，给王某友家使用土地带来一定影响，故超出600元外的费用以及部分诉讼费用由晏某祥家自行承担。

二审法院认为，晏某祥和王某友作为同一集体经济组织的成员，应当依法正确处理相邻排水关系，体现友善、和谐的社会主义核心价值观。从2013年起，晏某祥家在案涉争议土地上即现王某友家地里排水已是既成事实，对此，有当地乡政府和村委会的调查核实意见予以证明。王某友在与罗某福调换土地后应当尊重历史，如确需改变土地使用现状，应与晏某祥协商一致，并不得影响晏某祥家排水。但是，王某友家平整土地、挖除竹林后，客观上确实对晏某祥家排水造成了一定影响，侵害了晏某祥的相邻排水权利。晏某祥主张恢复排水沟原状有事实和法律依据。诉讼中，晏某祥与王某友对排水沟原状高和宽存在争议，而晏某祥始终未能举出排水沟原状高、宽、长的相应证据。晏某祥主张的排水沟原状因证据不足不能成立，相应的不利法律后果应由其自行承担。

● ***相关规定***

《水法》第 28 条

第二百九十一条　【相邻关系中的通行权】 不动产权利人对相邻权利人因通行等必须利用其土地的，应当提供必要的便利。

案例 42

张某与张某水相邻关系纠纷案 ［湖北省随州市中级人民法院（2020）鄂 13 民终 533 号］

张某水的父亲与张某的爷爷系亲兄弟，在世时均居住在现××××组的各自的老宅里，老宅相邻成北边并排六间正屋，南边并排六间偏房，兄弟俩人各占正屋三间，偏房三间和对应的门。东边三间正房、偏房、对应的东门及相关的配套设施归张某、张某的爷爷张某寿所有；西边三间正房、偏房、对应的西门及相关配套设施归原告张某水的父亲张某金所有，东、西方向均有门通行，双方均可从正房与偏房之间的天井过道通行。张某金过世后，1975 年，张某水与张某金养子张某成因门前臭气沟等事宜不和，用土砖封堵西门，张某金养子张某成自此只能向西通行，不能向东通行，而张某水自此只能从正房与偏房之间天井过道向东通行，张某寿之子张某煌及张某、张某寿未阻碍其通行。2015 年张某水重建老宅时在原封堵的西门处建起一砖混横屋。2017 年张某水与张某、张某寿因二被告改建房屋、门楼发生纠纷，认为张某、张某寿房屋中间的天井面积、东门门楼为共有部分，经村、镇调解无果，广水市不动产局变更了土地使用证，并颁发 000X××号不动产证书，将张某、张某寿房屋中间的天井面积变更为公用。张某、张某寿于是于 2017 年 4 月在天井过道筑墙，张某水自此无路通行。2017 年 7 月 6 日张某水诉至一审法院。

一审法院认为，张某水与张某、张某寿作为房屋相邻的双方，应当按照有利生产、方便生活、团结互助、公平合理的精神，正确处理截水、排水、通行、通风、采光等方面的相邻关系；双方作为相邻房屋、土地的相邻权利人，应当按照有利生产、方便生活、团结互助、公平合理的精神，正确处理相邻关系，张某、张某寿作为张某水相邻房屋的所有权人及天井过道土地的使用权人依法应为相邻房屋及土地的权利人即张某水经由其天井过道土地及大门向东通行提供必要的便利。

二审法院认为，关于通行权问题。张某的房屋西门在1975年即被封闭，后一直通过张某房屋的院子及东门通行几十年。故张某水的通行权系历史形成，为维护社会关系的稳定性，其现在主张继续通行，法院予以支持。张某、张某寿在院子新建围墙，改变了几十年形成的现状，妨碍了张某水通行，应予全部拆除。张某要求张某水将西门恢复，与1975年后几十年的通行状况不符，不予支持。关于相邻权与土地使用权的关系。张某水与张某、张某寿之间的不动产登记纠纷，经湖北省高级人民法院作出裁定，驳回了张某水的再审申请，并释明双方纠纷因张某水的通行权无法行使引发，故张某水并非需要主张土地使用权变更登记，可以依法通过相邻关系民事诉讼解决。

第二百九十二条　【相邻土地的利用】不动产权利人因建造、修缮建筑物以及铺设电线、电缆、水管、暖气和燃气管线等必须利用相邻土地、建筑物的，该土地、建筑物的权利人应当提供必要的便利。

第二百九十三条　【相邻建筑物通风、采光、日照】建造建筑物，不得违反国家有关工程建设标准，不得妨碍相邻建筑物的通风、采光和日照。

案例43

丁某桂与丁某元排除妨害纠纷案［四川省宜宾市中级人民法院(2020)川15民终1003号］

丁某桂配偶周某文于1982年10月15日在原李庄麦坝乡下坝2组建房，宅基地使用面积为79平方米，建房面积为79平方米，宅基地系两处，一处39平方米，四至为一与丁某成房屋相邻，二临小路，三临蚕茧站，四临石硬子，另一处40平方米，一临小路，二临李牟公路，三临李正南，四与丁某成房屋相邻。1989年周某文取得国有土地使用权申报登记凭证，载明土地使用者周某文，性质为个人，土地用途为住宅，批准使用期限为永久，四至为东至李牟公路、南至李正南、西至石硬、北至丁某成，用地面积79平方米。2000年4月26日周某文取得国有土地使用权证，载明该土地位于李庄镇××街××号，北邻过道，东临工农街（开门），南邻李正南，西邻空坝的商业、住宅划拨土地，使用面积为51.2m^2。1987年12月23日，丁某桂、丁某元的父亲丁某成立下遗嘱，将位于宜宾市房屋（坐南向北，门口是何德荣住宅，背后是李庄蚕茧站，东面是周某文砖木瓦房，西面是吴子清酒厂及混凝二楼楼房），房屋大小共有八间及其所有财产移交其儿子丁某元所有。2007年9月19日，丁某元与案外人黄某签订《售房协议》，约定将丁某元父亲丁某成遗留下的座落于李庄镇××街××（××号××）的木瓦结构房屋一栋出售给乙方，房产证面积为115.7m^2，土地使用证面积123.88m^2，房屋售价65000元，签订协议后该购房款一次性支付。现丁某桂因丁某元、张某华的2015年无相关手续兴建的位于2007年9月19日售房协议中手绘房屋位置图的“周某文通道”以及“周某文院坝”内的房屋对其通行，房屋的通风、采光等造成妨害，多次协商未果后，诉至法院，请如所诉。

一审法院认为，丁某桂要求丁某元、张某华停止对工农街××号房屋的物权侵害，排除妨害。现丁某元、张某华所举证据不足以证实其对房屋享有所有权，其占用、阻挠等侵害行为对丁某桂的合法权益造成了损害，存在过错，丁某桂主张丁某元、张某华赔偿，符合法律规定，一审法院予以支持。丁某桂认为上述侵害行为所造成的损失是持续性的，要求丁某元、张某华赔偿2016年8月至2019年5月的房屋租金损失，因房屋租金系间接损失，亦是房东对该不动产的可期待利益，该利益是否具有可持续性无法确定，需要结合该不动产的所在地、人文经济、商业环境等相关因素，由于其所举证据尚不足以证实丁某元、张某华的上述两次行为对房屋出租造成的影响系长期的、持续的，丁某桂对上述房屋的租金享有系长期的、稳定的，在丁某桂无新证据予以印证的情况下，对于其所主张的损失，酌情分别支持三个月，共计六个月，参照双方当事人各自提交的租赁合同所列明的月租金，丁某桂按照650元/月主张，客观合理，对丁某桂的该项请求，依法支持为3900元（650元/月×6个月），超出部分不予支持。

二审法院认为，本案丁某桂提起诉讼的请求权基础为物权保护，排除妨碍。

丁某元、张某华上诉认为本案讼争的房屋并非违建，而是基于遗嘱继承所得的房屋与本案查明的基本事实不符。丁某桂与丁某元、张某华的上诉理由均不能成立，对其各自的上诉请求法院均不予支持。

第二百九十四条　【相邻不动产之间不得排放、施放污染物】 不动产权利人不得违反国家规定弃置固体废物，排放大气污染物、水污染物、土壤污染物、噪声、光辐射、电磁辐射等有害物质。

案例 44

卢某华与关某静排除妨害纠纷案［江苏省南京市中级人民法院(2020) 苏01 民终530 号］

关某静系某市某区太平新村3号4幢2单元××7室（以下简称××7）住户，卢某华系某市某区太平新村3号4幢3单元××8室（以下简称××8室）住户。××7室与××8室东西相邻，均为本单元顶层套房，两套房屋均为南北向，相互对称。原房屋设计布局：南面为两间卧室，卧室西北（东北）为卫生间，卫生间东北（西北）为厨房，厨房与卫生间邻接拐角处设计为该单元烟道直通楼顶，厨房北面为客厅，房屋最北端为北阳台。两套房屋卫生间北墙为外墙，开有一扇窗，卫生间北外墙与北阳台之间约有5米距离，两套房屋客厅、北阳台的东外墙、西外墙与两套房屋的卫生间北墙形成一个三面围合、北面敞开、自一楼至七楼贯通竖井，竖井东西距离约4米，中间有一条宽约30厘米的横梁，南北进深约5米，竖井延伸至七楼覆盖有屋顶。卢某华入住××8室后进行装修改造，将厨房移至客厅和北阳台的位置，废弃了原设计烟道，将油烟机的排烟口设在竖井内邻近××7室卫生间窗户处，直接向竖井排烟。由于××7室、××8室为顶层房屋，竖井在七层有屋顶覆盖，××8室排出的烟气易聚集在竖井顶部，即××7室卫生间窗外。××8室于2017年年底更换油烟机后，关某静为避免自家遭受油烟影响，擅自将××8室油烟机排烟道改道向上，打通竖井顶部楼板，将排烟口设置在楼顶。卢某华发现排烟效果不好后又将排烟道恢复，关某静又将排烟口向下改装，现卢某华再次将排烟道和排烟口恢复至向竖井内直排。

一审法院认为，不动产的相邻人应当按照有利生产、方便生活、团结互助、公平合理的原则，正确处理相邻关系。本案中，卢某华改变房屋原排烟设计，将油烟机排放口设置在与××7室关某静房屋相邻处的竖井内，而该竖井覆盖有顶，且××7室、××8室均为顶层套房，排烟处与竖井顶相隔距离较短，烟气排放至竖井后难以消散，通过××7室卫生间窗户进入××7室后确实对关某静及家人的生活产生不良影响，因此，卢某华应当更改现油烟机的排烟方向，或者另择他处排放，以避免烟气排放对关某静的影响。

二审法院认为，案涉楼栋的房屋设计有排烟管道供住户排放油烟，但卢某华未使用相应排烟管道，自行改造房屋，并在距离关某静家北面阳台、卫生间窗户仅约4米处开凿孔洞放置抽油烟机的排烟管，直接将油烟排放至两家之间的竖井中，关某静因此主张遭受卢某华家排放的油烟影响而诉至法院。卢某华上诉称，关某静在本案中并未提交证据证明受到油烟影响，应就此承担举证不能的不利后果。卢某华并无证据证明关某静改装其室外排烟管朝向的行为损坏了其家原有油烟机，并导致其必须购买价格为5499元的新油烟机。因此，卢某华要求关某静赔偿其购置、安装新油烟机费用的主张，缺乏事实和法律依据，一审法院不予支持，亦无不当。

第二百九十五条　【维护相邻不动产安全】不动产权利人挖掘土地、建造建筑物、铺设管线以及安装设备等，不得危及相邻不动产的安全。

案例45

焦某展与焦某年排除妨害纠纷案［陕西省铜川市中级人民法院(2020)陕02民终249号］

焦某展和焦某年为邻居，焦某年在自家院内（焦某展房屋背墙根子下）挖有红苕窖和蓄水池，在其自家门外建有厕所，焦某年为在自家院内建立高棚在焦某展房屋背墙打有三个螺栓。

一审法院认为，不动产的相邻权利人应当按照有利生产、方便生活、团结互助、公平合理的原则，正确处理相邻关系。不动产权利人挖掘土地、建造建筑物、铺设管线以及安装设备等，不得危及相邻不动产的安全。焦某年在自家院内挖有红苕窖、在焦某展房屋背墙打螺栓，因双方系邻居关系，仍对焦某展的房屋安全产生影响，其行为构成侵权，应停止侵害并消除危险。

焦某年在其大门外建立厕所，影响了所住村庄的村容整洁，不符合人与环境和谐发展的必然要求，不符合社会主义新农村建设的必然要求，虽则属于公益诉讼的范畴，但焦某年仍应自行拆除。焦某展要求焦某年给其割让出一米夯墙无证据不予支持。综上所述，焦某展的部分诉讼请求予以支持。

二审法院认为，关于焦某展主张焦某年拆除或东挪厕所的上诉请求，理由是焦某年在门口修建厕所侵犯了其名誉权，本案作为排除妨害纠纷，需是侵权人侵犯了物权方可构成，焦某展主张的名誉权并非物权纠纷，一审判决未予支持正确。关于焦某展主张的拆除垚夯墙，庭审中焦某展自认系20世纪80年代建房时让给焦某年建房所用的，现在垚夯墙已经实际形成多年，且焦某展也未提交证据证明该墙妨害其生产生活，故该项上诉请求法院不予支持。

● ***相关规定***

《建筑法》第39条

第二百九十六条　【相邻权的限度】不动产权利人因用水、排水、通行、铺设管线等利用相邻不动产的，应当尽量避免对相邻的不动产权利人造成损害。

第八章　共　　有

第二百九十七条　【共有及其形式】不动产或者动产可以由两个以上组织、个人共有。共有包括按份共有和共同共有。

案例 46

杨某七与杨某物权确认纠纷案［湖南省长沙市中级人民法院（2020）湘01民终3773号］

杨某七与魏某志于1976年11月30日登记结婚，婚后共同生育一女杨某，并于1986年3月收养了某静。2004年7月1日，杨某七与魏某志在长沙市岳麓区民政局办理了离婚登记，某静由杨某七抚养，房屋一人一半（后魏某志按离婚协议分得了50万元）。2004年6月19日，杨某七与罗某志共同生育一子杨某1，2005年6月24日，两人登记结婚；2009年11月16日，杨某七与罗某志经法院调解解除婚姻关系，杨某1由罗某志抚养。2014年12月25日杨某七与刘某页登记结婚，未共同生育子女。2007年12月27日，长沙市岳麓区梅溪湖街道办事处公布了征地拆迁户住房安置实施方案，杨某七的老屋属于拆迁安置范围内，根据拆迁安置政策对杨某七一家分户进行了补偿，其中杨某七名下房屋补偿费、设施补偿费、搬家补助费、过渡费等共计174267元；某静名下房屋补偿费、设施补偿费、搬家补助费、过渡费等共计97035元，该两笔拆迁补偿费均由杨某七领取。同时，对杨某七、杨某1、某静（包含魏某志）分别进行安置。其中杨某七户（含杨某七、罗某志、杨某1共3人）获得45平方米（$15m^2 \times 3$人）安置地指标，拟安置面积为60平方米，需购买指标15平方米，应缴费用16500元；杨某户（3+1+0.5人含魏某志）获得75平方米安置地指标。某静户（1+0.5人包含魏某志）获得22.5平方米（某静$15m^2$+魏某志$7.5m^2$）安置地指标，拟安置面积60平方米，需购买指标37.5平方米，应缴费用70500元。2008年1月14日，长沙市岳麓区梅溪湖街道办事处通知杨某七户及某静户补交了购买指标款，某静户购买指标款由杨某七缴纳。2008年1月20日在长沙市岳麓区抽签活动中抽中安置房基础第206号（D户型：底层建筑面积60平方米），后杨某七将该指标转让给他人。某静户在箭弓山安置小区抽签活动中抽中安置房基础第90号（D户型：底层建筑面积60平方米）。2008年6月3日经长沙市规划管理局发出《长沙市岳麓区建设工程规划许可证》和《私人住宅建设工程规划审批单》，对箭弓山安置小区用地面积9676.4平方米、建筑总面积46129.2平方米的建设工程进行了审批，层数限制为4+1层。2008年9月28日长沙市岳麓区梅溪湖街道办事处向某静发出170亩重建地建房通知，某静尚在读书，杨某七与胡卫根于2010年5月23日签订房屋建筑施工承包合同书，约定将箭弓山90号用地上的（现名称：箭弓山安置小区×栋最东头单元）建筑施工承包给胡卫根，于2011年12月建成，共建有七层。该房屋建设及装修款项全部由杨某七支付，房屋建成后杨某七携子杨某1居住在第四层。2014年12月杨某七与刘某页结婚后继续居住，2015年7月14日某静与刘某页为该房归属问题发生争吵，某静将刘某页及其弟刘汉青打伤，此后杨某七、刘某页搬至长沙市岳麓区居住。

一审法院认为，根据杨某七提供新证据及一审法院调取的证据，该房屋虽至今没有办理产权登记，但现有证据可以证明该房其中的五层为经过了建设规划许可的合法建筑，不同于违章建筑自始就无法办理房屋产权登记的情形，其相应的合法权利应当依法保护。现该房屋未经行政主管部门依法登记而取得房屋所有权证，法院不宜判决房屋所有权归属，现仅就该房屋的使用权进行明确。待该房屋取得完全所有权后，有争议的，可以另行向人民法院提起诉讼。

二审法院认为，案涉房屋未经行政主管部门依法登记而取得房屋所有权证，故法院不宜判决房屋所有权归属。但考虑到杨某七对建造案涉房屋作出了贡献却不能使用案涉房屋，故一审判决某静将案涉第四层房屋交付给杨某七使用并无不当。待该房屋取得完全所有权后，双方有争议的，可以另行向人民法院提起诉讼。

第二百九十八条　【按份共有】按份共有人对共有的不动产或者动产按照其份额享有所有权。

案例 47

朱某方与朱某国等所有权确认纠纷案［北京市第二中级人民法院(2020) 京 02 民终 2896 号］

朱某来与王某华系夫妻关系，二人育有二子朱某方、朱某国，方某华系朱某国之妻，二人育有一女。2000 年 3 月 29 日，王某华去世。2001 年 12 月 17 日，朱某来承租的被拆迁房屋拆迁，朱某来（被拆迁人，乙方）与裕龙公司（拆迁人，甲方）签订《拆迁协议》，被拆迁房屋拆迁时，朱某国与方某华及女儿、朱某来共 4 人共同居住在被拆迁房屋内，朱某方不在被拆迁房屋内居住。朱某方主张被拆迁房屋是按照房屋面积补偿，无论有多少人居住，均是固定的拆迁款。

一审法院认为，该案的争议焦点为：首先，虽朱某来作为被拆迁人与拆迁人签订了《拆迁协议》，并取得了拆迁补偿款，但被拆迁房屋拆迁时在册人口共计四人，根据实施办法的规定，该四人均应属于安置对象。事实上，朱某国一家三口在拆迁前也确实与朱某来共同生活在被拆迁房屋中。因此，在朱某方并未提交充分证据证明被拆迁房屋拆迁时系按照房屋面积予以补偿的情形下，朱某国一家三口应当与朱某来共同享有安置利益；其次，虽讼争房屋系以朱某国的名义购买，起初房屋产权登记在朱某国名下，其后又变更至方某华名下，但根据查明的事实，讼争房屋系使用拆迁款购买，朱某来对此知情并参与了购房过程，且在收房后朱某来亦一直居住在讼争房屋内，直至去世。由上可见，朱某国在购房时与朱某来形成了合意，并以朱某来及其一家三口在此居住为目的。再结合房款的来源来看，购买讼争房屋实质上系被拆迁房屋的安置对象对补偿款150846元进行了共同处分，因此无论讼争房屋以谁的名义购买、登记在谁的名下，讼争房屋的产权应当由原被安置的四人享有，在朱某来去世后，讼争房屋中应有四分之一的份额属于被继承人朱某来的遗产。

二审法院认为，本案本质系证据问题，朱某方主张讼争房屋归朱某来一人所有，即应承担证明责任，并达到高度可能性的证明标准。根据朱某方的诉讼请求，本案本无须讨论第一个争议焦点。但因焦点一与焦点二有一定关系，且为解决朱某方的疑惑，法院一并讨论。朱某国、方某华对一审法院判决并未提出上诉，应视为对该结果的认可，法院不持异议。由此，讼争房屋登记在朱某国名下的具体原因，并非本案判断朱某方诉讼请求时应查明的要件事实，故法院二审中无须作出认定。

第二百九十九条 【共同共有】共同共有人对共有的不动产或者动产共同享有所有权。

案例48

侯某芹与田某债权人代位权纠纷案［河南省安阳市中级人民法院（2020）豫05民终2627号］

刘某只与侯某芹于1991年6月24日登记结婚。1996年7月29日，侯某芹与贞元房地产开发有限责任公司签订商品房销售合同一份，购买了位于安阳市××区××小区××楼××单元房屋××套，价款为80615元。同日，该公司出具售房专用发票一份，产权性质登记为“个人所有”。2006年5月30日，房管部门为该房屋颁发了房产证，房产证载明房屋坐落：“某区太行小区街道办事处铁四路鑫鑫小区9号楼1单元X层东户”，所有权人登记为侯某芹，房屋共有人一栏为空白，当时办证未附有夫妻另一方放弃登记为共有人的声明材料。2014年12月29日，山西省长治市城区人民法院作出(2013)城民二初字第124号民事判决书，判决被告刘某只于判决生效后十五日内偿还原告田某借款250000元及利息45000元。判决生效后，田某向法院申请强制执行。2016年4月5日，刘某只与侯某芹办理离婚登记。双方2016年4月5日签订的离婚协议第三条关于夫妻共同财产的处理中，约定现有房屋一套位于某区××小区××楼××号，“属女方婚前财产，归女方所有；该房屋由女儿刘某芳继承”。执行过程中，山西省长治市城区人民法院于2017年2月17日作出（2015）城法执字第247号执行裁定书，以侯某芹与刘某只系夫妻关系为由，追加侯某芹为被执行人。侯某芹提出执行异议，该院审查后裁定支持了侯某芹的异议请求。田某提出复议，山西省长治市中级人民法院于2018年3月21日作出（2018）晋04执复2号执行裁定书，以执行程序中基于婚姻关系存续期间产生的债务而追加执行配偶财产无法律依据为由，裁定驳回田某的复议申请。2018年10月11日，田某起诉侯某芹要求确认刘某只所欠债务为夫妻共同债务，法院作出（2018）豫0506民初2527号民事判决书，驳回了原告的诉讼请求。后原告田某提出与被告刘某只、侯某芹债权人撤销权诉讼，于2019年6月27日作出（2019）豫0506民初1028号民事判决书，判决撤销二被告在离婚协议书中关于该财产分割的约定。因二被告未对其共同的房产进行析产，原告提起本诉。

一审法院认为，本案为代位析产诉讼。双方的争议主要在于被告刘某只对涉案房屋是否享有50%的所有权。涉案房屋虽然登记在侯某芹个人名下，但系侯某芹与刘某只婚姻存续期间购买，且没有证据证明办理房屋产权登记时刘某只声明放弃共有权；侯某芹称该房产系其卖掉婚前文明小区房产所购买，即系婚前财产转化而来，但提供的证据不足以证明侯某芹婚前房产经出售所得价款，占婚后新购房产资金来源的全部份额。且（2019）豫0506民初1082号生效判决已经撤销被告刘某只与侯某芹于2016年4月5日签订的离婚协议书中第三条“夫妻共同财产处理”第2项关于侯某芹名下“鑫鑫小区”房屋处理的约定，故该诉争房屋应为两被告共同财产。至于诉争房屋分割的具体份额，对共同共有的财产的分割，有协议的按协议处理，没有协议的应当根据等分原则处理，诉争房屋由刘某只、侯某芹共同共有，故原告要求确认被告刘某只对位于某区××小区××楼××号的共同房产享有50%的产权份额，法院予以确认。关于原告请求判决被告刘某只50%的产权份额用于清偿被告所欠原告的债务的请求，因本案系代位析产诉讼，该请求超出本案的审理范围，且原告可以通过其他法律程序实现该权利，故法院对该请求不予支持。

二审法院认为，侯某芹上诉主张其实际出资并购买涉案房产，应享有涉案房产全部份额。但并未提供充分证据证明涉案房产系其全额支付购买，且（2019）豫0506民初1082号生效判决已经撤销一审被告刘某只与上诉人侯某芹于2016年4月5日签订的离婚协议书中对于涉案房屋处理的约定，本案诉争房屋应为侯某芹与刘某只的共同财产。对于夫妻共同财产的分割，原则上均等分割。根据生产、生活的实际需要和财产来源等情况，具体处理时也可以有所差别。本案中，上诉人侯某芹主张其享有涉案房屋的全部份额，但未提供充分证据予以证实，应承担举证不能的不利后果，一审法院确认一审被告刘某只享有涉案房产50%的产权份额并无不当。上诉人侯某芹主张一审程序违法、适用法律错误，于法无据，法院不予支持。

第三百条　【共有物的管理】共有人按照约定管理共有的不动产或者动产；没有约定或者约定不明确的，各共有人都有管理的权利和义务。

案例 49

刘某与曹某根确认合同无效纠纷案［安徽省亳州市中级人民法院（2020）皖16民终1661号］

2004年5月11日，案外人梁某与华龙公司就亳州市谯城区项目（建设工程规划许可证为：建字第3416012009××××号）签订了一份合作开发建设协议书（即光明西路项目合作建设协议书），该协议约定：一、甲方有一宗地块待条件具备时，交给乙方建设，该地块位于，东西长度26.7米，南北长度50米，面积1335平方米（合贰亩）其地理位置与范围的具体情况详见本协议书附图所示，附图已经甲、乙双方签字确认。四、收益分配方式：甲方收益按该宗地块共计人民币伍拾贰万元整，其他收益归乙方所有。五、乙方房屋建成后，在办理产权证时，甲方负责提供所需资料，办证费用由乙方承担。六、违约责任：甲方：若因故无法办理土地、规划等政府批件，除甲方无条件返还乙方借款、还要支付乙方已借价款同期银行贷款利息的违约金。乙方：若因无力在该地块进行开发，除退回土地合作开发权外，应按借给甲方价款的同期银行贷款利息支付给甲方违约金（或由甲方直接从借款中扣除）。后梁某将涉案光明西路综合楼 B 楼项目转让给刘某、曹某坤，并于 2008 年 4 月 1 日出具收到光明西路贰亩门面地出售定金 1000000 元、2008 年 4 月 9 日出具收到购买光明西路地款 550000 元、2008 年 4 月 26 日出具收到购地款 750000 元收条各一份。由于房屋所有权的取得是法律规定的，而刘某现提交的证据不足以证明其主张的事实，故对刘某的诉讼请求，一审法院不予支持。

二审法院认为，上诉人刘某诉求确认涉案房屋转让合同无效并要求被上诉人返还房屋，其请求权基础应是其对涉案房屋的所有权。刘某并未取得涉案房屋的不动产物权登记证书，不能认为其对涉案房屋具有所有权，故其不具有本案诉讼请求的请求权基础，一审判决驳回其诉讼请求并无不当。双方对涉案房屋所有权的争议可另行解决。

第三百零一条　【共有人对共有财产重大事项的表决权规则】 处分共有的不动产或者动产以及对共有的不动产或者动产作重大修缮、变更性质或者用途的，应当经占份额三分之二以上的按份共有人或者全体共同共有人同意，但是共有人之间另有约定的除外。

案例 50

曹某兰、朱某玲等与庞某华、朱某新赠与合同案［江苏省徐州市中级人民法院（2020）苏 03 民终 3365 号］

庞某华与朱某新于 1984 年 9 月 19 日登记结婚。2004 年 12 月 30 日，朱某新、曹某兰、朱某玲、朱某利、朱某美签订《协议书》，载明：朱某贵、徐某荣系夫妻，二人分别于 1970 年和 1991 年去世。徐某荣未再婚。他们二人的父母均先于其去世。朱某贵、徐某荣生前生有 5 个子女，分别是朱某新、曹某兰、朱某玲、朱某利、朱某美，别无其他子女。朱某贵、徐某荣夫妇原在间，后该房被拆迁，在黄云片区安置公房一套，现因该公房按政策出售，上列立协议人经协商，自愿达成协议如下：1. 曹某兰、朱某玲、朱某利、朱某美均表示自愿放弃购买上述公房。2. 朱某新表示自愿购买上述公房成为该房产权人。2005 年 1 月 5 日，徐州市第二公证处作出（2005）徐二证民内字第 043 号《公证书》，确认《协议书》内容。

一审法院认为，涉案房屋为庞某华、朱某新婚姻关系存续期间利用夫妻共同财产购买，且双方无婚后财产约定，属于夫妻共同财产，庞某华、被告朱某新为该房屋的共同共有人，处分共有的不动产应当经全体共同共有人同意。朱某新未经庞某华同意，擅自将涉案房屋无偿赠与被告曹某兰、朱某玲、朱某利、朱某美，其行为属于无权处分，曹某兰、朱某玲、朱某利、朱某美明知涉案房屋为庞某华与被告朱某新夫妻共同财产，仍与朱某新恶意串通损害庞某华的财产权益，故该赠与合同不发生法律效力。庞某华要求撤销第三人颁发的将案涉房屋登记在曹某兰、朱某玲、朱某利、朱某美名下的不动产权证书和不动产登记簿并由第三人协助将涉案房屋变更登记在被告朱某新名下，不属于人民法院受理民事诉讼的范围，不予理涉。综上，遂判决：一、确认朱某新与曹某兰、朱某玲、朱某利、朱某美签订的关于位于云龙区房屋的赠与合同无效；二、驳回庞某华其他诉讼请求。

二审法院认为，涉案房屋系朱某新与庞某华婚姻存续期间购买，并完成注册登记，一审法院据此并结合各方当事人陈述、涉案房产沿革情况及经公证的协议书，认定涉案房屋属夫妻共同财产，与本案实际情况相符。案涉房产作为夫妻共有财产，在无婚后财产约定的情况下，夫妻双方对该房产不分份额地共同享有所有权，夫妻一方非因日常生活需要处分夫妻共同财产时，应当协商一致，任何一方无权单独处分夫妻共同财产，夫妻一方超出日常生活需要擅自处分共同财产的，该处分行为应认定无效。本案中，朱某新与作为其至亲的曹某兰、朱某玲、朱某利、朱某美，在房产另一共有人庞某华不知情的情况下，通过赠与的方式处分夫妻共同共有房产，侵害了庞某华作为共同共有人的权利，一审法院据此认定涉案赠与合同无效，并无不当。上诉人的上诉主张不能成立，法院不予采信。

第三百零二条　【共有物管理费用的分担规则】共有人对共有物的管理费用以及其他负担，有约定的，按照其约定；没有约定或者约定不明确的，按份共有人按照其份额负担，共同共有人共同负担。

条文注释

共有物的管理费用主要包括：对共有物的管理费用；共有物的改良费用；其他费用，如缴纳税款、保险费以及因共有物而支付赔偿金等。

第三百零三条　【共有物的分割规则】共有人约定不得分割共有的不动产或者动产，以维持共有关系的，应当按照约定，但是共有人有重大理由需要分割的，可以请求分割；没有约定或者约定不明确的，按份共有人可以随时请求分割，共同共有人在共有的基础丧失或者有重大理由需要分割时可以请求分割。因分割造成其他共有人损害的，应当给予赔偿。

案例 51

沈某4与景某分家析产纠纷案［浙江省绍兴市中级人民法院（2020）浙06民终1618号］

沈某康与薛某花婚后生育了三个女儿，分别为沈某5、沈某2、沈某英。薛某花去世后，沈某康与景某结婚，婚后生育女儿沈某，大儿子沈某4和小儿子沈某3。2017年8月沈某康去世。因沈某英现已过世，杨某4为沈某英丈夫，杨某3为沈某英女儿。2005年11月沈某4户籍农转非，并单独立户。20世纪60年代，沈某康与薛某花在某市曹娥街道光明村5－111号建造了房屋。1984年间，沈某康与景某在某市曹娥街道光明村6－116号建造了房屋。2001年11月23日，沈某康与景某立下代书遗嘱一份，其中载明“由于生病医疗由次子冬来补助我，生活上由他照顾，由此我二老临终后所有财产、房屋等类均归次子所有，临终费用和丧葬费都由次子负担”。2018年间因上述房屋列入某市某区城中村改造范围，同年5月17日由景某作为被拆迁人对曹娥街道光明村5－111号房屋与投资公司签订了5份房屋征迁改造补偿协议书，约定房屋拆迁补偿款为1258514元。同一日，也由景某对曹娥街道光明村6－116号房屋与上虞经济开发区投资开发有限公司签订了2份房屋征迁改造补偿协议书，约定房屋拆迁补偿款为2611927元。

一审法院认为，双方当事人争议的第一个焦点是沈某4的起诉是否构成重复诉讼。所谓分家析产是指一个较大的家庭根据分家协议而分成几个较小的家庭，同时对共有的家庭财产进行分割，并确定各个成员的财产份额。可见析产的前提是权利人对所析财产享有共同共有的财产权利或部分财产权利。沈某4主张的光明村5－111号房屋由沈某4父亲与其前妻建造于1960年，此时沈某4尚未出生根本无法取得该房屋的共有权利，而拆迁补偿款是房屋财产的对价，因此沈某4要求对该房屋的拆迁补偿款进行析产分割没有共有财产权基础，不予支持。

二审法院认为，首先，讼争6－116号房屋缺少用地审批手续，审批在册人口情况不明，沈某4主张审批时在册人口为沈某康、景某、沈某、沈某4和沈某3缺乏有效证据支持，沈某4据此要求享有五分之一的拆迁补偿款，法院不予采纳。沈某4主张7936号案确认讼争房屋在册人口为上述五人，显然与7936号案查明事实不符。其次，沈某4未直接提交证据证明其在建造讼争6－116号房屋时存在贡献。结合沈某4的出生时间及学历，沈某4在1984年出资建造讼争房屋的可能性较小，如果沈某4当时已经参加工作，则出力建造房屋亦与参加工作的事实相悖，而家庭成员之间的适当帮助行为，尚不足以构成对房屋建造的贡献并可据此主张享有共有份额。沈某2陈述沈某4参与了讼争6－116号房屋的建造，但仅口头陈述，尚不足以证明沈某4的贡献程度。故沈某4主张建造讼争房屋时存在贡献而要求分割拆迁补偿款份额，亦缺乏有效依据，法院不予采纳。最后，讼争6－116号房屋拆迁时，沈某4的户口已不在房屋内，沈某4亦非在册安置人口，讼争房屋补偿款中并无沈某4的人口因素，沈某4也无权主张享有五分之一的份额。

● *相关规定*

《合伙企业法》第20条

第三百零四条　【共有物分割的方式】共有人可以协商确定分割方式。达不成协议，共有的不动产或者动产可以分割且不会因分割减损价值的，应当对实物予以分割；难以分割或者因分割会减损价值的，应当对折价或者拍卖、变卖取得的价款予以分割。

共有人分割所得的不动产或者动产有瑕疵的，其他共有人应当分担损失。

第三百零五条　【按份共有人的优先购买权】按份共有人可以转让其享有的共有的不动产或者动产份额。其他共有人在同等条件下享有优先购买的权利。

案例 52

丘某慧与谢某如确认合同无效纠纷案［广东省某市中级人民法院（2020）粤01民终7033号］

丘某慧与谢某为夫妻关系，谢某与谢某如为兄妹关系。现登记权属为谢某如的位于某市从化区街口街中田西路一巷7栋7××房的房屋（权利证号为2018－092078××）是在2018年5月4日由谢某的名下过户至谢某如的名下。案涉房屋过户过程中的税费均由谢某如支付。案涉的位于某市从化区街口街中田西路一巷7栋7××房的房屋原是由谢某在1995年12月15日向从化市侨联房地产开发公司购买。丘某慧与谢某在1992年3月31日登记结婚，谢某购买案涉房屋时处于丘某慧与谢某夫妻关系存续期间。

一审法院认为，本案为房屋买卖合同纠纷，根据双方当事人提交的证据、庭审过程中双方的陈述、庭审过程中证人的陈述及庭后一审法院对丘某慧本人及谢某如、谢某本人的询问，法院认为应驳回丘某慧的全部诉讼请求。

二审法院认为，针对丘某慧的上诉，二审争议焦点为谢某将案涉房屋过户登记至谢某如名下的行为是否无效。对此，丘某慧的主要理由是谢某未经其同意而擅自将属于夫妻共同财产的案涉房屋处分给谢某如，且无付款凭证等。谢某如在二审中提交的证据均形成于本案一审之前，不属于二审新证据，法院不不予采纳。

审查本案争议的房屋过户登记行为，首先，行为双方即谢某如、谢某均具有相应的民事行为能力，且均对过户登记行为无异议。其次，虽然案涉房屋系谢某与丘某慧在其夫妻关系存续期间内购买，依法属于夫妻共同财产，任何一方均不得擅自处分案涉房屋。从现有证据及各方当事人陈述来看，对于谢某如入住案涉房屋的原因，谢某如称是谢某、丘某慧同意其购房后才入住。而谢某、丘某慧则称案涉房屋是基于亲情才借给谢某如一家居住。但谢某如否认存在借住事实，且丘某慧、谢某在本案诉讼前对于谢某如一家长期居住房屋的事实并无提出任何异议，而丘某慧、谢某在本案二审中均确认并无与谢某如签订借住协议，亦未确定借住期限或收取租金的情况下，法院难以采信丘某慧、谢某有关借住房屋的主张。

● ***相关规定***

《公司法》第72条；《合伙企业法》第23条；《最高人民法院关于适用〈中华人民共和国民法典〉物权编的解释（一）》第10条、第13条

第三百零六条　【按份共有人行使优先购买权的规则】按份共有人转让其享有的共有的不动产或者动产份额的，应当将转让条件及时通知其他共有人。其他共有人应当在合理期限内行使优先购买权。

两个以上其他共有人主张行使优先购买权的，协商确定各自的购买比例；协商不成的，按照转让时各自的共有份额比例行使优先购买权。

案例53

李某祥与李某文合同纠纷案［山东省某市中级人民法院（2018）鲁02民终8309号］

位于某市市南区户房屋，原系被继承人李某春与被继承人李某芳夫妻共同财产，登记产权人为李某春。被继承人李某春与被继承人李某芳系夫妻关系，育有子女四人，即李某祥、李某文、李某顺、李某青。被继承人李某芳

于2009年8月26日去世，被继承人李某春于2014年3月4日去世。两被继承人去世后，继承人因继承问题发生纠纷并提起诉讼，案经一、二审，某市中级人民法院作出（2015）青民五终字第1680号民事判决书，判决“位于某市市南区户房屋，由上诉人李某顺分得1/4的份额，由被上诉人陆炜英分得1/6的份额、由被上诉人陆敬东分得1/3的份额，由原审被告李某祥分得1/8的份额，由原审被告李某文分得1/8的份额。”

一审法院认为，依法成立的合同，对当事人具有法律约束力。当事人应当按照约定履行自己的义务，不得擅自变更或者解除合同。诉争当事人于2016年5月23日签订的《房屋份额转让协议》系当事人真实意思表示，不违背法律、行政法规的强制性规定，合法有效。

二审法院认为，某市市南区户房屋经法院（2015）青民五终字第1680号民事判决书确定由各权利人按份共有，即李某顺分得1/4份额、李某祥、李某文各分得1/8份额，陆炜英分得1/6份额、陆敬东分得1/3的份额。2016年5月23日，李某祥、李某文与李某顺签订《房屋份额转让协议》，约定李某祥、李某文将两人对房屋继承的全部份额作价转让给李某顺，李某顺按合同约定已支付价款。在各权利人并无另外约定的情况下，作为房屋按份共有人，两上诉人李某祥、李某文向被上诉人李某顺作价转让份额的协议，系双方当事人真实意思表示，不违背法律、行政法规的强制性规定，合法有效。

● ***相关规定***

《合伙企业法》第39~42条

第三百零七条　【因共有产生的债权债务承担规则】因共有的不动产或者动产产生的债权债务，在对外关系上，共有人享有连带债权、承担连带债务，但是法律另有规定或者第三人知道共有人不具有连带债权债务关系的除外；在共有人内部关系上，除共有人另有约定外，按份共有人按照份额享有债权、承担债务，共同共有人共同享有债权、承担债务。偿还债务超过自己应当承担份额的按份共有人，有权向其他共有人追偿。

第三百零八条　【共有关系不明时对共有关系性质的推定】 共有人对共有的不动产或者动产没有约定为按份共有或者共同共有，或者约定不明确的，除共有人具有家庭关系等外，视为按份共有。

第三百零九条　【按份共有人份额不明时份额的确定】 按份共有人对共有的不动产或者动产享有的份额，没有约定或者约定不明确的，按照出资额确定；不能确定出资额的，视为等额享有。

第三百一十条　【准共有】 两个以上组织、个人共同享有用益物权、担保物权的，参照适用本章的有关规定。

第九章　所有权取得的特别规定

第三百一十一条　【善意取得】 无处分权人将不动产或者动产转让给受让人的，所有权人有权追回；除法律另有规定外，符合下列情形的，受让人取得该不动产或者动产的所有权：

（一）受让人受让该不动产或者动产时是善意；

（二）以合理的价格转让；

（三）转让的不动产或者动产依照法律规定应当登记的已经登记，不需要登记的已经交付给受让人。

受让人依据前款规定取得不动产或者动产的所有权的，原所有权人有权向无处分权人请求损害赔偿。

当事人善意取得其他物权的，参照适用前两款规定。

案例 54

不动产善意取得的善意要件认定标准案（《人民司法·案例》2014 年第 16 期）

本案争议房屋于 2003 年登记在林某某之妻陈某某名下，林某某与陈某某育有两子，现林某某已去世。经法院查明，房屋交付后一直由林某之母杨某某与林某居住，林某系杨某某和林某某的非婚生子。2009 年 5 月 18 日陈某某与吴某某签订房地产买卖合同，将诉争房屋以每平方米 4000 元、总价款 111.88 万元出卖给吴某某，且该诉争房屋已经办理产权过户手续。林某向一审法院起诉，请求判令：1. 依法确认陈某某与吴某某于 2009 年 5 月 18 日签订的房地产买卖合同无效；2. 确认林某作为共同共有人有继续保管、使用房产的权利。此案情分析与说明。法院判定林某胜诉。

案例 55

高某与浩泰公司返还原物纠纷案［安徽省淮南市中级人民法院（2020）皖 04 民终 735 号］

高某取得的房地产权证载明，房地坐落于某区新庄孜街道新世纪社区紫金时代广场商业 378 号，建筑面积 38.52 平方米，套内建筑面积 23.28 平方米。房屋总价款为 231120 元。上述权属证书 ×××，没有详细测量尺寸。高某所购 378 号商铺位于八公山紫金时代广场三层，该商铺与其他众多分割的商铺存在于一个整体空间，没有隔断作为明确界限，无法独立经营。自订立《紫金时代广场商业委托经营合同》后，由于锦堂公司经营不善，无法组织商场整体运营，致使高某所购商铺长期处于闲置状态。锦堂淮南分公司也未按约支付租金，2017 年 9 月 14 日，高某起诉浩泰公司、启创公司、锦堂公司、锦堂淮南分公司至一审法院，要求解除其与锦堂淮南分公司签订的《紫金时代广场商业委托经营合同》，并要求承担租金、违约金等。2017 年 12 月 7 日，一审法院作出（2017）皖 0405 民初 1259 号民事判决书，判决解除高某与锦堂淮南分公司于 2012 年 4 月 8 日签订的《紫金时代广场商业委托经营合同》无效；浩泰公司、启创公司、锦堂公司共同向高某支付租金 36979 元、违约金 50393.40 元等。

一审法院认为，本案所涉紫金时代广场的商铺为产权式商铺。虚拟产权式商铺是指开发商将大型商业项目，分割成若干没有物理空间分割的小面积单元进行出售，投资者拥有商铺的产权，但并不独立经营，而以租赁或委托经营的方式交由第三方经营使用，投资者取得收益的房地产开发模式。由于所销售商铺没有实质意义的不动产界址，不是物理形态的空间分割模式，没有明确的四至界限，没有独立的墙体将商铺与相邻其他商铺、过道相隔离，单个商铺亦没有独立的强、弱电和给、排水系统。从本案案件事实看，虽然高某就涉案商铺取得了房屋不动产权证，但涉案商铺的上述特点决定了高某的商铺与其他业主的商铺在使用和经营上具有整体、不可分割性，即单个业主无法通过独立使用、经营其购买的商铺获益，其必须通过与其他商铺整体管理的方式才能产生收益。高某在购买商铺时即已经明确知晓并接受商铺的现状及商场统一经营的模式，该模式即商铺所有权与经营权相分离的虚拟产权式商铺经营模式。高某应当知道该商铺所有权的性质不能等同于独立商铺，其权利行使必然要受到一定的限制。虽然高某提交的权属证书能证明本案所涉商铺归其所有，但产权证未记载商铺四至界限。高某所购商铺未进行过实体上的物理分割，其要求返还的378号商铺所处位置与相邻商铺间在平面上紧密相连，空间上没有区分隔断墙体，其专有部分难以与其他商铺业主的权益相区分，并不具备独立经营的客观条件，无法实际分割，故高某要求返还378号商铺的请求，依法不予支持。针对高某提出的现场勘验申请，因该项申请对本案的处理没有实际意义，故对该项申请不予准许。

二审法院认为，产权式商铺的销售模式是开发商将大型商业项目，分割成若干没有物理空间分割的小面积单元，以“售后包租”的形式进行销售。业主虽然拥有商铺的产权，但并不具备独立的运营条件，商铺所有权与自主经营权分离。本案涉案商铺的开发商浩泰公司委托启创公司将本案所涉紫金时代广场的商铺分割为面积不等的若干商铺对外销售，并允诺运营管理商为锦堂公司，12年租约保障，前两年租金收益抵扣部分购房款。高某购买的涉案商铺权属证书中，未记载房产四至界限，无法确定涉案商铺具体空间位置。高某购买涉案商铺后即与锦堂淮南分公司签订了委托经营合同。由此可见，本案涉案商铺属于典型的产权式商铺。涉案商铺的特点决定了高某的商铺与其他业主的商铺在使用和经营上具有整体性和不可分性，其权利的行使必然受到一定的限制。

案例 56

池某某等与李某某等房屋买卖合同纠纷案（《人民司法·案例》2014年第16期）

池某某与毛某某在婚姻关系存续期间，于2000年9月20日与某公司签订商品房预售预购合同。合同约定，由毛某某购买某公司位于沙坪坝区的两套房屋，每套建筑面积141.68平方米，单价1200元，总成交金额349392元。2002年3月15日，池某某与毛某某经重庆市沙坪坝区民政局登记离婚，在离婚财产处理协议书中，双方未对该两套房屋进行分割。2003年5月12日，毛某某与李某某签订房地产买卖合同，将凤鸣山附近的一套房屋转卖给李某某，该合同甲方签名处有"池某某"字样和指印，后证实为伪造。合同约定：建筑面积141.68平方米，单价每平方米1200元，总成交价格170016元。李某某向某公司交纳了购房款170016元。2003年7月，李某某领取该房屋权属证书。池某某认为：李某某与某公司恶意串通，不是善意取得。毛某某购房三年后以原价卖出，不应认定为合理价格，其房地产买卖合同应当无效。毛某某认为，房屋经某公司卖给李某某，毛某某不知情，李某某没有任何理由向某公司支付房款。庭审中，毛某某陈述其委托某公司帮其卖房，并与某公司有生意上往来；某公司亦陈述其受毛某某委托帮其卖房，并代毛某某收款用以冲抵毛某某欠该公司的债务。

本案最终判决李某某购买房屋完全符合不动产善意取得的三个法律要件，其根据物权法善意取得制度享有该房屋的所有权。为论述李某某构成善意取得，法院将不动产善意取得的要件归纳为三点：受让人出于善意、以合理的价格转让、转让的不动产已经登记。这里，法院的判决在认定"不动产善意"的过程中，未将前述"出让人无权处分"归入要件，是有道理的。因为若是出让人有权处分，就谈不上受让人善意与否的问题了。

● *相关规定*

《最高人民法院关于适用〈中华人民共和国民法典〉物权编的解释（一）》第20条

第三百一十二条　【遗失物的善意取得】所有权人或者其他权利人有权追回遗失物。该遗失物通过转让被他人占有的，权利人有权向无处分权人请求损害赔偿，或者自知道或者应当知道受让人之日起二年内向受让人请求返还原物；但是，受让人通过拍卖或者向具有经营资格的经营者购得该遗失物的，权利人请求返还原物时应当支付受让人所付的费用。权利人向受让人支付所付费用后，有权向无处分权人追偿。

第三百一十三条　【善意取得的动产上原有的权利负担消灭及其例外】善意受让人取得动产后，该动产上的原有权利消灭。但是，善意受让人在受让时知道或者应当知道该权利的除外。

第三百一十四条　【拾得遗失物的返还】拾得遗失物，应当返还权利人。拾得人应当及时通知权利人领取，或者送交公安等有关部门。

第三百一十五条　【有关部门收到遗失物的处理】有关部门收到遗失物，知道权利人的，应当及时通知其领取；不知道的，应当及时发布招领公告。

案例 57

某银行某分行与双薪公司等物权确认纠纷案［某市第四中级人民法院（2020）渝 04 民终 522 号］

王某碧系双薪公司法定代表人，张某林是王某碧之子。2010 年 12 月 20 日下午 3 时许，双薪公司通过某银行向王某碧个人账户转账 2530000 元，王某碧同日下午 4 时许通过 pos 刷卡消费 2530000 元，保利公司于当日向王某碧、张某林开具了金额为2756253元的财务发票，备注为“47－1×首付”，王某碧在备注处签字确认。2010年12月21日，王某碧、张某林与保利公司签订商品房买卖合同，载明王某碧、张某林购买该公司的商品房一套，即某市某区保利江上明珠×组团×幢×单元1－×号（以下简称案涉房屋），购房款为9166253元，首付为2756253元后，剩余购房款6410000元通过向银行申请按揭贷款方式支付。2010年12月23日，张某林与某银行某分行签订《个人住房（商业用房）借款合同》，约定张某林以案涉房屋作为抵押向建行重庆分行贷款641万元，借款期限为30年，利率采取浮动利率，该笔贷款划入保利公司。同时，该合同还约定张某林指定的委托扣款账户为其开户于某银行重庆分行的银行卡中，采取等额本息还款法，还款周期为每个月，在合同签订时的贷款利率下每期归还本息金额为36151.33元。后张某林开始每月归还贷款本息。

一审法院认为，我国采取物权登记主义，但相关权利人有异议的，也可申请更正以及请求确认权利。针对案涉房屋的购买、归还按揭款，从签订合同和登记来看，权利人是王某碧、张某林。但经审查双薪公司举示的证据，可以确定双薪公司才是案涉房屋的实际买受人和真正权利人。故法院对双薪公司要求确认案涉房屋为其所有的诉讼请求，予以支持。因某银行重庆分行为案涉房屋抵押权人，且无证据显示双薪公司与王某碧、张某林将代持事宜曾告知某银行某分行，故即使确认案涉房屋为双薪公司所有，也不影响某银行某分行与张某林之间的借贷关系，以及该行就案涉房屋的变现价款所享有的优先受偿权利。

二审法院认为，双方的争议焦点是某银行某分行是否有权提起上诉以及双薪公司主张确认案涉房屋归其所有的请求能否成立。某银行某分行通过与案涉房屋登记的权利人张某林签订《个人住房（商业用房）借款合同》取得了案涉房屋的抵押权，一审判决改变案涉房屋的所有权主体，对某银行某分行享有的抵押权具有直接影响，应当赋予其相应的权利救济的途径，因此某银行某分行有权提起上诉，法院在此予以明确。

第三百一十六条　【遗失物的妥善保管义务】拾得人在遗失物送交有关部门前，有关部门在遗失物被领取前，应当妥善保管遗失物。因故意或者重大过失致使遗失物毁损、灭失的，应当承担民事责任。

案例 58

苏某波与张某勇遗失物返还纠纷案［山东省某市中级人民法院（2019）鲁16民终1925号］

苏某波在滨州经济技术开发区租房居住，并在院内饲养多只狗。2018年8月22日苏某波饲养的两只捉兔子的细狗（一只为白色掺杂土黄色的母狗，另一只为白色黑斑点公狗）丢失。张某勇在张官村大队部院内喂养了两只白色的细狗，一只母狗和一只公狗。2018年10月19日，杜某军在张官村赶集时看到张某勇院内的两条狗与苏某波丢失的狗一样，通知苏某波。苏某波赶到张官村大队部门口，在现场张某勇打开大门把两只狗放了出来，苏某波电话报警。某市公安局经济技术开发区分局到达现场时，只有一只白色的公狗，张某勇要求苏某波给付饲养狗的费用100元，苏某波将公狗带走，并回家拿了100元钱给张某勇。

一审法院认为，苏某波丢失两只细狗，同村张某勇在同一时间内拾得两条细狗，后苏某波将公狗领回，并实际支付张某勇100元饲养费，上述事实结合苏某波因丢失狗报警以及公安机关的询问笔录等内容能够证实张某勇饲养的两条细狗即为苏某波丢失的狗，双方法律关系符合上述遗失物返还的法律规定。对于丢失的母狗，张某勇应否向苏某波赔偿损失问题。在张某勇将母狗返还权利人或者移交相关机关前，张某勇负有妥善保管的义务，若因其故意或重大过失导致母狗丢失，则张某勇应承担相应民事责任。但2018年10月19日在苏某波、张某勇均在现场的情况下，张某勇将院落大门打开将两只狗放出，母狗跑丢。苏某波并未提交证据证实张某勇在此过程中存在故意或者重大过失，故其要求张某勇赔偿母狗价值损失的诉讼请求，于法无据，不予支持。对于母狗生育的小狗，关于张某勇应否向苏某波赔偿损失问题。母狗所生的小狗属天然孳息，所有权属于苏某波，张某勇无权处分，应向苏某波返还。但张某勇在将大狗返还苏某波后，故意隐瞒母狗所生育小狗的事实，且将小狗赠与他人，依据上述法律规定，苏某波有权向张某勇主张损害赔偿。苏某波主张母狗生育七只小狗，仅为主观猜测，并无确切证据证实，不予采信，一审法院按照张某勇自认的母狗生育三只小狗的数量予以认定。苏某波要求张某勇按照每只小狗800元的价格对其进行赔偿，无证据证实；张某勇主张每只小狗价值五六十元，亦无证据证实。苏某波陈述2015年春天花费300元购买母狗，该陈述与公安机关对时建华的询问笔录内容一致，予以采信。对于赔偿数额，参照每只小狗300元予以计算，张某勇向苏某波赔偿900元。苏某波已向张某勇支付100元费用，双方已就张某勇饲养狗的费用进行支付，张某勇要求苏某波支付劳务费、精神损失费和狗的生活费的抗辩主张，于法无据，不予支持。

二审法院认为，苏某波丢失的两只细狗被张某勇拾得并饲养的事实，可以认定。张某勇应负返还义务。在张某勇未将拾得的遗失物送交有关部门或被领取前，其有义务妥善保管拾得物。在苏某波发现其丢失的两只细狗在张某勇处后，向公安机关说明情况，此时不能认定张某勇已完成了返还义务。在公安人员到达张某勇处时，只向苏某波交付了一条公狗，因而张某勇的返还义务并未完成。张某勇主张母狗丢失，苏某波主张张某勇将母狗隐匿，无证据证实；对此一审认定母狗丢失，且张某勇无故意或者重大过失的情形，不应负赔偿责任，是根据证据规则的规定依法分配当事人的举证责任，并无不当。故上诉人苏某波上诉主张张某勇应赔偿其母狗损失不能成立。对于三只小狗的价值，一审判决参照2015年苏某波购买此类细狗的价格，亦无不当。

第三百一十七条　【权利人领取遗失物时的费用支付义务】权利人领取遗失物时，应当向拾得人或者有关部门支付保管遗失物等支出的必要费用。

权利人悬赏寻找遗失物的，领取遗失物时应当按照承诺履行义务。

拾得人侵占遗失物的，无权请求保管遗失物等支出的费用，也无权请求权利人按照承诺履行义务。

第三百一十八条　【无人认领的遗失物的处理规则】遗失物自发布招领公告之日起一年内无人认领的，归国家所有。

第三百一十九条　【拾得漂流物、埋藏物或者隐藏物】拾得漂流物、发现埋藏物或者隐藏物的，参照适用拾得遗失物的有关规定。法律另有规定的，依照其规定。

案例 59

姚某智与蒋某梅物权保护纠纷案［陕西省商洛市中级人民法院（2019）陕10民终654号］

原告姚某智对东至：姚其军杨某树林边，西至：梁梗分水，南至：地坝，北至：姚其军树林边，面积约2.3亩的林地拥有承包经营权（林权证编号×××）。被告蒋某梅曾在其中部分地块上（约0.43亩）种植油菜，现油菜已拔除，该地块上无主要作物。

一审法院认为，原告对争议地块具有使用权，证据充分，事实清楚。被告蒋某梅虽然曾在其上种植油菜，但油菜现已拔除且蒋某梅并未继续占有使用原告土地，侵害行为已经停止，丧失停止侵害、返还土地使用权的前提，原告已可自主行使其使用权，故对原告要求被告停止侵害并返还土地使用权的诉求，不予支持。原告要求被告赔偿损失10000元，未能提交证据证明，法院不予支持。

二审法院认为，曾在案涉林地里种植土豆等农作物，侵犯了上诉人的土地权益。上诉人认可案涉地里现在被上诉人没有种植农作物，因此上诉人要求被上诉人返还侵占的案涉林地的观点，不能成立。上诉人要求被上诉人赔偿损失，但未提供其实际损失的证据，该主张不予支持。本案一审审理期间，当事人申请庭外和解，因此本案审理期限较长。本案立案也未违反法律规定。上诉人称一审法院没有在开庭三日前通知其开庭，致使其仓促出庭，不能完整表达诉求和举证。但上诉人的该陈述无证据证明，且法律未禁止当事人庭后表述观点和提供证据。因此上诉人称一审程序违法的理由，不能成立。

● ***相关规定***

《刑法》第270条；《文物保护法》第32条

第三百二十条　【从物随主物转让规则】主物转让的，从物随主物转让，但是当事人另有约定的除外。

● ***相关规定***

《最高人民法院关于人民法院民事执行中查封、扣押、冻结财产的规定（2020修正）》第20条

第三百二十一条　【孳息的归属】天然孳息，由所有权人取得；既有所有权人又有用益物权人的，由用益物权人取得。当事人另有约定的，按照其约定。

法定孳息，当事人有约定的，按照约定取得；没有约定或者约定不明确的，按照交易习惯取得。

第三百二十二条　【添附】因加工、附合、混合而产生的物的归属，有约定的，按照约定；没有约定或者约定不明确的，依照法律规定；法律没有规定的，按照充分发挥物的效用以及保护无过错当事人的原则确定。因一方当事人的过错或者确定物的归属造成另一方当事人损害的，应当给予赔偿或者补偿。

条文注释

天然孳息是指依物的自然属性所产生的物。天然孳息的范围非常广，主要来源于种植业和养殖业，如耕作土地获得粮食和其他出产物，种植果树产生果实，养殖牲畜获得各种子畜和奶产品等。

法定孳息，是指物依据法律规定或当事人的法律行为而产生的孳息，如利息、租金等。按照一般的交易规则，利息应由债权人取得，租

金应由出租人取得，但也不排除其他情形的存在。

案例60

贺某与张某等不当得利纠纷案［宁夏回族自治区中卫市中级人民法院（2020）宁05民终362号］

沙坡头区人民法院审理的张某诉沈某建设工程施工合同纠纷一案，经审理后作出（2011）沙民初字第1493号民事判决书，判决：1. 沈某向张某交付农家乐新居房屋；2. 张某支付沈某工程款73305元。判决生效后在执行过程中，贺某提出执行异议。沙坡头区人民法院对异议经审查后认为，原审判决确有错误，决定再审，贺某以涉案房屋是其实际施工建设，因沈某欠付工程款，其依法留置占有，张某的诉请侵害了其合法权益，申请以第三人身份参加再审诉讼，沙坡头区人民法院予以准许。

一审法院认为，贺某为证明其装修损失及为进行装修支出的餐费损失，提交了《工程预决算书》《装饰装修合同》《装修工程验收单》《收据》《收条》《现金付出凭证》，但上述证据系贺某与案外人签订的合同或者由案外人出具的收付凭证，在案外人未出庭作证或者没有其他证据佐证的情形下，无法核实上述证据来源的真实性，亦不能确定与本案的关联性，故对上述证据的证明效力不予确认，相应的贺某要求确认其装修损失及餐费损失的诉请，缺乏证据印证，不予支持。

二审法院认为，贺某以不当得利为由向张某、沈某等主张权益，应首先举证证明其为涉案房屋的合法权利人，其权利因张某、沈某等的行为受损，依照生效判决确定的事实，张某对涉案房屋享有所有权；贺某与沈某之间因承建涉案房屋发生的纠纷已经人民法院生效判决确认，贺某与沈某系债权债务关系，贺某无证据证实其对涉案房屋享有占有、使用的权利，贺某以涉案房屋向张某、沈某等人主张不当得利无法律依据。贺某主张装修费、维修费、看护费等的请求因贺某无权占有涉案房屋且无证据证实其支出装修费、维修费、看护费系经权利人许可或认同，故其主张损失赔偿的请求权基础不存在。贺某的上诉理由不能成立，不予支持。

第三分编　用益物权

第十章　一般规定

第三百二十三条　【用益物权的定义】 用益物权人对他人所有的不动产或者动产，依法享有占有、使用和收益的权利。

条文注释

用益物权，指对他人的动产、不动产在一定范围内，加以占有、使用、收益的限制物权。用益物权主要以不动产为标的物。与担保物权相比，用益物权有如下法律特征：

(1) 用益物权的享有和行使以对物的占有为前提；除质权、留置权外，其余担保物权不以直接占有标的物为前提。

(2) 用益物权以使用、收益为目的，旨在获取标的物的使用价值；担保物权以就担保物的交换价值优先受偿为目的。

(3) 用益物权主要以不动产为标的物；担保物权的标的物包括动产、不动产、权利。

(4) 用益物权不以主体享有的其他民事权利为前提而能够独立存在；担保物权为从属物权，从属于主债权而存在。

第三百二十四条　【国家和集体所有的自然资源的使用规则】 国家所有或者国家所有由集体使用以及法律规定属于集体所有的自然资源，组织、个人依法可以占有、使用和收益。

案例 61

李某隆与国投公司物权保护纠纷案［贵州省遵义市中级人民法院（2020）黔03民终3529号］

1999年6月13日，新蒲村委会公开拍卖集体所有的罗家堰塘经营权，李某隆参加竞拍并以最高价5800元取得该堰塘的经营管理权，李某隆与新蒲村委会签订了《小微型水利水电工程实施经营管理权出让合同》。同日，李某隆取得了该堰塘《取水许可证》，该合同经红花岗区公证处（99）遵红证字第1437号公证书公证后，李某隆一直经营管理该堰塘。2010年1月，李某隆与案外人孙某炼签订《鱼塘承包合同》，约定由孙某炼承包堰塘，承包期限为2010年1月5日至2025年1月4日，承包金为180000元。孙某炼一直承包经营到被征用时。2017年9月1日，国投公司召集四局三公司等单位，形成了遵义市建投大厦项目附属工程项目会议纪要，开工建设遵义市建投大厦项目附属工程，项目实际由四局三公司承建。2017年10月，在未与李某隆达成协议的情况下，四局三公司根据施工方案对涉案堰塘进行排淤泥回填块石并强夯处理，改造为景观湖，并在湖面上修建了水面栈道。四局三公司完成景观湖改造工程后，该景观湖水面面积约7亩，水体深度约1米，加上护坡高度约为1.6米。

一审法院认为，本案从责任救济对象是财产损失，李某隆在财产遭受损坏的情况下，可以请求责任人予以恢复，以使被损坏的物恢复被侵害前的状态，法律同时规定了恢复原状和赔偿损失。在适用恢复原状责任时，需要考量恢复原状的必要性和合理性，在恢复原状明显成本过高或者可以通过赔偿损失等责任方式替代时，则不适用恢复原状的方式承担侵权责任而通过赔偿损失的方式。李某隆的诉讼请求因所承包的土地经贵州省人民政府同意已被征收为国有，恢复原状成本过大，会造成社会资源浪费，且可以通过赔偿损失等责任方式替代，在不能恢复原状的情况下，侵权人应当对李某隆的损失进行相应的赔偿。故李某隆庭审后又反悔坚持原来诉讼请求，不符合相关法律规定，亦与本案实际不符，不予支持。

二审法院认为，首先，本案中，李某隆通过公开竞拍取得案涉堰塘的承包经营管理权，期限为45年，在该堰塘所有权性质发生改变前，李某隆是案涉堰塘合法的用益物权人。国投公司在未取得建设用地使用权、建设许可等合法手续以及未与李某隆达成占用补偿协议的情况下，将工程发包给四局三公司对案涉堰塘进行改造修建景观湖，其行为违法并对李某隆的合法权益构成侵权，国投公司应当承担侵权责任。李某隆要求恢复原状已经丧失了权属基础，客观上不能得到支持，其受损权益只能通过损害赔偿获得救济。

第三百二十五条　【自然资源有偿使用制度】国家实行自然资源有偿使用制度，但是法律另有规定的除外。

第三百二十六条　【用益物权的行使规范】用益物权人行使权利，应当遵守法律有关保护和合理开发利用资源、保护生态环境的规定。所有权人不得干涉用益物权人行使权利。

案例 62

秦某某与迟某排除妨害纠纷案［河北省石家庄市中级人民法院(2020) 冀 01 民终 3796 号］

秦某某与迟某母亲秦某平（已去世）系亲姐弟关系，均系西门里村村民。2000 年，西门里村委会向秦某平发放宅基地一块。秦某某在该宅基地上建造房屋并居住。秦某某提供与秦某平签订的《协议书》一份，迟某对该协议的真实性不予认可。上述事实，由秦某某、迟某陈述、村委会两份证明、秦某某提供的协议书等为证。

一审法院认为，在我国，在土地上建造建筑物需经一定程序批准，并以取得土地使用权为前提，所以土地使用权的取得是建筑物所有权取得的基础，房屋与宅基地使用权是不可分离的，只能为同一人享有，即应由土地所有权人取得房屋所有权。本案中，秦某某要求迟某排除妨碍，配合秦某某所居住房屋翻新事宜，其应首先举证证明自己是涉案宅基地的合法使用权人，继而才能行使排除妨害请求权，秦某某虽提供了协议书、证人证言等证据，但秦某某提供的西门里村委会编号×××证明信，证明案涉宅基地发放至秦某平名下。秦某某在起诉状中自述“秦某某与秦某平之间的宅基地使用权转让已经得到该农村集体经济组织的同意，秦某某出资建筑房屋并且在房屋建成后秦某某及其家庭成员持续居住至今，该农村集体成员已认可其对于该房屋的宅基地使用权”。如此属实，案涉宅基地使用权应由该农村集体经济组织变更登记至秦某某名下，则秦某某无须迟某配合亦可翻建房屋，秦某某现有证据不足以证明其已取得案涉宅基地使用权，故秦某某主张排除妨害依据不足，法院不予支持。

二审法院认为，排除妨害请求权属物权请求权。妨害物权或者可能妨害物权的，权利人可以请求排除妨害或者消除危险。秦某某诉请迟某排除妨害，配合其将所居住房屋翻新并加盖，秦某某应举证证明其系该项物权请求权的权利人。秦某某称其诉求系排除妨害并非宅基地使用权之争，但其又以宅基地使用权系用益物权为由主张不得干涉，其说辞自相矛盾。农村村民一户只能拥有一处宅基地，因此，宅基地以户为单位进行发放。秦某某应举证证实其系案涉房屋所涉宅基地的合法使用权人。西门里村委会出具有编号为×××的证明信证明，案涉宅基地发放至本村村民秦某平名下。秦某某虽不予认可，但其所提供的证据不足以证实其主张，且双方均认可本村对宅基地均未发放集体土地使用权证。秦某某诉称迟某另有宅基地，亦不能举证证实。因此，原审认定秦某某现有证据不足以证明其已取得案涉宅基地使用权，即排除妨害的依据不足，并无不妥。

● ***相关规定***

《煤炭法》第 11 条；《矿产资源法》第 32 条

第三百二十七条　【被征收、征用时用益物权人的补偿请求权】因不动产或者动产被征收、征用致使用益物权消灭或者影响用益物权行使的，用益物权人有权依据本法第二百四十三条、第二百四十五条的规定获得相应补偿。

第三百二十八条　【海域使用权】依法取得的海域使用权受法律保护。

条文注释

海域使用权，是指为建造建筑物或旅游设施、进行矿产开发或养殖渔业活动，而排他性地直接支配、使用国家所有的特定海域的权利。海域使用权人对其海域有权占有、使用、收益并排除他人妨害。

海域使用权的客体是海域资源，海域使用权是支配、使用特定海域并获得其利益的权利，具体包括权利人可以按照自己的意思在特定海域从事养殖、采矿、修筑建筑物等，或者将海域使用权转让、出资、出租等。

本条对海域使用权作了原则性的规定，确立了海域使用用益物权的属性，明确依法取得的海域使用权受法律保护。根据特别法优于普通法的原则，海域使用权首先应当适用《海域使用管理法》的规定；《海域使用管理法》没有规定的，适用物权法的有关规定。

● ***相关规定***

《海域使用管理法》第四章

第三百二十九条　【特许物权依法保护】依法取得的探矿权、采矿权、取水权和使用水域、滩涂从事养殖、捕捞的权利受法律保护。

第十一章　土地承包经营权

第三百三十条　【农村土地承包经营】农村集体经济组织实行家庭承包经营为基础、统分结合的双层经营体制。

农民集体所有和国家所有由农民集体使用的耕地、林地、草地以及其他用于农业的土地，依法实行土地承包经营制度。

条文注释

土地承包经营权，是自然人或集体经济组织依法对集体所有或者国家所有由集体使用的土地所享有的占有、使用、收益的权利。家庭承包制是我国设立农村土地承包经营权的制度基础，土地承包经营权是实现家庭承包的手段。

土地承包经营权具有如下法律特征：(1) 权利主体是一切农业经营者。土地承包经营权的主体是从事农业生产的自然人或集体，非从事农业生产者不能成为该权利的主体。(2) 权利客体是集体所有或者国家所有由集体长期使用的土地。(3) 土地承包经营权是一种在他人土地上为农业性质的耕作、养殖或者畜牧的用益物权。(4) 土地承包经营权不以有租金为必要。

土地承包经营权的设定，可以通过家庭承包的方式和家庭承包以外的方式来进行。对于农村土地，原则上采取农村集体经济组织内部的家庭承包方式，不宜采取家庭承包方式的荒山、荒沟、荒丘、荒滩等农村土地，可以采取招标、拍卖、公开协商等方式承包。

● ***相关规定***

《土地管理法》第14条；《农村土地承包法》第1~3条

第三百三十一条　【土地承包经营权内容】 土地承包经营权人依法对其承包经营的耕地、林地、草地等享有占有、使用和收益的权利，有权从事种植业、林业、畜牧业等农业生产。

案例63

毛某财与杨某会排除妨害纠纷案 [贵州省遵义市中级人民法院(2020)黔03民终2763号]

2001年7月，毛某勇拆旧房与毛某财、毛某炳发生纠纷，经原某县石板镇池坪办事处调查处理，并于2001年9月20日出具了处理意见。2017年双方因宅基地发生纠纷，播州区石板镇池坪村村民委员会于2017年9月23日出具处理意见。原被告之间的土地纠纷，池坪村委会再次于2018年8月8日组织双方座谈协商无果，池坪村委会于2018年11月2日出具了调解说明。2019年12月19日，经本案办案人员与村委会胡某秀、高某昌查看现场并向双方调查了解，杨某会在现场称：牛圈是毛某勇家的，2001年池坪办事处调解时我们用院坝来换毛某勇家的粮仓，但是2001年9月20日的处理意见上没有写上去。现牛圈所在地为荒地未耕种庄稼，二被告在粮仓所在地上种植了蔬菜。

一审法院认为，私人的物权受法律保护，任何单位和个人不得侵犯。土地承包经营权人依法对其承包经营的耕地享有占有、使用和收益的权利。根据本案查明的事实，毛某勇所有的牛圈和粮仓拆除后，恢复为土地进行耕种，毛某勇对于其牛圈和粮仓范围所在的土地享有的经营权，受法律保护。二被告在原告的粮仓所在地上种植了蔬菜，侵犯了其土地经营权，应停止侵害行为，恢复原状。因牛圈所在地现为荒地，二被告未实施侵害行为，对于该部分请求不予支持。

二审法院认为，本案双方当事人对原某县石板镇池坪办事处于2001年作出的处理意见均予以认可，法院予以确认。毛某财、杨某会对毛某勇提供的争议地结构图中原毛某炳房屋、院坝、坎、朝门的位置均予以认可，毛某勇牛圈及粮仓在上述处理意见中“靠下面（公路面）界”同一侧，在毛某炳原房屋的另一侧，属毛某勇管理使用范围。毛某财、杨某会主张该地由其享有与2001年处理意见载明事实不符。故，一审判决毛某财、杨某会排除妨害正确，法院予以确认。

相关案例索引

土地承包经营权纠纷案［（2018）苏09民终235号］

本案要点

农村土地承包经营权是土地承包者所享有的一项用益物权，土地承包经营权人依法对其承包经营的耕地、林地、草地等享有占有、使用和收益的权利。

● ***相关规定***

《农村土地承包法》第16条

第三百三十二条　【土地的承包期限】耕地的承包期为三十年。草地的承包期为三十年至五十年。林地的承包期为三十年至七十年。

前款规定的承包期限届满，由土地承包经营权人依照农村土地承包的法律规定继续承包。

● ***相关规定***

《农村土地承包法》第20条、第31条；《土地管理法》第14条；《最高人民法院关于审理涉及农村土地承包纠纷案件适用法律问题的解释（2020修正）》第7条

第三百三十三条　【土地承包经营权的设立与登记】土地承包经营权自土地承包经营权合同生效时设立。

登记机构应当向土地承包经营权人发放土地承包经营权证、林权证等证书，并登记造册，确认土地承包经营权。

案例64

林某祥与林某洋返还原物纠纷案［吉林省松原市中级人民法院（2020）吉07民终1032号］

原告林某洋在第二轮土地承包时，与其父亲林某忠为一户，承包地确权总面积22.36亩，承包地块3块：第一块，地块代码22××042面积6.64亩；第二块，地块代码22××126面积6.18亩；第三块，地块代码22××191面积9.54亩。第一块地6.64亩和第三块地9.54亩这两块地现由原告耕种。林某忠于2015年5月7日去世，被告林某祥一直耕种原告分得的6.18亩土地，并领取原告22.36亩土地2015年至2019年的土地粮食直补及玉米差价补贴，2015年为1393.98元、2016年为3732.6元、2017年为3090.75元、2018年为2448.96元、2019年为2673.96元，合计13340.25元。原告称补贴款被告给付1780元，剩余款项未付。现原告诉至法院，要求被告返还原告6.18亩土地经营权，并给付2015年至2019年22.36亩土地直补款、玉米差价补贴款及6.18亩土地承包费，合计20735元。

一审法院认为，原告林某洋提交的农村土地承包经营权证，该证书确认原告对被告耕种的土地享有承包经营权，依法对其承包经营的土地享有占有、使用、收益的权利，被告林某祥耕种原告6.18亩土地系无权占有，故对原告要求被告返还6.18亩土地的诉讼请求法院予以支持，被告应返还原告6.18亩土地。被告耕种原告土地，侵犯了原告的土地承包经营权，被告应给付原告承包费，根据当地的实际情况及被告的陈述，法院酌定承包费按

每亩166元计算，2015年至2019年承包费为5129.4元（6.18亩×166元×5年）。被告领取原告22.36亩土地2015年至2019年的土地粮食直补及玉米差价补贴13340.25元理应返还给原告，扣除已给付的1780元，应给付原告1160.25元。被告称曾抚育过原告，林某忠为抵顶原告抚育费将6.18亩土地给被告耕种，但被告未提供证据予以证明；被告称已将土地粮食直补、玉米差价补贴给付原告，原告只认可给付1780元，被告对剩余的直补款和差价款未能提供证据予以证明；故对被告以上二种主张，法院不予支持。

二审法院认为，上诉人林某祥上诉请求称其已经给付被上诉人林某洋2016至2019年的土地粮食直补及玉米差价补贴，为此林某祥提交了四份书面证人证言，被上诉人林某洋质证意见称均不真实。二审上诉人林某祥提交的证人证言，因证人未出庭，不符合上述法律规定，且上诉人林某祥一审庭审时明确其对已经给付被上诉人林某洋直补款及玉米差价补贴没有证据，二审期间又提交证人证言，属自相矛盾，综上，林某祥没有提供充足证据证明其上诉请求，法院不予支持。

● ***相关规定***

《土地管理法》第11条；《农村土地承包法》第21~23条

第三百三十四条　【土地承包经营权的互换、转让】土地承包经营权人依照法律规定，有权将土地承包经营权互换、转让。未经依法批准，不得将承包地用于非农建设。

案例65

王淑某与何福某、王某胜等农村土地承包经营权纠纷案（最高人民法院公布保障民生第二批典型案例之一）

2007年10月30日，吉林省白城市洮北区农村土地承包仲裁委员会作出裁决：王淑某对王振某所种土地享有承包经营权。一审原告王振某遂向洮北区人民法院请求：1. 确认三跃村村委会与王振某签订的土地承包经营合同有效；2. 确认王淑某对王振某承包的土地无承包经营权。王淑某答辩称其在王振某承包的土地中享有五分之一的承包经营权。王淑某1975年1月25日结婚，由于其丈夫是军人，故户口仍在王振某家。

1982 年，三跃村发包土地时，王淑某与王振某一家系同一家庭成员，5 口人承包 5.4 亩地，人均 1.08 亩，承包户户主为王振某。王淑某的户口于 1992 年 1 月迁入白城并转为非农业户口。1997 年第二轮土地承包时，王振某家承包 4.82 亩土地，并于 2005 年取得《农村土地承包经营权证》，共有人没有记载王淑某。王振某于 2010 年 10 月死亡，被申请人由王振某变更为其妻何福某、其子王某东、王某胜。

一审法院判决：一、王振某与村委会签订的土地承包合同有效；二、王淑某对王振某承包的土地不享有 1.08 亩承包经营权。白城中院二审判决：驳回王淑某的上诉，维持原判。白城中院再审后判决：一、撤销二审判决和一审判决第二项；二、维持一审判决第一项。2009 年 12 月吉林高院裁定驳回王淑某的再审申请。2012 年 6 月吉林高院提审后判决：一、撤销一、二审判决及原再审民事判决；二、驳回王振某的诉讼请求。

最高人民法院提审认为，王淑某作为城市居民，在二轮土地延包中不享有土地承包经营权。第一，王淑某于 1992 年 1 月将户口从王振某家迁至白城市新立派出所辖区内落户。根据《农村土地承包法》第二十六条第三款之规定："承包期内，全家迁入设区的市，转为非农业户口的，应当将承包的耕地和草地交回发包方。承包方不交回的，发包方可以收回承包的耕地和草地。"可见迁入设区的市、转为非农业户口，是丧失农村土地承包经营权的条件。由于目前我国法律没有对农村居民个人丧失土地承包经营权的条件作出明确具体的规定，因此，只能比照法律中最相类似的条款进行认定，上述规定应当成为认定在第二轮土地承包中，王淑某是否对王振某家承包的土地享有承包经营权的法律依据。此时王淑某的户口已经迁入设区的市，成为城市居民，因此不应再享有农村土地承包经营权。当地第二轮土地承包仍依照土地承包法第十五条之规定，以本集体经济组织的农户为单位。延包的含义是只丈量土地，不进行调整。符合增人不增地、减人不减地的政策。王淑某此时已不是王振某家庭成员，在二轮土地延包中不享有土地承包经营权。第二，《农村土地承包经营权证》是民事案件中认定当事人是否具有农村土地承包经营权的重要依据。

王振某起诉是因为洮北区农村土地承包仲裁委员会作出的裁决，确认王淑某在其家庭承包的土地中享有0.964亩土地承包经营权。该裁决书中有如不服裁决，可在30日内向法院起诉的内容。因此，法院应当受理此案并作出判决。另外，王淑某并未请求当地村委会另行向其发包土地，而是主张在王振某一家承包的土地中，享有1.08亩承包经营权。故对于上述发生在平等主体之间的民事权益之争，不应通过行政诉讼解决。最高法院判决撤销了吉林高院的再审判决和白城中院民事判决，维持白城中院的二审判决。

● ***相关规定***

《农村土地承包法》第32～43条、第58条、第60条；《最高人民法院关于审理涉及农村土地承包纠纷案件适用法律问题的解释（2020修正)》第12～18条

第三百三十五条　【土地承包经营权流转的登记对抗主义】土地承包经营权互换、转让的，当事人可以向登记机构申请登记；未经登记，不得对抗善意第三人。

案例66

闫某芬与闫某珍确认合同效力纠纷案［河北省承德市中级人民法院(2020)冀08民终1624号］

原告闫某芬与原告闫某珍、闫某双系母女关系，与被告闫某军系母子关系。1999年1月1日，兴隆县大水泉乡人民政府为闫某军颁发土地承包经营权证书，该证书中载明承包户主为闫某军、人口6、劳力2。1999年8月20日，被告闫某军代表其家庭与田家庄村委会签订了甲方为田家庄村委会，乙方为闫某军的土地果树承包期再延长30年合同书。闫某军在协议签订后，将涉案土地及果树交付被告杨帅、杨晓华家庭经营。原告在庭审过程中主张原告方与闫某军在2018年交涉涉案土地的转让款时闫某军明确向原告方表示转让款为330000元，同意平均分配，每人55000元，在闫某军取款过程中其反悔，原告诉至法院，要求确认闫某军与杨帅签订的流转协议无效并返还1.2亩土地。

一审法院认为，本案被告闫某军是原告家庭的户主，有权代表其家庭从

事涉案土地的流转行为，且在庭审过程中原告认可闫某军将土地转让给杨帅，只是与闫某军对涉案土地转让款项分配发生矛盾而提起诉讼，因涉案土地流转协议书系双方真实意思表示，对未违反法律规定部分，自协议成立时即生效，对转让期限为永久，对超出闫某军家庭与田家庄村委会签订的土地果树承包期再延长 30 年合同书中载明的承包期限部分无效；土地承包经营权系用益物权，是物权分类中的一种，该协议已经实际履行，土地流转的物权行为已经设立，物权行为已经发生变动且本案中闫某军家庭作为转让方与受让方杨帅家庭系同一集体经济组织成员，更应保护受让人的合法权利；本案在庭审过程中已经向原告释明如被告之间签订的合同确认有效，其可主张涉案土地流转费分配，其明确表示要求确认协议无效并要求返还土地 1.2 亩，故因被告之间签订的合同无法律规定涉及土地流转合同无效的情形，故对原告的诉讼请求，不予支持；本案诉讼的提起实质上系闫某军家庭成员内部之间的纠纷，闫某军与三原告作为家庭成员，仍应本着和谐的理念来处理家庭成员之间对土地流转费的分配问题，如确实无法协商解决，三原告仍可向法院起诉另案主张对涉案土地流转费进行分配。

二审法院认为，被上诉人闫某军与被上诉人杨帅签订的土地流转协议系双方真实意思表示，一审判决该协议未违反法律规定部分，自协议成立时即生效；超出闫某军家庭与田家庄村委会签订的土地果树承包期再延长 30 年合同书中载明的承包期限部分无效，判决正确。三上诉人提出，该家庭各成员对自己份额内的承包土地及果树有合法承包权，被上诉人闫某军无权处分其他家庭成员的承包土地果树，其签订的《土地流转协议》严重侵犯三上诉人合法权益，应认定无效。

● ***相关规定***

《农村土地承包法》第 38 条

第三百三十六条　【承包地的调整】承包期内发包人不得调整承包地。

因自然灾害严重毁损承包地等特殊情形，需要适当调整承包的耕地和草地的，应当依照农村土地承包的法律规定办理。

● ***相关规定***

《土地管理法》第14条；《农村土地承包法》第27条、第55条；《最高人民法院关于审理涉及农村土地承包纠纷案件适用法律问题的解释（2020修正）》第5第、第6条

第三百三十七条　【承包地的收回】承包期内发包人不得收回承包地。法律另有规定的，依照其规定。

案例67

朱某与刘某得排除妨害纠纷案［山东省临沂市中级人民法院（2020）鲁13民终994号］

1. 朱某对涉案土地享有承包经营权。1998年12月31日，小湖子村委会将坐落于某县南桥镇小湖子村的农村土地6.63亩，发包给朱某从事农业生产经营，承包方式为家庭承包，承包地块总数为3块，于2015年10月18日签订《农村土地承包合同》，于2015年11月05日颁发371324110222000××××号农村土地承包经营权证。2. 小湖子村委会侵犯了刘某得、朱某的土地承包经营权。因刘某得的女儿刘某娟出嫁，土地被小湖子村委会时任村主任王某收回；后刘某娟回家找王某要地，且王某陈述镇党委人大也要求其给刘某娟找地种，王某就在2014年把朱某位于房北地的土地2.4亩交给刘某得耕种；并且还把朱某位于墩南地土地2亩交给刘某玉（另案处理）耕种、把朱某位于陈林南土地1.84亩交给王某坤耕种。王某以村主任的身份将刘某得女儿刘某娟的承包地收回，后又将朱某的土地分配给刘某得、刘某玉、王某坤耕种，分别侵犯了刘某得、朱某的土地承包经营权。因王某的行为系职务行为，故小湖子村委会的侵权行为成立。

一审法院认为，侵害物权，除承担民事责任外，违反行政管理规定的，依法承担行政责任；构成犯罪的，依法追究刑事责任。本案被告小湖子村委会违反土地承包法、物权法规定的承包期内发包人不得调整土地、不得收回承包地的规定，非法将刘某得部分家庭承包土地收回，事实清楚，证据充分。在刘某得要求返还土地时，应当依法予以返还；但时任村主任的王某在返还土地时并未将刘某得的相关承包地予以返还，却非法将朱某的土地返还

给刘某得，又侵犯了朱某的土地承包经营权，事实清楚，证据充分。被告小湖子村委会应当对朱某承担相应的侵权责任，故朱某要求小湖子村委会停止侵权、排除妨害、返还土地的理由成立，依法应予支持。刘某得在本案中主观上没有故意，不构成侵权，不承担民事责任，但在小湖子村委会返还其被收回的土地后，应当将现在耕种的涉案土地交还小湖子村委会，再由小湖子村委会交付朱某。朱某的损失应参照王某支付其承包费用数额计算，按照每年1800元计算（包括小湖子村委会处分的朱某的全部土地），自2018年起至小湖子村委会返还其全部土地止；鉴于该损失已经在原告起诉刘某玉案中全部处理，本案不再涉及。小湖子村委会以没有土地给刘某得、朱某为由，不同意朱某的请求，没有事实依据和法律依据，依法不予采信。

二审法院认为，涉案土地系上诉人朱某承包经营，由朱某提交的其与某县南桥镇小湖子村村民委员签订的《农村土地承包合同》及朱某于2015年11月05日办理的农村土地承包经营权证可以证实，事实清楚，证据充分，法院予以确认。被上诉人某县南桥镇小湖子村村民委员违反上述法律规定，违法收回上诉人的土地，再承包给刘某得耕种，严重侵犯了上诉人的土地合法经营权，应承担相应的侵权责任。被上诉人刘某得在明知涉案土地系朱某承包经营的情况下，仍继续占有使用，亦侵犯了朱某的承包经营权，应依法予以返还。至于其自己的土地被村委违法收回的事实，其可依据法律规定，另行主张权利。

● ***相关规定***

《农村土地承包法》第26条、第30条、第35条

第三百三十八条　【征收承包地的补偿规则】承包地被征收的，土地承包经营权人有权依据本法第二百四十三条的规定获得相应补偿。

案例68

矿业公司林业处与李某合同纠纷案［辽宁省抚顺市中级人民法院（2020）辽04民终937号］

国家因建设清原满族自治县抽水蓄能电站（以下简称蓄能电站），经辽

宁省人民政府批准，对该工程用地进行征收。蓄能电站于2016年3月13日，对坐落在北三家镇牛肺沟（林地、林木所有权为抚矿林业处）的承包经营养殖林蛙户李某所有的地上物及建筑设施，现场调查登记。2017年10月31日，北三家镇清原抽水蓄能电站工作办公室（甲方）、李某（乙方）、矿业公司林业处（丙方）三方签订《林下经济作物补偿协议书》，甲乙丙三方签字捺印，甲方由北三家镇政府镇长赵某签字并盖有清原满族自治县北三家镇人民政府公章，乙方李某签字，丙方由矿业公司林业处苍石林场副厂长王某明签字并盖有矿业公司林业处苍石林场公章。2018年1月30日，李某与矿业公司林业处苍石林场副厂长王某明一同到北三家镇政府，李某为北三家镇清原抽水蓄能电站工作办公室出具收款收据后，王某明将172558元补偿款的现金支票取走，矿业公司林业处将该笔补偿款入账，拒绝给付李某。

一审法院认为，在国家征收土地建设蓄能电站时，李某是该流域的实际承包经营权人，有权依法获得地上附着物及经营收益损失补偿。北三家镇清原抽水蓄能电站工作办公室经过调查将林蛙塘和放养林蛙面积征收补偿费补偿给实际承包经营者李某，符合法律规定。矿业公司林业处的辩解，没有事实和法律依据，法院不予采纳。

二审法院认为，本案中，李某向法院提供了北三家镇清原抽水蓄能电站工作办公室、李某、矿业公司林业处三方签订的《林下经济作物补偿协议书》，该协议第一条明确约定：北三家镇清原抽水蓄能电站工作办公室给予李某补偿：给予补偿的李某蛙塘坐落于北三家镇牛肺沟村，经三方一致确认面积为933平方米，共18个。林蛙放养面积为1321.32亩，一致确认该蛙塘所有权属于李某所有；该协议已生效，北三家镇政府将补偿款已经支付完毕。三方签订的协议，有矿业公司林业处下属苍石林场的副厂长签字并盖章，予以确认。矿业公司林业处没有提供原承包人转包给李某后，承包协议已被终止的证据。而且，北三家镇政府于2016年3月就开始对实际经营人李某经营养殖林蛙的状况进行了登记和调查。2016年8月6日，清原县政府成立推进清原满族自治抽水蓄能电站项目建设领导小组，并开始进行征收补偿工作。承包合同到期日为2016年12月31日，而当时承包合同并未到期。

● *相关规定*

《土地管理法》第47条

第三百三十九条 【土地经营权的流转】土地承包经营权人可以自主决定依法采取出租、入股或者其他方式向他人流转土地经营权。

案例69

微西湖农场与赵某返还原物纠纷案 [江苏省徐州市中级人民法院(2020)苏03民终1796号]

2014年9月29日，某县胡寨镇隍城村村民委员会与于某锋、于某江、郑某签订《隍城村农村土地承包经营流转合同》，约定：隍城村委会自愿将坐落于高楼乡小闸村北地块以转包方式有偿流转给于某锋、于某江、郑某用于农业生产。面积以1996年该地块集体调整时的丈量面积为依据计算946.637亩，包括部分没签字村民的土地（根据实际情况扣除面积）。不包括原集体（生产队）时期的沟、渠、路。如村民对面积有争议由村集体组织核实并解决。承包经营权流转期限为8年。合同对费用支付方式、土地交付时间等条款亦进行了约定。2014年12月8日，某县人民政府向微西湖农场（经营方为郑某）颁发编号为×××的农村土地经营权证，载明该家庭农场受让所在地为某县胡寨镇前于庄的946.637亩土地，流转期限为2014年9月29日至2022年9月29日。土地四至是：东临京杭运河，北靠高楼乡，南靠高楼乡小闸村，西靠辛庄地块。郑某与于某锋是夫妻关系，于成江是郑某的儿子。微西湖农场是郑某注册的个体工商户。2015年5月7日，微西湖农场将赵某诉至一审法院，要求赵某停止侵权并归还184亩土地。

一审法院认为，某县胡寨镇隍城村村民委员会与于某锋、于某江、郑某（微西湖农场）签订的《隍城村农村土地承包经营流转合同》，双方约定将总计946.637亩土地（东临京杭运河，北靠高楼乡，南靠高楼乡小闸村，西靠辛庄地块）包括本案涉案土地，流转给于某锋、于某江、郑某（微西湖农场）。从合同内容看，该合同的双方当事人为某县胡寨镇隍城村村民委员会与微西湖农场，合同约定的权利和义务仅对合同双方当事人即某县胡寨镇隍城村村民委员会与微西湖农场产生约束力。本案诉讼中，微西湖农场未提供某县胡寨镇隍城村村民委员会已将本案诉争的地块交付给微西湖农场的证据，微西湖农场突破合同相对性，要求赵某停止侵权并返还184亩土地的诉讼请求无事实和法律依据，该院不予支持。

二审法院认为，案涉《隍城村农村土地承包经营流转合同》签订于2014年9月29日，2015年3月微西湖农场即提起诉讼，请求判令赵某停止侵权、归还其承包的土地并赔偿损失，虽然双方对谁有权耕种诉争土地存在根本性分歧，但从双方当事人提交的证据、诉讼过程中的陈述，结合一审法院对相关人员的调查情况来看，在隍城村村民委员会、流转土地的村民与郑某等三人签订《隍城村农村土地承包经营流转合同》之前，其中确有部分土地由承包经营权人流转给赵某使用，该土地零散分布在《隍城村农村土地承包经营流转合同》所涉及的900多亩土地间。依照《隍城村农村土地承包经营流转合同》的约定，本应由隍城村村民委员会负责清理地面附着物、指认沟渠及确立边界，解决村民的该区域内地块的边界纠纷，交付方式为双方提请胡寨镇土地管理部门和农村土地承包管理部门鉴证。但从实际情况来看，《隍城村农村土地承包经营流转合同》签订时，其中部分农户未在湖田承包确认表中签字确认；《隍城村农村土地承包经营流转合同》签订后、发放2015年至2016年流转费用时，有些农户未领取郑某等人支付的流转费用，或者按照实际流转土地的面积领取流转费用，有些农户既在赵某处领取流转费用，也在郑某等人处领取流转费用。上述情况说明，隍城村村民委员会并未将村民此前流转给赵某的土地收回后按照合同约定的交付方式交给郑某等三人使用，致使郑某等三人、赵某对使用土地产生争议。根据“谁主张，谁举证”的原则，在某县微西湖农场不能证明隍城村村民委员会已实际向其交付诉争土地、赵某亦不认可其诉讼主张的情况下，其要求赵某停止侵权，返还土地，无事实和法律依据，法院不予支持。

● ***相关规定***

《农村土地承包法》第49条、第50条

第三百四十条　【土地经营权人的基本权利】土地经营权人有权在合同约定的期限内占有农村土地，自主开展农业生产经营并取得收益。

第三百四十一条　【土地经营权的设立与登记】流转期限为五年以上的土地经营权，自流转合同生效时设立。当事人可以向登记机构申请土地经营权登记；未经登记，不得对抗善意第三人。

第三百四十二条　【以其他方式承包取得的土地经营权流转】通过招标、拍卖、公开协商等方式承包农村土地，经依法登记取得权属证书的，可以依法采取出租、入股、抵押或者其他方式流转土地经营权。

第三百四十三条　【国有农用地承包经营的法律适用】国家所有的农用地实行承包经营的，参照适用本编的有关规定。

● ***相关规定***

《土地管理法》第15条、第40条

第十二章　建设用地使用权

第三百四十四条　【建设用地使用权的概念】建设用地使用权人依法对国家所有的土地享有占有、使用和收益的权利，有权利用该土地建造建筑物、构筑物及其附属设施。

条文注释

建设用地使用权的法律特征有：

1. 权利客体为国有或集体所有的土地。集体所有的土地只有在被国家征收转变为国有土地的前提下，才可用于非农业建设，成为本法意义上的建设用地。

2. 权利设定目的的特定性。建设用地使用权的设定，是在他人土地上建造建筑物或其他附着物，并取得该建筑物或其他附着物的所有权。建筑物是指人可以在其中进行生活或生产活动的，固定于土地之上的房屋或其他场所。附着物除包括构筑物外，视具体情况还包括定着于土地上作为附着物的植物。

3. 权利的取得具有有偿性与期限性。在特别法中，通过划拨方式无偿取得土地使用权的方式仍然存在。不过，通过划拨方式取得的土地使用权如进入流通领域，则仍须贯彻有偿取得的原则，先缴纳出让金才得流转。

● ***相关规定***

《土地管理法》第 43 条

第三百四十五条　【建设用地使用权的分层设立】建设用地使用权可以在土地的地表、地上或者地下分别设立。

第三百四十六条　【建设用地使用权的设立原则】设立建设用地使用权，应当符合节约资源、保护生态环境的要求，遵守法律、行政法规关于土地用途的规定，不得损害已经设立的用益物权。

第三百四十七条　【建设用地使用权的出让方式】设立建设用地使用权，可以采取出让或者划拨等方式。

工业、商业、旅游、娱乐和商品住宅等经营性用地以及同一土地有两个以上意向用地者的，应当采取招标、拍卖等公开竞价的方式出让。

严格限制以划拨方式设立建设用地使用权。

案例 70

王某梅与耀宇公司排除妨害纠纷案［湖南省张家界市中级人民法院(2020) 湘08民终389号］

王某文、王某（真）保两父子系某县澧源镇向家坪社区黄家岗组村民，王某文、王某保于1984年领取了土地承包经营权证，证书载明其该土地为承包地，地名“大儿田”，本宗地实际面积为1.4亩。王某保的妻子为李某珍，两夫妇生育两女一子。2010年5月1日，王某保与其子女签订分家协议，协议约定“大儿田”靠砖厂位置下方五分归王某保女儿即王某梅经营管理。2012年，原某县国土资源局拟对澧源镇何家坪社区、高家坪、老观塘、朱家台、文明路社区等集体土地进行征收，王某保的部分土地包括“大儿田”亦在征收之列。2013年2月，经某省人民政府审批同意某县人民政府的征收土地方案。2013年5月6日，原某县国土资源局根据某省人民政府的批复发布征地补偿安置方案公告，对王某保、王某梅所在社区公布了补偿标准及安置办法进行了公告。王某保的妻子李某珍作为承包户代表签署征地补偿协议并领取相关补偿款项。2018年5月，原某县国土资源局将涉案GTJY20××-22号地块共52223.19平方米国有建设用地使用权委托张家界市公共资源交易中心公开挂牌出让，同年7月4日，耀宇公司通过网上招拍挂程序合法取得该宗土地使用权。2018年9月21日，王某梅取得部分“大儿田”的承包经营权证，地块代码4308221××××××289，面积为0.37亩。2018年11月16日，耀宇公司依法取得了不动产权证书，在取得涉案土地使用权后便开始开发建设，在施工过程中，王某梅及其亲属以其并不知晓土地征收一事为由在施工现场进行阻止，双方多次发生争执，现涉案争议土地已被使用并修建了建筑物。

一审法院认为，王某梅虽提交证据证明其曾经对争议土地享有承包经营权，但经庭审查明，案涉争议集体土地已被征收，故王某梅对争议土地已不再享有承包经营权，亦丧失了其排除妨碍请求权的基础。耀宇公司通过竞拍方式取得了涉案国有建设用地使用权，其有权在上述土地上进行商品房开发建设。故王某梅排除耀宇公司妨害的诉讼请求无充分的事实和法律依据，依法不应得到支持。王某梅认为诉争集体土地被征收、出让违法，对土地征收是否违法的审查属行政职能并非民事案件审查范围；在王某梅对争议土地不享有物权的情况下，土地出让是否违法亦非本案审查范围，故对王某梅上述主张均不予采信。综上所述，王某梅诉请求不能成立。

二审法院认为，案涉争议土地原系集体土地，该土地已被某县人民政府报请某省人民政府审批同意依法进行了征收，故王某梅对该争议土地已不再享有承包经营权，王某梅已经丧失了本案排除妨害的物权请求权基础。同时，耀宇公司经招拍挂程序合法取得包括涉案争议地在内的土地使用权，其后进行了开发建设，修建了房屋并办理了不动产权证书，耀宇公司的行为亦并不构成侵权。王某梅主张耀宇公司的行为构成侵权没有事实和法律依据，法院不予支持。王某梅上诉提出其对征收方不清楚，涉案土地系非法挂牌转让，李某珍不是承包经营户主而只是家庭成员，也没有签字领款等理由，其实质是对拆迁补偿行为不服，该主张并不属于本案民事审理范围，法院不予审查。

● ***相关规定***

《土地管理法》第 54 条；《城市房地产管理法》第 7 条、第 12 条、第 22 条

第三百四十八条　【建设用地使用权出让合同】通过招标、拍卖、协议等出让方式设立建设用地使用权的，当事人应当采用书面形式订立建设用地使用权出让合同。

建设用地使用权出让合同一般包括下列条款：

（一）当事人的名称和住所；

（二）土地界址、面积等；

（三）建筑物、构筑物及其附属设施占用的空间；

（四）土地用途、规划条件；

（五）建设用地使用权期限；

（六）出让金等费用及其支付方式；

（七）解决争议的方法。

● ***相关规定***

《城市房地产管理法》第 15 条

第三百四十九条　【建设用地使用权的登记】 设立建设用地使用权的，应当向登记机构申请建设用地使用权登记。建设用地使用权自登记时设立。登记机构应当向建设用地使用权人发放权属证书。

案例 71

远大公司与某县粮食局合同纠纷案 [河南省洛阳市中级人民法院(2020) 豫03民终1451号]

2010年6月8日，远大公司与某县粮油食品总公司（粮油公司的前身）签订《关于地块开发的合同》，合同加盖某县粮油食品总公司、远大公司的印章。合同第二条“中心粮店地块由远大公司出资，粮油总公司出面办理土地出让及相关手续，开发权及房屋销售归远大公司”。2016年5月4日，某县粮食局、粮油总公司与远大公司签订《关于某县粮油食品总公司及其下属企业与远大公司及其关联企业间借款和合作开发问题的处理意见》，某县粮食局、粮油总公司、远大公司均加盖印章。与中心粮店地块相关的内容为“关于2010年6月8日签订了《关于地块开发的合同》，之后因合作开发涉及的土地规划调整以及国家出让政策和土地出让合同的约定等原因，致使双方未能进行开发建设。为了解决双方因借款和合作开发形成的问题，经双方协商，达成如下协议：1. 2009年10月29日的141万元借款，粮油总公司已用于交纳土地出让金，仍按《土地开发合同》中第二条‘中心粮店地块由远大公司出资，粮油总公司出面办理土地出让及相关手续，开发权及房屋销售按原协议执行，土地手续过户给远大公司，费用由远大公司承担’……4. 中心粮店开发地块原由远大公司出资暂办的土地证，在粮油总公司名下，费用由远大公司承担”。2017年8月，某县政府在百城建设提质工程中，将中心粮店地块建成停车场。庭审中，远大公司为证明粮油公司已获得土地出让，提交以下证据：1. 2009年10月29日某县粮油总公司向某县地产交易中心付141万元土地出让保证金的转汇凭证；2. 某县国土资源局2009年11月2日为某县粮油总公司出具的竞得编号为×××《关于某县粮油食品总公司有偿使用国有建设用地使用权的批复》。粮油公司质证认为，对以上证据真实性没有异议，但粮油公司没有持有以上批件的原件。某县粮食局质证认为，以上证据不能达到远大公司的证明方向。

一审法院认为，粮油公司虽然取得了国有建设用地使用权的出让，但是没有获得该地块的建设用地使用权证书，依据城市房地产管理法的规定，不符合转让房地产的条件。而且该地块已经被县政府调整为公共用地。远大公司要求粮油公司履行转让义务，不符合法律规定。某县粮食局在该地块的土地开发及转让合同中，均没有设定义务，远大公司要求某县粮食局履行义务，没有合同依据。因此，远大公司的诉讼请求，法院不予支持。

二审法院认为，民事主体从事民事活动，不得违反法律，不得违背公序良俗。远大公司诉讼请求粮油公司、某县粮食局协助办理土地使用权变更，应当符合国家房地产转让的相关规定。未依法登记领取权属证书的房地产不得转让，诉争土地粮油公司未取得建设用地使用权证书，一审法院对远大公司的诉讼请求不予支持，符合法律规定。远大公司上诉认为粮油公司已经履行了涉案土地出让合同约定的全部义务，仅是未领取土地使用权证书，已经具备将土地变更至远大公司名下的条件，于法无据。因粮油公司未取得建设用地使用权证书，不符合转让的法定条件。如果远大公司认为粮油公司未履行相关义务，可以主张粮油公司承担违约责任。

● ***相关规定***

《城市房地产管理法》第 60 条、第 61 条；《土地管理法实施条例》第 5 条

第三百五十条　【土地用途限定规则】 建设用地使用权人应当合理利用土地，不得改变土地用途；需要改变土地用途的，应当依法经有关行政主管部门批准。

● ***相关规定***

《土地管理法》第 4 条、第 56 条；《城市房地产管理法》第 17 条、第 43 条

第三百五十一条 【建设用地使用权人支付出让金等费用的义务】 建设用地使用权人应当依照法律规定以及合同约定支付出让金等费用。

● ***相关规定***

《土地管理法》第55条；《城市房地产管理法》第16条；《城镇国有土地使用权出让和转让暂行条例》第14条

第三百五十二条 【建设用地使用权人建造的建筑物、构筑物及其附属设施的归属】 建设用地使用权人建造的建筑物、构筑物及其附属设施的所有权属于建设用地使用权人，但是有相反证据证明的除外。

条文注释

本条应注意以下几点：

1. 这里规定的建筑物、构筑物及其附属设施必须是合法建造产生的。违章建筑是要被没收和强制拆除的，更不会产生合法的所有权。因此，并不在本条的调整范围内。

2. 本条所说的例外情况，主要是针对在现在的城市房地产建设中，一部分市政公共设施，是通过开发商和有关部门约定，由开发商在房地产项目开发中配套建设，但是所有权归国家。这部分设施，其性质属于市政公用，其归属就应当按照有充分的证据证明的事先约定来确定，而不是当然地归建设用地使用权人。后续通过房地产交易成为建设用地使用权人的权利人也应当尊重这种权属划分。

3. 本条解决的是建筑物的原始取得问题。在实践中还存在：地上建筑物不是建设用地使用权人建造；是建设用地使用权人建造，但是基于与他人设立的其他法律关系，如合资、合作等，并约定建筑物权利归属的；建设用地使用权人已经将建筑物预售给他人等情况。在这些情况下，如果当事人只是未办理土地使用权变更登记，而其他方面均合法的情况下，建筑物可归于他人，但应责令双方办理建设用地使用权变更登记手续。

第三百五十三条　【建设用地使用权的流转方式】建设用地使用权人有权将建设用地使用权转让、互换、出资、赠与或者抵押，但是法律另有规定的除外。

案例 72

王某福与吴某富宅基地使用权纠纷案［浙江省绍兴市中级人民法院（2020）浙06民终1450号］

王某福交付案外人陶某夫5万元，全权委托办理购买建房地基事宜；1996年1月5日核发《国有土地使用证》；1998年6月缴纳了相关土地审批各项费用。因当时审批下来的三间地基较小不能建造三间房屋而转让给陈某富。陶某夫经王某福同意为其购买了绍兴县美丰台布厂的公寓房，后王某福除上述5万元外又支付陶某夫1万余元的公寓房价款。陈某富受让后，经向有关部门要求更换原审批地址为现建房地址，但权利人名字未变更，仍为王某福。2001年3月18日，吴某富（乙方）与陈某富（甲方）签订《协议书》，约定：甲方将坐落在畈地号3××9号占地面积114平方米的宅基地一块以五万元价格转让给乙方，款与（实为：于）签约时已付三万元，不另出收条，余款于两年内付清，该地基是由甲方向王某福买进，恐后无凭，特立本协议为凭……该《协议书》下方有证明人陶某夫备注：上述地基当时是本人经手以王某福名字购买，因三间房屋造不下，经征得王某福同意并委托本人转让给陈某富，转让款亦已用在为王某福购买的美丰台布厂公寓房当中，特此证明。吴某富受让后在案涉地基上建造两间房居住使用至今。另查明，吴某富将转让款支付陈某富后，陈某富将所有手续交付吴某富，含《国有土地使用证》和其他缴费凭据。现吴某富主张转让有效，要求确认案涉土地使用权归吴某富享有。

一审法院认为，王某福交付案外人陶某夫5万元委托其全权办理购买建房地基事宜，审批后因地基较小不能建造三间，受委托人转让陈某富，为王某福购买了某县美丰台布厂的公寓房，王某福将超出5万元外的购房款交付受委托人，可表明受委托人已告知王某福，且事实证明王某福已接受，并未表示否认，上述转让未违反相关法律，又系善意有偿，可依法认定转让行为有效。陈某富与吴某富的转让，双方至今确认，且已实际履行。鉴于案涉国有土地使用权证载明土地用途为住宅，而上述住宅为吴某富建造，事实清楚，当事人均无异议，依法应认定房屋为吴某富所有，且上述土地使用权的相关凭据均已交付吴某富，转让未违反国家强制性规定，确认有效，案涉土地使用权为吴某富享有。

二审法院认为，本案二审中的争议焦点主要是被上诉人是否享有坐落于某市某区畈（地号：3929；图号：GF－11－A；独自使用权面积：114 平方米）的国有土地使用权。上诉人主张该国有土地使用权应归其所有的主要理由是其受时任三联村村长陶某夫的欺瞒，基于错误认识作出了错误决定，但该土地使用权证上登记的权利人仍为上诉人。一方面，上诉人对其主张的陶某夫欺瞒之事并未能提供充分证据证明，甚至连陶某夫具有欺瞒上诉人的动机也无法证实；另一方面，根据审理查明的事实以及上诉人的自述，在均无授权委托书的情况下，上诉人有选择性地对陶某夫代其购买案涉国有土地使用权、办理权证、购买案涉公寓房等事宜予以认可，却对代其出卖案涉国有土地使用权之事予以全盘否定，有违常理且有失诚信。

● ***相关规定***

《城市房地产管理法》第 38～40 条

第三百五十四条　【建设用地使用权流转的合同形式和期限】 建设用地使用权转让、互换、出资、赠与或者抵押的，当事人应当采用书面形式订立相应的合同。使用期限由当事人约定，但是不得超过建设用地使用权的剩余期限。

● ***相关规定***

《城市房地产管理法》第 15 条、第 41 条、第 43 条

第三百五十五条　【建设用地使用权流转登记】 建设用地使用权转让、互换、出资或者赠与的，应当向登记机构申请变更登记。

● ***相关规定***

《城市房地产管理法》第61条；《土地管理法实施条例》第6条

第三百五十六条 【建设用地使用权流转之房随地走】建设用地使用权转让、互换、出资或者赠与的，附着于该土地上的建筑物、构筑物及其附属设施一并处分。

● ***相关规定***

《城镇国有土地使用权出让和转让暂行条例》第23条、第33条；《最高人民法院关于人民法院民事执行中查封、扣押、冻结财产的规定（2020修正）》第23条

第三百五十七条 【建设用地使用权流转之地随房走】建筑物、构筑物及其附属设施转让、互换、出资或者赠与的，该建筑物、构筑物及其附属设施占用范围内的建设用地使用权一并处分。

● ***相关规定***

《城市房地产管理法》第32条；《城镇国有土地使用权出让和转让暂行条例》第24条；《划拨土地使用权管理暂行办法》第11条

第三百五十八条 【建设用地使用权的提前收回及其补偿】建设用地使用权期限届满前，因公共利益需要提前收回该土地的，应当依据本法第二百四十三条的规定对该土地上的房屋以及其他不动产给予补偿，并退还相应的出让金。

条文注释

对建设用地提前收回，必须满足为公共利益需要的目的。

为了公共利益的需要，国家对使用权尚未届满的建设用地可以提前收回。由于建设用地使用权人往往是按照建设用地使用权期限缴纳出让

金取得建设用地使用权的，因此，提前收回建设用地使用权的，出让人应向建设用地使用权人退还相应的出让金。

● ***相关规定***

《土地管理法》第58条；《城市房地产管理法》第20条

第三百五十九条　【建设用地使用权期限届满的处理规则】 住宅建设用地使用权期限届满的，自动续期。续期费用的缴纳或者减免，依照法律、行政法规的规定办理。

非住宅建设用地使用权期限届满后的续期，依照法律规定办理。该土地上的房屋以及其他不动产的归属，有约定的，按照约定；没有约定或者约定不明确的，依照法律、行政法规的规定办理。

● ***相关规定***

《城市房地产管理法》第22条；《城镇国有土地使用权出让和转让暂行条例》第12条、第41条

第三百六十条　【建设用地使用权注销登记】 建设用地使用权消灭的，出让人应当及时办理注销登记。登记机构应当收回权属证书。

第三百六十一条　【集体土地作为建设用地的法律适用】 集体所有的土地作为建设用地的，应当依照土地管理的法律规定办理。

● ***相关规定***

《土地管理法》第43条、第59～65条；《土地管理法实施条例》第4条

第十三章　宅基地使用权

第三百六十二条　【宅基地使用权内容】宅基地使用权人依法对集体所有的土地享有占有和使用的权利，有权依法利用该土地建造住宅及其附属设施。

案例73

董某宇与刘某成等物权保护纠纷案［河南省安阳市中级人民法院第（2020）条豫05民终2889号］

原告董某宇与被告刘某成、申某彬、刘某彬、刘某英、王某娥均是某镇东街村民。1997年，原告董某宇积极响应上级号召，出资以内黄县某镇东街村委会名义申办副食品加工厂；3月20日办理内东集建（1997）字第3号集体土地建设用地使用证，证载面积2.36亩，北邻鹤台公路，东、西、南邻均为地；3月30日取得内黄县计划委员会内计（1997）57号建厂批复文件，批准建筑面积500平方米，需征地3亩；3月31日取得内黄县人民政府内政土（1997）44号用地批复，同意在内汤公路东庄段南侧使用东街土地3亩建设副食品加工厂；陆续交纳了相关税费；4月23日，与内黄县某镇东街村委会签订合同，征用东街村土地2.98亩，使用费共计3.3万元，使用期限为50年。2016年8月，原告董某宇拆除房屋重建过程中，多次遭到被告刘某成、申某彬、刘某彬、王某娥、刘某英五家阻挠。原告董某宇遂提起物权保护诉讼，被告刘某成、申某彬、刘某彬、王某娥、刘某英五家举出1998年5月31日与某镇东街村民委员会签订编号×××的《农村土地承包合同书》及《土地承包使用证》，证明他们对涉案土地享有使用权。原告董某宇遂又提起行政诉讼，安阳市中级人民法院（2018）豫05行初106号、107号、105号、104号行政裁定书，认定被告刘某成、申某彬、刘某彬、王某娥、刘某英五家持有的《农村土地承包合同书》及《土地承包使用证》中涉案地块北邻为“路”的内容均系经非法涂改而成，不产生法律效力，北邻应为原告董某宇，该证并不包括原告董某宇实际使用的东街村集体土地，对原告董某宇的合法权益并未造成实际影响，而驳回原告董某宇起诉。

一审法院认为，关于原告董某宇主体资格问题，副食品加工厂虽然以某镇东街村委会的名义申办，但实际出资人为原告董某宇，且该厂未办理工商登记，且内东集建（1997）字第3号集体土地建设用地使用证土地使用者后写有董某宇的曾用名，故原告董某宇具备主体资格；涉案土地原为被告刘某成、申某彬、刘某彬、王某娥、刘某英五家承包责任田，但已于1997年被原告董某宇合法征用，被告刘某成、申某彬、刘某彬、王某娥、刘某英五家持有的《农村土地承包合同书》及《土地承包使用证》，相关地块北邻涂改前也显示为原告董某宇，足以认定案涉土地使用权属于原告董某宇；在农用地变更为建设用地后，在企业办不下去的情况下，改为开办幼儿园，并不违反法律禁止性规定，相关审批不属于本案审理范围；五被告均认可因土地使用权争议阻挡原告董某宇建房，故应依法认定五被告构成对原告董某宇涉案土地使用权的侵犯。

二审法院认为，上诉人刘某成、申某彬、刘某彬、王某娥、刘某英主张案涉土地中的2.98亩土地属于上诉人的承包土地，本案中，被上诉人董某宇于1997年合法征用涉案土地，一审中提交了土地建设用地使用证，上诉人刘某成、申某彬、刘某彬、王某娥、刘某英持有的《土地承包使用证》存在非法涂改，且相关地块北邻涂改前也显示为董某宇，足以证明案涉土地使用权属于被上诉人董某宇。上诉人主张董某宇不具备原告主体资格，本案中，副食品加工厂虽是以某镇东街村委会的名义申办，但实际出资人为董某宇，且未办理工商登记，且一审中董某宇提交的涉案土地的集体土地建设用地使用证中土地使用者后写有董某宇的曾用名，故上诉人此项主张，法院不予采信。上诉人主张被上诉人非法变更土地用途，涉案土地在农用地变更为建设用地后，由加工厂改变为幼儿园并不违反法律禁止性规定，相关审批也不属于本案审理范围。上诉人主张一审依据错误的行政裁定书作出错误的民事判决、一审办案程序违法，无事实及法律依据，法院不予采信。

● ***相关规定***

《宪法》第10条；《土地管理法》第8条

第三百六十三条　【宅基地使用权的法律适用】宅基地使用权的取得、行使和转让，适用土地管理的法律和国家有关规定。

条文注释

从我国现行法的规定来看，宅基地使用权的取得采取申请——审批的方式而不是依照民事合同；既然不是基于法律行为取得的，其设立、变更与消灭都不以登记为其生效要件。农村村民一户只能拥有一处宅基地，其宅基地的面积不得超过省、自治区、直辖市规定的标准。

农村村民取得宅基地使用权的，有权在宅基地上建造住宅及其附属设施，从而满足农民的生活居住，同时取得所建住宅及其附属设施的所有权。如有多余房屋还可用于合法经营。

村民可以占有、使用和建造住宅及附属设施，也可以继承，但交易性权利如转让、抵押、赠与等受到严格的限制。

● ***相关规定***

《土地管理法》第62条、第77条；《妇女权益保障法》第32条

第三百六十四条　【宅基地灭失后的重新分配】 宅基地因自然灾害等原因灭失的，宅基地使用权消灭。对失去宅基地的村民，应当依法重新分配宅基地。

第三百六十五条　【宅基地使用权的变更登记与注销登记】 已经登记的宅基地使用权转让或者消灭的，应当及时办理变更登记或者注销登记。

案例74

陈某安与舒某军宅基地使用权纠纷案［湖北省汉江中级人民法院(2020)鄂96民终314号］

1988年，陈某安与李某珍未经婚姻登记机关登记即以夫妻名义同居生活。在共同生活期间，陈某安因犯罪被判处有期徒刑自1997年在荆州监狱服刑至2015年5月刑满释放。1992年，经土地管理部门农村土地地籍调查确认，“彭某安”是位于潜江市园林办事处××组宅基地（总面积为48.56

平方米，其中建筑面积为37.98平方米，权源面积为160平方米）的使用权人。2007年，舒某军之妹因没有台基，欲在本村购买台基。李某珍得知后，同意出让陈某安名下的宅基地和房屋等，并前往监狱征得陈某安同意。李某珍和舒某军于2007年5月8日签订了一份台基转让合同，约定将宅基地居住面积全部转让给舒某军。宅基地长35米，宽25米，北靠黄大平，南靠黄心旺，价格为10000元。合同签订后，舒某军向李某珍支付价款10000元，李某珍将该宅基地、自留地及土地权属证交给了舒某军。舒某军在该宅基地上修建了二间平房。2008年5月17日，舒某军将转让了位于潜江市园林办事处××组剩余部分宅基地。以30000元作价转让给同村同组居民秦某秀。2016年6月，李某珍向一审法院提起离婚诉讼，2016年6月30日一审法院作出（2016）鄂9005民初788号民事判决，判决准予李某珍与陈某安离婚。李某珍与陈某安位于潜江市园林办事处××层的共同房屋，因未提交产权证明，未作处理。2018年5月3日，经潜江市国土资源局园林城南分局确认将“彭传安”宅基地使用权更正为陈某安宅基地使用权。现陈某安以秦厦、舒某军、李某珍、秦某秀之间转让宅基地的行为无效为由，向一审法院提起诉讼，请求判如所请。

一审法院认为，李某珍在与陈某安夫妻关系存续期间，征得陈某安同意，与舒某军签订宅基地转让合同，将登记在陈某安名下的位于潜江市园林办事处紫月村××宅基地及附属物××给同村村民舒某军，并已履行合同约定的义务，舒某军实际取得该宅基地及附属物。双方签订的宅基地转让合同没有违反法律禁止性规定，亦不存在恶意串通，损害国家、集体、他人的利益或者社会公共利益。陈某安虽未在该宅基地转让协议上签字，但李某珍出具的书面证明及在法庭上的辩解，均认可其在与舒某军签订宅基地转让合同之前，到监狱征得陈某安同意，并将陈某安同意出让名下的宅基地及附属物的意见转告了受让人舒某军。舒某军有理由相信李某珍出让陈某安名下的宅基地及附属物是夫妻双方的共同意思表示，应认定该转让合同有效。该宅基地权属虽仍登记在陈某安名下，但不影响双方所签订宅基地转让合同的效力认定。陈某安提出的诉讼请求缺乏事实根据及法律依据，一审法院依法不予支持。

二审法院认为，本案中李某珍征得陈某安的同意，将涉案宅基地转让给舒某军，陈某安、舒某军属同一集体经济组织成员，双方之间达成的宅基地转让合同系双方当事人真实意思的表示，该集体经济组织也并无异议，转让合同也不违反法律、行政法规的强制性规定，故该合同合法有效，应受法律保护。李某珍与舒某军签订的宅基地转让合同已经实际履行，只是应当办理变更登记而没有办理变更登记。现陈某安要求舒某军退还宅基地没有事实和法律依据，不予支持，一审判决驳回陈某安的诉讼请求，并无不当。关于舒某军、秦某秀之间台基转让协议效力问题。因陈某安要求舒某军退还宅基地的诉请被驳回，涉及合同相对性，一审对此不予评判，也并无不当。

第十四章　居　住　权

第三百六十六条　【居住权的定义】居住权人有权按照合同约定，对他人的住宅享有占有、使用的用益物权，以满足生活居住的需要。

第三百六十七条　【居住权合同】设立居住权，当事人应当采用书面形式订立居住权合同。

居住权合同一般包括下列条款：

（一）当事人的姓名或者名称和住所；

（二）住宅的位置；

（三）居住的条件和要求；

（四）居住权期限；

（五）解决争议的方法。

第三百六十八条　【居住权的设立】居住权无偿设立，但是当事人另有约定的除外。设立居住权的，应当向登记机构申请居住权登记。居住权自登记时设立。

第三百六十九条　【居住权的限制性规定及例外】居住权不得转让、继承。设立居住权的住宅不得出租，但是当事人另有约定的除外。

第三百七十条　【居住权的消灭】居住权期限届满或者居住权人死亡的，居住权消灭。居住权消灭的，应当及时办理注销登记。

第三百七十一条　【以遗嘱设立居住权的法律适用】以遗嘱方式设立居住权的，参照适用本章的有关规定。

第十五章　地　役　权

第三百七十二条　【地役权的定义】地役权人有权按照合同约定，利用他人的不动产，以提高自己的不动产的效益。

前款所称他人的不动产为供役地，自己的不动产为需役地。

条文注释

地役权是一种独立的物权，是按照合同约定利用他人的不动产，以提高自己不动产效益的权利。需要利用他人土地才能发挥效用的土地，称需役地；提供给他人使用的土地，称供役地。

地役权具有以下特点：一是地役权是利用他人的不动产，在他人的不动产之上设置一定的负担。二是地役权是为了提高自己不动产的效益。地役权的设立，必须是以增加需役地的利用价值和提高其效益为前提。三是地役权是按照合同设立的。设立地役权，当事人应当采取书面形式订立地役权合同。

第三百七十三条 【地役权合同】设立地役权，当事人应当采用书面形式订立地役权合同。

地役权合同一般包括下列条款：

（一）当事人的姓名或者名称和住所；

（二）供役地和需役地的位置；

（三）利用目的和方法；

（四）地役权期限；

（五）费用及其支付方式；

（六）解决争议的方法。

案例75

范某风与张某所有权确认纠纷案［辽宁省锦州市中级人民法院(2020)辽07民终443号］

原告范某风系张某科的妻子，被告张某、曲承某系张某科的父母，张某科于2018年2月14日死亡。2016年2月20日，被告刘某德（甲方）与张某科（乙方）签订《购房协议书》一份，被告刘某德将锦州市经济技术开发区房屋出售给张某科，房屋价款为350000元。同日，被告刘某德之子刘某出具收条一张，载明："今收到张某科付位于锦州经济技术开发区房屋购买定金贰拾万元整（￥200000元），收款人刘某，2016年2月20日。"2017年1月12日，被告刘某德（卖方）与被告曲承某、张某（买方）填写了《锦州市房屋转移登记申请契约书》（表一），坐落于锦州市经济技术开发区金亿海岸某某房屋由被告刘某德名下变更至被告曲承某、张某名下。

一审法院认为，原告要求确认被告刘某德与被告曲承某、张某签订的房屋买卖合同无效，首先应确认被告刘某德与被告曲承某、张某之间是否签订过房屋买卖合同，本案在审理过程中，原、被告三方当事人均未能提供被告刘某德与被告曲承某、张某签订的房屋买卖合同，现被告刘某德与被告曲承某、张某之间是否签订过房屋买卖合同不能认定，且原告未能提供张某科与被告刘某德、曲承某、张某之间恶意串通的证据，原告以张某科与被告刘某德、曲承某、张某之间恶意串通为由要求确认被告刘某德与被告曲承某、张某签订的房屋买卖合同无效无事实和法律依据，法院依法不予支持。被告刘某德与张某科签订的购房协议书是双方的真实意思表示，不违反法律规定，法院对该合同依法予以确认。

二审法院认为，被上诉人刘某德与张某科签订案涉房屋的购房协议书，并由张某科交付购房款35万元的事实属实。本案因被上诉人刘某德在张某科的指使下已将案涉房屋过户到被上诉人张某、曲承某名下，已经完成了所有权转移，上诉人范某风请求对案涉房屋拥有所用权的主张，法院不予支持。但上诉人范某风如认为案涉购房款35万元由张某科交付，此35万元是夫妻共同财产，其可另行向被上诉人张某、曲承某主张债权请求权。

第三百七十四条　【地役权的设立与登记】 地役权自地役权合同生效时设立。当事人要求登记的，可以向登记机构申请地役权登记；未经登记，不得对抗善意第三人。

案例76

刘某南与张某排除妨害纠纷案 ［山东省某市中级人民法院第（2020）条鲁16民终292号］

某市农资鑫苑小区原系农生资公司宿舍，原土地使用权人为农生资公司，后由国家征收，经过招标、拍卖、挂牌交易手续，现土地使用权人为同顺房地产公司。某市农资鑫苑小区由同顺房地产公司于2010年左右开发建设，2014年建设交工，2014年11月向业主交付钥匙，刘某南、张某、刘某玉均为某市农资鑫苑小区业主。同顺房地产公司在开发建设案涉小区时，于2012年8月20日与高杜居委会签订《提供临时道路协议》，约定：某市同顺房地产开发有限公司在建设期间由高杜居民委员会提供位于渤海八路南首、长江一路处早市西侧作为开工建筑垃圾运送临时通道，道路产权归高杜居民委员会所有，某市同顺房地产开发有限公司有偿取得该道路临时使用权；高杜居民委员会望湖大厦正在准备开工中，如开工建设施工道路不能通行，本合同终止。某市农资鑫苑小区原有南出入口一个，某市农资鑫苑小区建设完成交付业主使用后，业主在南出入口通行直至高杜居委会对南出入口进行封堵。2016 年 8 月 12 日，同顺房地产公司、高杜居委会、农生资公司向农资鑫苑小区业主出具告示，内容为：“农资鑫苑南出口是施工临时通道，按照城市规划高杜进行施工，为了农资鑫苑有个长期通道出入，农资公司、开发单位与高杜居委会进行协商，商定：一、农资鑫苑与高杜小区合并为一个小区，将高杜院墙全部打开形成一个大院，物业由高杜物业公司统一管理，与高杜同走一个大门。二、实施步骤：1. 暂时先走南临时通道；2. 将农资鑫苑小西门堵上；3. 将高杜小区院墙全部打通，形成一个小区走一个大门。”2016 年 8 月 18 日，高杜居委会向农生资公司、同顺房地产公司发出通知，内容为：“由滨州同顺房地产公司、农资公司、高杜居委会关于关闭临时通道，将高杜小区院墙打通的协商告示 8 月 12 号发出后，因部分农资鑫苑业主反对，无法实施，严重影响了新高度项目的发展和建设，经居委会两委班子协商决定：一、滨州同顺房地产公司、农资公司必须尽快实施 8 月 12 号的协商意见；二、自 8 月 20 日起，临时通道车辆只出不进。三、院内车辆必须至 8 月 20 号晚八点前全部开出，8 月 21 号新高度项目开始封闭施工；四、8 月 21 号高杜居委会三方协商打通院墙的协商告示作废，无义务承担农资鑫苑的出入问题。”现农资鑫苑小区向西和向东各有一个出入口，向南的出入口已由高杜居民委员会封堵。刘某南、张某、刘某玉主张对某市农资鑫苑小区原有的向南出入口享有地役权，要求高杜居委会、同顺房地产公司立即拆除农资鑫苑小区向南通行道路的墙并清理道路恢复通行，但刘某南、张某、刘某玉均未就其主张提供有效证据。

一审法院认为，根据高杜居委会与同顺房地产公司签订的《提供临时道路协议》，案涉道路供役地的所有权人为高杜居委会，同顺房地产公司按照协议约定取得案涉道路地役权，是地役权人，因协议就地役权的利用目的、方法和期限进行了约定，系同顺房地产公司就农资鑫苑建筑垃圾运送的临时通道，且亦约定高杜居委会望湖大厦开工建设施工道路不能通行时合同终止，故刘某南、张某、刘某玉就其提出的对某市农资鑫苑小区原有的向南出入口享有地役权的主张，不予支持。

二审法院认为，上诉人刘某南、张某、刘某玉向一审法院起诉请求判令高杜居委会、同顺房地产公司立即拆除农资鑫苑小区向南通行道路的墙，并清理道路恢复通行。一审法院认为设立地役权，当事人应当采取书面形式订立地役权合同，地役权的期限由当事人约定，但不得超过土地承包经营权、建设用地使用权等用益物权的剩余期限。高杜居委会与同顺房地产公司之间签订的《提供临时道路协议》是就农资鑫苑建筑垃圾运送的临时通道，且亦约定高杜居委会望湖大厦开工建设施工道路不能通行时合同终止，因此对刘某南、张某、刘某玉提出的对某市农资鑫苑小区原有的向南出入口享有地役权，拆除农资鑫苑小区向南通行道路的墙，清理道路恢复通行的诉讼请求不予支持，并无不当。

第三百七十五条　【供役地权利人的义务】供役地权利人应当按照合同约定，允许地役权人利用其不动产，不得妨害地役权人行使权利。

第三百七十六条　【地役权人的义务】地役权人应当按照合同约定的利用目的和方法利用供役地，尽量减少对供役地权利人物权的限制。

案例 77

施志某与侯某琼恢复原状纠纷案［广西壮族自治区贵港市中级人民法院第（2020）条桂08民终67号］

原、被告同属桂平市村民，原告施某基与原告施某强属父子关系，原告施某基与被告施志某属叔侄关系。原告施某基、被告施志某父亲施某松于1986年前后在位于桂平市各自承包的责任田上建房，原、被告系相邻关系。原告施某基、施某强于2012年在上述施某基房屋南边建房，共四层高，该新建房屋在西面开一个大门，在南面开两个大门。通往现桂贵路（曾经的南梧公路）的通道为原告施某基、被告父亲施某松等户用各自承包的责任田或地兑换自己应负责通道占地的份额修建而成。2019年2月，被告以原告新建房屋在西面新开一个大门，原告在没有与被告兑换责任田地或补偿的情况下而占用其责任田地（西面门口外通道）出入为由，在原告新建房屋西面出入的大门前挖坑并砌起一幅长8.75米、宽0.35米、高1.48米的砖墙，禁止原告从此门出入。纠纷发生后，经大起村委会及西山镇人民政府调解未果。

一审法院认为，侵害他人民事权益，应当承担侵权责任。不动产的相邻各方，应当按照有利生产、方便生活、团结互助、公平合理的精神，正确处理各方面的相邻关系，给相邻方造成妨碍的，应当停止侵害，排除妨碍，恢复原状。本案中，原告在其责任田地上建房并开设大门，被告擅自在原告新建房屋门前已形成通道的地方挖坑、堆砌水泥砖，禁止原告通行，其行为已侵害了原告的权益。现原告要求被告拆除该砖墙、填平墙坑，恢复原状的诉求，于法有据，法院予以支持。

二审法院认为，上诉人与被上诉人是亲叔伯兄弟，毗邻而居。双方与另外其他几户邻居的出行通道在20世纪80年代就已形成，行走至今。被上诉人为了方便生活，在自建房屋内临路再开一个门，上诉人应提供必要的方便。上诉人却在门前挖墙坑、彻砖墙，堵住门，其行为违背了有利于生产、方便生活、团结互助、公平合理的原则，构成了相邻妨害，上诉人应排除妨害，恢复原状。上诉人称挖墙坑、彻砖墙的位置在其户互换责任田的范围，但却无法提供该幅地详细准确的四至界址，对其所称，法院不予采信。

第三百七十七条　【地役权的期限】地役权期限由当事人约定；但是，不得超过土地承包经营权、建设用地使用权等用益物权的剩余期限。

案例78

程某锡与丁某瑞返还原物纠纷案［河北省承德市中级人民法院第(2020)条冀08民终1367号］

被告丁某瑞作为甲方，原告程某锡作为乙方，双方于2015年9月11日签订《土地转让及机械、基础设施售卖合同》，合同对土地转让的面积和年限约定如下：“一、甲方将御道口火石梁1350亩、卧牛盘532亩、双山子431亩、大草场647.5亩土地租赁给乙方种植经营；经营期限自2015年10月至2023年11月，期限为8年，大草场可种植到2024年11月，经营期限为9年。二、土地租金：卧牛盘每年每亩租金300元，火石梁、双山子、大草场每年每亩350元。三、将办公场所、水电机械、喷灌设备和其他物品合计5680000元，一次性售卖给乙方（具体价值见附表）。四、付款方式：第一年租金（100.96 万元），水电机械喷灌设备 568 万元，（两项合计 668.96 万元）分两次付清：第一次 2015 年 9 月 11 日付 20 万元，其余部分 2016 年春节前付 348 万元，余款在 2016 年 5 月 1 日全部付清。”后因原告程某锡欠 3351040 元未能按照双方约定给付，被告丁某瑞于 2016 年 7 月 20 日将原告程某锡诉至法院，围场满族蒙古族自治县人民法院于 2016 年 8 月 23 日作出（2016）冀 0828 民初 3163 号民事调解书，双方达成如下协议：“一、双方签订的土地转让及机械、基础设施售卖合同继续履行；二、被告程某锡给付原告丁某瑞设备款人民币 3200000 元（其余部分放弃），其中于 2016 年 8 月 31 日前给付 1200000 元，于 2016 年 9 月 30 日前给付 1000000 元，于 2016 年 10 月 30 日前给付 1000000 元，同时加付原告 20000 元利息。”

一审法院认为，原告程某锡与被告丁某瑞合同纠纷一案，经公开开庭审理，原、被告于 2015 年 9 月 11 日签订《土地转让及机械、基础设施售卖合同》，合同签订生效后，双方按合同约定履行了各自义务，因程某锡未能按约定付款，丁某瑞在（2016）冀 0828 民初 3163 号民事案件中将程某锡诉至法院，在法院审理过程中，程某锡答辩称丁某瑞将本案涉及的双山子地块的水电基础设施已经通过合同在租赁期满后转让给土地出租户，要求停止支付机械及基础设施的价款。后经人民法院调解，原告程某锡同意给付被告丁某瑞设备款人民币 3200000 元，对于所欠合同款的其余部分，被告丁某瑞放弃索要；通过双方达成的调解意见可以证实原、被告对于原告索要剩余欠款及程某锡答辩状中双山子地块设施“一物二卖”的主张达成了和解，被告丁某瑞放弃部分欠款，原告程某锡也不再对双山子地块设施“一物二卖”主张权利；且原告程某锡亦未在调解笔录或调解书中声明保留主张双山子地块设施“一物二卖”的相应权利，结合证人张某的证人证言，能够证实原告程某锡已在（2016）冀 0828 民初 3163 号民事案件中对双山子地块设施“一物二卖”主张了相关权利；故对原告要求被告返还原告水井、电杆等设施转让价款 565000 元的诉讼请求，一审法院无法予以支持。

二审法院认为，根据本案查明的事实，2016 年 7 月 20 日，丁某瑞在（2016）冀 0828 民初 3163 号诉请程某锡给付设备款人民币 3200000 元，一审法院于 2016 年 8 月 23 日作出（2016）冀 0828 民初 3163 号民事调解书，程某锡对双山子地块设施所谓“一物二卖”的事实知晓，未提出反诉主张权利。另外，就丁某瑞作为甲方，程某锡作为乙方，双方于 2015 年 9 月 11

日签订《土地转让及机械、基础设施售卖合同》而言，该合同名为售卖合同，实为租赁合同。该合同约定，乙方（程某锡）的权利有且仅有“在租赁的土地上具有经营权”。所以，依据合同并不发生标的物所有权转移的情形，谈不上“一物二卖”。

● ***相关规定***

《农村土地承包法》第20条；《城镇国有土地使用权出让和转让暂行条例》第12条

第三百七十八条　【在享有或者负担地役权的土地上设立用益物权的规则】土地所有权人享有地役权或者负担地役权的，设立土地承包经营权、宅基地使用权等用益物权时，该用益物权人继续享有或者负担已经设立的地役权。

第三百七十九条　【土地所有权人在已设立用益物权的土地上设立地役权的规则】土地上已经设立土地承包经营权、建设用地使用权、宅基地使用权等用益物权的，未经用益物权人同意，土地所有权人不得设立地役权。

第三百八十条　【地役权的转让规则】地役权不得单独转让。土地承包经营权、建设用地使用权等转让的，地役权一并转让，但是合同另有约定的除外。

第三百八十一条　【地役权不得单独抵押】地役权不得单独抵押。土地经营权、建设用地使用权等抵押的，在实现抵押权时，地役权一并转让。

条文注释

地役权不得单独抵押是地役权从属性的表现。地役权从属性有两个方面的含义，其一是地役权不得单独移转，其二是地役权不得单独成为其他权利的标的。“其他权利”既可以是物权，如抵押权；也可以是债权，如租赁权。

如果在债权清偿期届满、实现抵押权时，地役权应与土地承包经营权或建设用地使用权等一并转让。

第三百八十二条　【需役地部分转让效果】需役地以及需役地上的土地承包经营权、建设用地使用权等部分转让时，转让部分涉及地役权的，受让人同时享有地役权。

第三百八十三条　【供役地部分转让效果】供役地以及供役地上的土地承包经营权、建设用地使用权等部分转让时，转让部分涉及地役权的，地役权对受让人具有法律约束力。

条文注释

地役权的不可分性，指地役权存在于需役地和供役地的全部，不能分割为各个部分或者仅仅以一部分而存在。即使供役地或者需役地被分割，地役权在被实际分割后的需役地和供役地的各个部分上仍然存在。例如，甲为取水方便，在乙地设定了取水地役权，后甲将自己的需役地一分为二，分别转让给了丙、丁，并办理了登记；乙因欠债不还，他所有拥有的乙地被分割并分别拍卖给戊、己，并办妥登记。丙、丁到乙地取水，遭到戊、己的阻拦。本案中，需役地虽被分割为不同部分，但因地役权的不可分性，新的权利人丙、丁仍然可以在乙地上行使取水地役权；原供役地的新的权利人戊、己，也因地役权的不可分性，而不得阻止丙、丁行使取水地役权。

但是，如果需役地以及需役地上的土地承包经营权、建设用地使用权被部分转让后，地役权在其性质上只与部分转让后的地块有关系时，那么，地役权就只在其有关部分继续存在。例如，甲地的东部住宅与乙地相邻，甲为了观海就与乙签订了眺望地役权，要求乙地不得修建高层建筑。后来，甲地东部分割给了丙，西部分割给丁，但甲的眺望权只与丙有关而与丁无关，此时，地役权人甲继续对受让人丙继续享有地役权。

第三百八十四条　【供役地权利人解除权】地役权人有下列情形之一的，供役地权利人有权解除地役权合同，地役权消灭：

（一）违反法律规定或者合同约定，滥用地役权；

（二）有偿利用供役地，约定的付款期限届满后在合理期限内经两次催告未支付费用。

第三百八十五条　【地役权变动后的登记】已经登记的地役权变更、转让或者消灭的，应当及时办理变更登记或者注销登记。

第四分编　担保物权

第十六章　一般规定

第三百八十六条　【担保物权的定义】担保物权人在债务人不履行到期债务或者发生当事人约定的实现担保物权的情形，依法享有就担保财产优先受偿的权利，但是法律另有规定的除外。

● ***相关规定***

《企业破产法》第 109 条；《民事诉讼法》第 196 条、第 197 条

第三百八十七条 【担保物权适用范围及反担保】债权人在借贷、买卖等民事活动中，为保障实现其债权，需要担保的，可以依照本法和其他法律的规定设立担保物权。

第三人为债务人向债权人提供担保的，可以要求债务人提供反担保。反担保适用本法和其他法律的规定。

案例 79

尤某娟与万某抵押权纠纷案［安徽省滁州市中级人民法院（2020）皖11民终1381号］

2015年8月至11月，孙某林分六笔将793440元汇入长晶公司，通过该公司介绍向第三方出借，长晶公司收到上述款项后，将款汇入该公司法定代表人陈某账户。2015年11月13日，万某和翔喆公司业务员谈借款事宜，称用自有住宅作抵押，该公司向万某推荐了出借人孙某林。2015年11月13日，万某、徐晓娟（抵押人、甲方）与孙某林（抵押权人、乙方）签订一份《天长市房地产抵押合同》，约定甲方设定抵押权的房地产为天长市天康大道北侧安康小区20幢×××室；被担保债权总金额为416080元，利息为年息2%；债务的清偿期限为2018年10月30日；设定的抵押的存续期为2015年11月13日至2018年10月30日。当日，万某（甲方）与孙某林（乙方）签订一份《借款协议》，约定：借款416080元；借款期限为36个月（2015年11月13日至2018年10月30日），到期还清本息；甲方自愿以天康大道北侧安康小区20幢×××室房地产作为抵押。同日，双方至天长市国土资源和房产管理局办理了不动产登记证明，权利人为孙某林，义务人为万某。甲方经丙方推荐与出借人于2015年11月16日签署《借款合同》，甲方在本次借款成功后向乙方支付咨询服务费，向丙方支付审核费及账户管理费。协议自出借人将《借款合同》所规定的借款本金在扣除甲方应付给乙方的咨询服务费、丙方的审核费及账户管理费后的剩余款项支付到甲方专用账号之日起生效……当日，万某、朱某军（甲方、借款人）与孙某林（乙方、出借人）签订一份《借款合同》，约定：甲方自乙方处借款3××720元，还款起止日期2015年12月15日至2017年11月15日；甲方的借款申请获得长晶公司审核通过，翔喆公司推荐及乙方认可后，采用电话录音方式通知甲方，并签署本借款合同。孙某林未在此合同上签字。2015 年 11 月 17 日，长晶公司的法定代表人陈某账户向孙某林账户汇款40 万元，孙某林将3××720 元汇入长晶公司账户，长晶公司向万某账户发放借款 3××720 元。万某偿还了 6 期借款后，不再还款。

一审法院认为，尤某娟、万某以万某单独所有的天康大道北侧安康小区 20 幢×××室房地产的抵押从孙某林处借款，双方于 2015 年 11 月 13 日签订的《借款合同》仅写了借款金额、借款期限及以涉案房屋作抵押，没有约定利息等事由，结合尤某娟与万某在公安机关的“2015 年 11 月 13 日办理房屋抵押手续，第二日与孙某林签订合同”陈述，可以认定2015 年 11 月 13 日的《借款协议》实为办理房屋抵押登记时草签。第二日，万某以该房产做抵押，与孙某林签订的《房地产抵押借款合同》再次表示了对房屋抵押借款的确认，该合同与 2015 年 11 月 16 日《借款合同》对 2015 年 11 月 13 日《借款合同》的借款的金额进行了变更，内容进行了完善。孙某林系涉案借款协议、抵押合同的一方当事人，孙某林通过长晶公司向第三方出借，本案协议履行中，长晶公司将3××720 元汇入万某账户，不违反法律规定，应认定孙某林是实际出借人。

二审法院认为，2015 年 11 月 13 日，孙某林、万某、尤某娟向天长市不动产登记中心提交各类房地产抵押权设立登记申请书，其中记载，孙某林为抵押权人，抵押人万某、尤某娟以涉案房屋就最高债权数额 416080 元提供抵押担保。双方确认该房屋的价值为 416080 元。孙某林、万某在天长市不动产登记中心签订借款协议，孙某林、万某、尤某娟三方签订了天长市房地产抵押合同并办理了抵押登记，孙某林享有涉案房屋的抵押权。次日，孙某林和万某就借款事宜拟定了详细的借款合同并签字署名。根据上述事实可以反映，万某以涉案房屋为其借款提供抵押担保的事实。办理抵押时，孙某林与万某虽签订一份借款协议，但该协议是以双方确认的房屋价值为最高债权数额，为了配合办理抵押登记而签订，尤某娟亦同意以该房屋为万某的借款提供抵押担保，同时也办理了抵押登记手续。结合万某在公安机关的陈述，万某与孙某林在抵押之前已经商议过办理借款，并达成了借款的口头协议（借款金额为 3××720 元）。在此情形下办理的抵押登记实际应为该借款（借款金额为 3××720 元）而办理的抵押。且之后双方明确签订 3××720 元的借款合同并实际交付该金额的借款，足以认定本案的房屋抵押登记是为万某和孙某林实际履行的3××720元借款合同提供的担保，该借款合同仍在履行中，万某、尤某娟尚未清偿借款，抵押亦在存续。

第三百八十八条　【担保合同及其与主合同的关系】 设立担保物权，应当依照本法和其他法律的规定订立担保合同。担保合同包括抵押合同、质押合同和其他具有担保功能的合同。担保合同是主债权债务合同的从合同。主债权债务合同无效的，担保合同无效，但是法律另有规定的除外。

担保合同被确认无效后，债务人、担保人、债权人有过错的，应当根据其过错各自承担相应的民事责任。

案例 80

陈某等与刘某飞抵押权纠纷案 ［北京市第二中级人民法院（2020）京02民终5517号］

上诉人陈某、寇某、连某宏因与被上诉人刘某飞抵押权纠纷一案，不服某市东城区人民法院（2019）京0101民初986号民事判决，向法院提起上诉。法院于2020年5月22日立案后，依法组成合议庭进行了审理。

根据当事人各方上诉、答辩意见，本案的争议焦点可以归纳为：一、涉讼房屋是否系寇某与刘某飞夫妻共同财产；二、本案三方间法律关系的法律效力如何认定；三、否定抵押权的法律路径如何选择；四、抵押权被否定后应否一并判决注销登记。

第一，涉讼房屋是否系夫妻共同财产应予查明。一审审理中，刘某飞认为涉讼房屋系其个人财产，并申请其父母出庭作证。但从证言内容分析，刘某飞父母主张自己出资购房，登记在刘某飞名下系为报销供暖费。由此，不但刘某飞与寇某间存在单独所有与夫妻共有的争议，在刘某飞与父母间还可能存在借名买房争议，这都直接影响到寇某权利的认定。在作证时，刘某飞父母已有出资购房的陈述，审理中即应释明二人可能存在的权利，并视情况决定是否追加为第三人，以准确查明寇某对涉讼房屋的权利状态。

第二，三方间的借款抵押模式应准确认定。本案中，陈某与刘某飞间存在真实借贷关系，连某宏与刘某飞间有设定抵押权的真实意思表示。陈某二审审理中提交《委托书》，用以证明刘某飞知晓并同意三方间借款及抵押关系。对此，寇某称《委托书》系事后签订，不予认可真实性。在各方存在争议情况下，应从以下三方面入手认定三人间的法律关系。

首先，关于三方法律关系的性质。目前查明的事实为，陈某向刘某飞出借款项、刘某飞以登记在其名下的房屋向连某宏设定抵押，陈某、连某宏称二人系委托抵押关系。对此，寇某不予认可，一审判决认定连某宏与刘某飞间不存在主债权。由此，三方间法律关系，是抵押权与主债权并无关联，还是主债权与抵押权基于委托关系存在关联但权利主体分离，并形成“主债权与抵押权分离”模式，需要查明事实准确认定。

其次，关于三方法律关系的合理性。如三方间系“主债权与抵押权分离”模式，则需考虑该模式在目前社会金融秩序中存在的现状及合理性，并深入探讨其法律基础。

最后，关于认定三方法律关系效力的法律依据。需要指出，合同成立与合同效力系不同的法律概念。确认合同无效，应依据合同法中关于合同效力的规定判断。在分离模式下，借款合同与抵押合同是否系主从关系应慎重考虑。即使认定刘某飞与连某宏间没有借款合同，如何否定双方真实意思表示而成立抵押合同，也需要慎重研究。此外，在寇某诉讼请求为确认抵押无效时，在未经释明情况下，也不应直接判决确认抵押合同无效。

第三，共有权人否定抵押权的法律路径应予释明。本案中，寇某请求确认抵押无效的本意是否定抵押权。一审法院判决时并未适用该司法解释，亦未释明寇某变更诉讼请求，而是直接确认刘某飞与连某宏间的抵押权合同无效，存在程序错误。由此，也反映出否定抵押权法律途径需要清晰。

第四，抵押被否定后应否一并判决注销抵押登记。无论是抵押行为无效、抵押合同无效还是抵押权人不构成善意取得，抵押权都无法再限制不动产物权变动，因此注销抵押登记是应有之义。对此，一审法院持相同意见。问题在于，不动产在设立抵押权后被司法查封的，而在先抵押权又被否定的，是否需要一并判决注销抵押登记。

解决该问题，需探究法律制度本意。司法查封的目的，在于通过限制物权变动的方法有效控制财产，确保查封债权人的权利优先于普通债权人。但司法查封只能向后阻碍权利，对设定在先的抵押权无法限制。同时，如注销在先抵押权登记，则司法查封的不动产权益更为全面，对司法查封债权人而言是增益行为。因此，注销在先抵押权登记，不但不会影响在后的司法查封，反而更有利于司法查封目的实现。

同时，不动产注销登记属行政机关审批范围。在司法查封状态下，在先抵押权被否定后，能否及有无必要判决注销在先抵押权登记，需征求相关行政机关意见后作出判断。

第三百八十九条　【担保范围】担保物权的担保范围包括主债权及其利息、违约金、损害赔偿金、保管担保财产和实现担保物权的费用。当事人另有约定的，按照其约定。

案例 81

林某才与林某善民间借贷纠纷案［广东省某市中级人民法院（2020）粤01民终3921号］

林某才提交的伟业商店《账户历史交易明细清单》显示，对方户名为金京公司，交易日期为2012年3月6日，交易金额为130万元。同日，金京公司出具《收款收据》，确认收到130万元。林某才称《2012.3借款合同》已由林某善收回，该合同的所涉借款130万元，其以转账方式支付至金京公司账户，另7.8万元是由货款转为借款。2012年3月6日，林某才、林某善办理了林某善名下某市某区昌岗中路××号××房的《房地产他项权证》，设定房地产他项权利人为林某才，他项权利范围为全部，他项权利种类为抵押权，债权数额137.8万元。2012年4月23日，林某才与林某善签订《2012.4补充借款合同》。

2013年3月12日，林某才与林某善签订的《2013.3借款合同》约定：林某善要从事个体经营，急需一笔资金，借款金额为106万元。林某才与李晓黛是夫妻关系，伟业商店系个体工商户，经营者李晓黛。金京公司为有限责任公司（自然人投资或控股），林某善系该公司股东。

一审法院认为，林某才就林某善向其借款137.8万元的主张，提交了《2012.4补充借款合同》《收款收据》《账户历史交易明细清单》及《房地产他项权证》佐证。林某才表示其与林某善签订的《2012.3借款合同》已由林某善收回，该合同的借款130万元其已转账支付至金京公司账户，另

7.8 万元是由货款转为借款。林某善确认：《2012.3 借款合同》已由其收回，该合同已经撕毁；林某才转账及由金京公司出具收据属实，其收到林某才的借款；金京公司欠林某才的货款，是由货款转为其个人借款，确认共借款137.8 万元。因此，一审法院对林某才该主张予以采信。双方均确认《2013.3 借款合同》没有实际支付借款，故该合同并非双方实际交收约定款项的凭据。林某才、林某善各自持有的《2013.3 借款合同》内容不一致，林某才确认提交的合同中划去部分及所写文字都是其写的，手印分别是其与林某善的，该合同不是新的借款合同，只是双方的结算并据此主张林某善尚欠借款本金 106 万元，而林某善则不确认该合同增加内容上的手印是其手印，称《2013.3 借款合同》是新的借款，主张已偿还 2012 年 3 月所欠全部借款，故仅凭《2013.3 借款合同》不足以证明林某善已还款项的金额。

法院认为，本案属于民间借贷纠纷。林某才先后向法院提交了四份借款合同，按照时间的先后顺序分别为《2012.3 借款合同》《2012.4 补充借款合同》《2012.11 借款合同》以及《2013.3 借款合同》。林某才、林某善分别确认上述四份合同上的签名均是其本人亲笔所签，对合同的真实性不持异议。双方均确认，《2012.4 补充借款合同》是对《2012.3 借款合同》内容的补充，而《2013.3 借款合同》则是《2012.11 借款合同》的延续。林某才主张林某善以海珠区同一商铺作抵押担保向其借款，双方于 2012 年 3 月 3 日签订借款合同时，约定借款期限两个月，到期后对林某善归还的本息进行结算，重新再签订为期两个月的借款合同，以此类推，其向法院提交的三份借款合同仅是双方每两个月重新签订合同的一部分，其余的合同已交还给林某善了，没有保存，因此《2013.3 借款合同》实际是对《2012.3 借款合同》的最终结算。

第三百九十条　【担保物权的物上代位性】担保期间，担保财产毁损、灭失或者被征收等，担保物权人可以就获得的保险金、赔偿金或者补偿金等优先受偿。被担保债权的履行期限未届满的，也可以提存该保险金、赔偿金或者补偿金等。

条文注释

担保物权的标的物因毁损、灭失而得受赔偿金时，该赔偿金即担保标的物的代替物，从而担保权人可以就该赔偿金行使其权利。因担保物权不是利用标的物本身的权利，而是专以取得标的物的交换价值为内容的权利，所以，标的物本身虽然已经毁损、灭失，而代替该标的物的交换价值是仍然存在的，该担保物权即转移到代替物之上。

案例 82

黄某丽与覃某勇民间借贷纠纷案［湖南省常德市中级人民法院(2020) 湘07民终6号］

吴某治为代吴某康偿还借款，拟向覃某勇借款300000元，由其妻子何某菊以其名下坐落在某县楚江镇新厂社区三星花园的房屋提供抵押。各方于2014年1月20日签订了《借款合同》，约定借款期限为12个月，借款时间以借款人借据为准，抵押人担保范围包括本合同项下的借款本金、利息、借款人不按时清偿债务的违约金……并于次日在石门县房地产管理局办理他项权证。2014年1月24日，吴某治给覃某勇出具了借现金210000元的借条，并约定每月利息为3150元。同日，覃某勇通过农业银行转账110000元，通过邮政银行转账33300元，并交付现金6700元，合计交付借款本金150000元给吴某治。另有60000元系2013年吴某治欠覃某勇的旧借款，在出具借条时一并将该60000元借款计入210000元借款中。借款发生后，利息已支付至2014年6月24日。2015年3月23日、2017年1月17日和2018年6月27日，覃某勇与吴某治对利息进行结算，吴某治给覃某勇分别出具了三份欠条，截至2018年6月24日，合计欠利息151200元。

一审法院认为，根据湖南省常德市中级人民法院（2018）湘07民终143号生效判决，已经确认了“2014年1月20日，因吴某治向覃某勇借款300000元，由何某菊将登记在自己名下的房产进行抵押并办理了他项产权证”的事实，故可以确认吴某治向覃某勇借款的真实性。结合借据及庭审查明的其他事实，一审法院认定本案借款本金为210000元。因本案利息已支付至2014年6月24日，借贷双方约定每月利息3150元，即月利率为1.5%，故案涉借款利息应当自2014年6月25日起按月利率1.5%计算至清偿之日。覃某勇主张的截至2018年6月24日的利息151200元，与按月利率

1.5%计算的利息一致，应当予以确认，故对覃某勇要求吴某治偿还借款本息的诉讼请求予以支持。因何某菊系本案抵押人，并非共同借款人，案涉借款系用于代吴某康偿还借款，亦不属于夫妻共同债务，故对覃某勇要求何某菊偿还借款本息的诉讼请求，不予支持。

二审法院认为，本案中，何某菊以案涉房屋为吴某治借款设定抵押权为2014年，没有证据证明覃某勇设定房屋抵押权时知晓该房屋的所有权存有争议。法院及湖南省高级人民法院作出的关于案涉房屋的生效裁判文书分别是2018年6月和2019年4月，均迟于案涉房屋抵押登记之时，黄某丽上诉称覃某勇明知生效判决、裁定内容，恶意设定抵押权与事实不符。覃某勇根据物权公示原则，信任何某菊系案涉房屋所有权人，并无过错。黄某丽未能提交证据证明，覃某勇就案涉房屋设定抵押权时存在非善意情形，且覃某勇提交的证据能够证明涉案借款已实际支付，加之房屋抵押亦已办理登记手续，案涉房屋的抵押权符合物权善意取得的构成要件，黄某丽就案涉房屋的债权请求权不能对抗覃某勇设立的抵押权。一审判决根据物权公示公信原则，为维护交易安全，保障当事人对公示的信赖利益，判令覃某勇有权对何某菊提供抵押的房屋因拆迁应享有的补偿款在519035元范围内优先受偿并不不当，法院应予支持。

● ***相关规定***

《海商法》第20条

第三百九十一条　【债务转让对担保物权的效力】第三人提供担保，未经其书面同意，债权人允许债务人转移全部或者部分债务的，担保人不再承担相应的担保责任。

案例 83

杨某丹与周某华民间借贷纠纷案［江苏省徐州市中级人民法院(2019)苏03民终5281号］

2017年9月18日，受让人（甲方）：周某华，资管方（乙方）：中发公司，出让人（丙方）：鱼台公司签订《第三方资管协议》，约定“……4.2甲方委托投资金额为2万元人民币（大写：贰万元整）。4.3资管产品年年红

（资管期限十二个月，到期返产品预期年化收益12%）资管期限：2017年9月18日至2018年9月18日（注：活动期间收益上限1%）（年年红产品需要满足90天储存期，90天内不可赎回）……10.3本协议在合同期内有效，如期满协议任何一方没有提出解除协议的要求，本协议自动延续一年，以此类推；在每次协议到期时，如果三方需要对本协议版本进行修订，则在任何一方提出请求时，有三方协议决定是否签署新版协议……”。在《第三方资管协议》中存在一份《债权转让通知书》和《债权转让协议》。《债权转让通知书》内容为“鱼台公司：根据《中华人民共和国合同法》和相关法律的规定，以及我公司与周某华达成的资产管理协议，现将我公司对贵司的债权，依法分割转让给：受让人周某华身份证号债权金额2万元人民币（大写：贰万元整）与此转让债权相关的其他权利也一并转让。请贵公司自接到该债权转让通知书后向周某华（受让人）履行全部义务。本债权转让通知未经债权受让人书面同意不得撤销。专此通知！2017年9月18日”。在该通知书上盖有中发展信（北京）投资有限公司合同专用章及法定代表人印章。《债权转让协议》内容为“……转让债权标的截至本协议签署之日，现将乙方对鱼台公司的部分债权依法转让给甲方，与此转让债权相关的其他权利也一并转让；甲方同意受让该债权……”。

一审法院认为，当事人对自己提出的诉讼请求所依据的事实有责任提供证据加以证实，没有证据或证据不足以证明当事人的事实主张的，由负有责任的当事人承担不利后果。关于周某华与中发展信（北京）投资有限公司、鱼台公司签订的《第三方资管协议》性质问题，结合协议后签有《债权转让通知书》和《债权转让协议》，其协议性质应属于名为投资实为借贷关系。

二审法院认为，基于查明的事实，杨某丹系徐州中发展信信息咨询有限公司的团队经理，对于涉案借贷交易的运作模式、操作流程等应为明知，而杨某丹系于周某华与案外人签订《第三方资管协议》并实际交付20000万元的当日，为周某华出具的担保书，故杨某丹提出的周某华与中发公司签订的《债权转让协议》因未经其书面同意，而上诉人不承担相应担保责任的上诉主张，与法院查明的上述事实不符，法院依法不予采信。杨某丹出具的担保书所载明的为涉案债务提供担保的意思表示明确具体，并无其仅仅对周某华的款项转入中发公司账户提供担保的内容或其他言辞歧义，诉讼中，杨某丹亦未能提供相反的证据证明其主张，因此，对于杨某丹的该项上诉主张法院依法不予采信。杨某丹作为完全民事行为能力人签署担保书，应对其行为及后果承担相应的民事责任。

第三百九十二条　【人保和物保并存时的处理规则】 被担保的债权既有物的担保又有人的担保的，债务人不履行到期债务或者发生当事人约定的实现担保物权的情形，债权人应当按照约定实现债权；没有约定或者约定不明确，债务人自己提供物的担保的，债权人应当先就该物的担保实现债权；第三人提供物的担保的，债权人可以就物的担保实现债权，也可以请求保证人承担保证责任。提供担保的第三人承担担保责任后，有权向债务人追偿。

案例 84

林某与某银行五马支行金融借款合同案 ［浙江省温州市中级人民法院（2020）浙 03 民终 892 号］

2014 年 8 月 28 日，某银行五马支行作为贷款人，戴某来、林某分别作为借款人、保证人，共同签订一份合同号为 851112014002×××× 号的《个人保证借款合同》，约定：贷款人同意向借款人发放贷款 35 万元，借款用途为借新还旧，借款期限自 2014 年 8 月 28 日起至 2015 年 8 月 27 日止，实际放款日期、到期日以借款借据为准；借款利率为固定利率，月利率为 8.52‰，按月付息，每月 20 日为结息日，次日为付息日，未按期归还贷款本金，从逾期之日起按约定利率加收 50% 计收罚息，未按期偿付贷款利息，按罚息利率计收复息；保证人自愿为本合同贷款人的债权提供连带责任保证；保证期间自借款期限届满之日起二年；保证担保范围包括贷款本金、利息（包括罚息、复息等）和实现债权的费用；债权如另设有人的担保或物的担保，无论物的担保是由债务人提供还是由第三人提供，当贷款人主张债权时，贷款人可以就物的担保实现债权或要求保证人承担连带保证责任，也可以同时要求保证人和物的担保承担担保责任。

一审法院认为，债权人对连带保证债务中任一债务人主张债权，对其他债务人均产生诉讼时效中断的法律效果。本案中，《个人保证借款合同》已约定保证期间自借款期限届满之日起二年，即 2017 年 8 月 27 日止。在保证期间内，某银行五马支行已就案涉借款的抵押物向该院提出实现担保物权的申请，并在该院对申请作出（2015）温鹿商特字第148号民事裁定书后申请执行，应视为某银行五马支行向连带责任保证人即林某主张了权利，产生诉讼时效中断的法律后果。鉴于抵押物于2017年8月15日拍卖成交，而某银行五马支行于2019年3月28日就已经提起本案诉讼，故林某关于本案诉讼超过保证期间和诉讼时效的抗辩意见于法不符，该院不予采纳。某银行五马支行要求戴某来偿还案涉借款本金345000元及相应利息、逾期利息、复利，并要求林某对上述债务承担连带清偿责任，合法有据，该院予以支持。

二审法院认为，在保证期间内，债权人通过申请实现担保物权向从债务人作出主张权利的意思表达，应视为同时向其他连带保证人主张了保证权利，故应具有并产生对保证期间的中断效力。林某关于某银行五马支行未在合同约定的保证期间内主张保证权利应免除其保证责任的上诉主张，缺乏依据，法院不予支持。

第三百九十三条　【担保物权消灭的情形】有下列情形之一的，担保物权消灭：

（一）主债权消灭；

（二）担保物权实现；

（三）债权人放弃担保物权；

（四）法律规定担保物权消灭的其他情形。

案例 85

严某钊与三诺公司合同纠纷案［广东省某市中级人民法院（2020）粤01民终2104号］

2013年6月20日，三诺公司（被授信人、甲方）与某银行金钟支行（授信人，乙方）签订《综合授信合同》，约定：某银行金钟支行在2013年6月20日至2015年6月19日有效期限内向三诺公司提供最高限额为7000万元的综合授信额度。2013年6月20日，林某敏、华起公司（抵押人，甲方）与某银行金钟支行（债权人，乙方）签订《最高额抵押合同》（合同编号：×××），约定：林某敏、华起公司对三诺公司于2013年6月20日至

2015 年 6 月 19 日主债权发生期间内与某银行金钟支行基于主合同连续发生的多笔债务，承诺在最高主债权额不超过本金 7000 万元及其利息、逾期利息、罚息、复利、违约金、损害赔偿金、实现抵押权以及实现债权而发生的费用（包括但不限于诉讼费、仲裁费、保全费、公告费、评估费、鉴定费、拍卖费、差旅费、电信费、律师费等）限度内向某银行金钟支行提供抵押担保；抵押财产清单记载的抵押物包括肇庆市工农××路××号（丽日华庭）A 幢 201 卡、202 卡及首层第九卡、十卡三处房地产，天宁北路 23 号天宁广场 ABC 幢××号、××及首层××号三处商铺作为抵押物。2013 年 6 月 26 日，林某敏名下位于肇庆市工农××路××号（丽日华庭）A 幢 201 卡、202 卡及首层第九卡、十卡三处房屋抵押担保经肇庆市住房和城乡建设局办理了抵押权登记，某银行金钟支行取得了房地产他项权证。

一审法院认为，已为人民法院发生法律效力的裁判所确认的事实，当事人无须举证，当事人有相反证据足以推翻的除外。依据生效法律文书认定，本案严某钊陈述其受让债权是经朋友介绍知道林某敏想要转让在肇庆的商铺，严某钊一开始受让某农商行金钟支行的债权的目的就是林某敏以低价转让案涉房产，合理的推断只能是三诺公司、林某敏通过本案严某钊受让银行债权的方式处置抵押房产，行为人对转移房产有共同认识，据此表明，严某钊之所以与某银行金钟支行签订债权转让协议，并支付 1208 万元款项，并非出于真实的债权转让本意，而是先与林某敏达成共同意思表示，以此表面形式处置涉案房产。该 1208 万元款项的性质实际应为严某钊与林某敏之间签订房屋买卖合同，严某钊所支付的房款。在严某钊支付上述款项后，严某钊与林某敏之间基于房屋买卖合同产生新的债权债务关系。

二审法院认为，本案是合同纠纷。首先，三诺公司、林某敏、华起公司、陈某勇、林某科、陆某芬经法院合法传唤，无正当理由拒不到庭参加诉讼，视为其放弃抗辩权，故法院在审核当事人提交的证据及当庭陈述的基础上对本案进行裁判。涉案《综合授信合同》《最高额抵押合同》《最高额保证合同》《最高额借款合同》《债权转让协议》均为各方当事人的真实意思表示，亦不违反法律、行政法规的强制性规定，合法有效，各方当事人均应依约履行各自的义务。其次，三诺公司在《债权转让通知书回执》上盖章签名，确认已于 2014 年 1 月 20 日收到某农商行金钟支行致送的《债权转让通知书》，愿意向严某钊履行借款合同所约定的义务。结合三诺公司在 2014

年1月22日发给严某钊的《关于请求以物抵债的函》中确认严某钊享有对三诺公司的债权。故严某钊提交的证据足以证实上述合同签订后，某农商行金钟支行已依约向三诺公司发放贷款2376万元，2014年1月22日三诺公司尚欠借款本息共计1208万元。三诺公司依约应当偿还上述借款并支付相应利息。

第十七章　抵　押　权

第一节　一般抵押权

第三百九十四条　【抵押权的定义】 为担保债务的履行，债务人或者第三人不转移财产的占有，将该财产抵押给债权人的，债务人不履行到期债务或者发生当事人约定的实现抵押权的情形，债权人有权就该财产优先受偿。

前款规定的债务人或者第三人为抵押人，债权人为抵押权人，提供担保的财产为抵押财产。

案例 86

张某荣与倪某强、邵某红等第三人撤销之诉案 [江苏省南京市中级人民法院（2020）苏01民终5537号]

2006年4月18日，原告倪某强、邵某红（乙方）与被告蔡某新及其配偶案外人张某兰（甲方）签订《房屋买卖契约》一份，约定由倪某强、邵某红以27万元的价款向蔡某新、张某兰购买案涉房屋。合同还约定：甲方负责为乙方办理房屋产权土地证等所有权证，房屋产权归乙方所有，甲方承担房屋过户前所有费用，乙方承担过户费用。协议签订后，倪某强、邵某红向蔡某新、张某兰支付了全部购房款并于2006年4月26日实际搬入案涉房居内居住至今。2016年12月15日，蔡某新办理了案涉房屋的不动产权证。2017年4月10日，蔡某新在案涉房屋上设立了债权数额为280万元的抵押权，抵押权人为顺昌公司。2017年9月12日，倪某强、邵某红诉至一审法院，要求蔡某新、张某兰协助办理案涉房屋的产权过户手续。

一审法院认为，法律规定，第三人在符合法定条件时有权对已经发生法律效力的判决书提起撤销之诉。本案中，原告倪某强、邵某红因不能归责于其本人的事由未参加被告张某荣与被告蔡某新民间借贷纠纷一案的诉讼，该案的生效民事判决判令张某荣就蔡某新所欠债务对抵押物即案涉房屋享有优先受偿权。案涉房屋已于2006年4月18日由倪某强、邵某红购得并居住至今，故倪某强、邵某红认为民事权益受到损害提起第三人撤销之诉并无不当。被告张某荣辩称原告倪某强、邵某红无权提起本案诉讼，缺乏法律及事实依据，法院不予采纳。

二审法院认为，人民法院经审理，诉讼请求成立的，应当改变或者撤销原判决、裁定、调解书；诉讼请求不成立的，驳回诉讼请求。本案中，倪某强、邵某红因不能归责于其本人的事由未参加张某荣与蔡某新民间借贷纠纷一案的诉讼，该案生效民事判决第三项判决“张某荣对蔡某新名下位于南京市江宁区房产在上述第一项、第二项确定的债权范围内享有优先受偿权”。上述案涉房屋倪某强、邵某红已于2006年4月18日与蔡某新签订买卖协议并支付了全部房款，实际居住至今。蔡某新在明知案涉房屋已出售给他人，案涉房屋所有权未办理过户，且倪某强、邵某红已向法院提起诉讼的情况下，于2018年4月19日与张某荣签订《借款合同》《房地产抵押合同》，将案涉房屋抵押给张某荣，蔡某新的恶意抵押行为违反了法律规定，蔡某新与张某荣之间就案涉房屋签订的《抵押合同》无效。

● ***相关规定***

《海商法》第11条；《城市房地产管理法》第47条；《城市房地产抵押管理办法》第3条

第三百九十五条　【可抵押财产的范围】 债务人或者第三人有权处分的下列财产可以抵押：

（一）建筑物和其他土地附着物；

（二）建设用地使用权；

（三）海域使用权；
（四）生产设备、原材料、半成品、产品；
（五）正在建造的建筑物、船舶、航空器；
（六）交通运输工具；
（七）法律、行政法规未禁止抵押的其他财产。
抵押人可以将前款所列财产一并抵押。

● ***相关规定***

《城市房地产管理法》第32条、第48条

第三百九十六条 【浮动抵押】 企业、个体工商户、农业生产经营者可以将现有的以及将有的生产设备、原材料、半成品、产品抵押，债务人不履行到期债务或者发生当事人约定的实现抵押权的情形，债权人有权就抵押财产确定时的动产优先受偿。

条文注释

浮动抵押，是指抵押权人与抵押人依据法律的规定，就现在和将来拥有的动产设定抵押权，在债务人不履行到期债权时，就抵押人所有的确定的动产行使抵押权，进行处分变卖，就获得的价金优先受偿的权利。

浮动抵押的抵押财产在设定抵押时并不确定。一般抵押权应按照物权特定化的要求，在权利设立时，其标的物应当是确定的，并且已经特定化。但是动产浮动抵押则在权利设定时没有特定，而是以抵押人现在所有和将来所有的动产进行设定抵押，同时抵押人在抵押财产确定前，可以对动产进行处分，直至法律规定的条件满足，能够确定抵押人的动产，抵押人的处分权才受到限制。而抵押财产确定的时间一般是在抵押权人行使抵押权的条件满足之时。

第三百九十七条　【建筑物和相应的建设用地使用权一并抵押规则】以建筑物抵押的，该建筑物占用范围内的建设用地使用权一并抵押。以建设用地使用权抵押的，该土地上的建筑物一并抵押。

抵押人未依据前款规定一并抵押的，未抵押的财产视为一并抵押。

条文注释

无论是以建设用地使用权抵押还是建筑物抵押，都会导致建设用地使用权和建筑物一并抵押。土地使用权和房屋产权的权利主体是以同一主体为原则，非同一主体为例外。所谓建筑物所有权和建设用地使用权的同时抵押，是指抵押人以其合法的房屋和该房屋占用的土地使用权结合为一个统一的房地产作为抵押物向抵押权人提供债务履行担保的行为。

由于我国关于建设用地使用权与建筑物的登记机关和审查权限规定不同，实践中存在房产和地产分别抵押的情况。对此，只要设定的分别抵押是基于当事人的完全自愿，在不仅订立了抵押合同，并且已办理抵押登记的情况下，应认定抵押有效。在实现抵押权时，应就两项财产分别拍卖，分别受偿，但必须确保竞买人为同一人，以使房产和地产的最终取得者为同一人。

● ***相关规定***

《城市房地产管理法》第 48 条

第三百九十八条　【乡镇、村企业的建设用地使用权与房屋一并抵押规则】乡镇、村企业的建设用地使用权不得单独抵押。以乡镇、村企业的厂房等建筑物抵押的，其占用范围内的建设用地使用权一并抵押。

案例 87

张某雨与某银行威海分行金融借款合同案［山东省威海市中级人民法院（2020）鲁10民终662号］

2019年6月25日，宏润公司与某银行威海分行签订流动资金借款合同一份，编号为×××，约定某银行威海分行向宏润公司发放贷款总额为1158万元的一次性额度借款，额度用途为借新还旧，授信期限自2019年6月28日至2020年6月24日；借款利率由双方在每次使用额度时协商后在额度使用申请书内约定，额度使用申请书记载为固定利率的，该笔贷款在贷款期限内均执行所记载的利率；逾期贷款的罚息利率按本合同约定利率上浮50%，挪用贷款的罚息利率按本合同约定利率上浮100%。借款人应按相应的额度使用申请书所记载的还款日期和金额还款，借款人归还款项不能足额清偿借款人全部债务时，应首先用于清偿抵充到期未付的费用。如发生下列任一事件时，均视为本合同的"提前到期事件"：借款人未按本合同项下额度使用申请书的约定偿还贷款本金或支付利息；借款人或其关联方涉及重大诉讼、仲裁、行政措施，或者，主要资产或本合同项下担保物被采取了财产保全或其他强制措施，或者，主要资产或本合同项下担保物的安全完好状态受到或可能受到影响或者价值减少或有减少可能时，影响或可能影响贷款人债权完全的；借款人在履行与贷款人订立的其他合同或与第三人订立的合同时，有违约行为或债务可能或已经被宣布提前到期的。当出现任一"提前到期事件"时，贷款人有权单方面宣布合同项下已发放的贷款本金全部提前到期并要求借款人立即偿还所有到期贷款本金并结清利息。合同还约定，借款人未按时足额偿还贷款本金、支付利息或未按本合同约定用途使用贷款的，贷款人按逾期贷款的罚息利率或挪用贷款的罚息利率计收利息并对应付未付利息计收复利，罚息利率依合同约定调整的，计算复利的利率也相应调整；借款人未按时足额偿还贷款本金、支付利息的，应当承担贷款人为实现债权而支付的催收费、诉讼费、保全费、公告费、执行费、律师费、差旅费及其他费用。

一审法院认为，某银行威海分行与宏润公司签订的流动资金借款合同、与新经济公司、马某海、施某萍、张某雨签订的保证合同均系各方当事人的真实意思表示，且不违反法律、行政法规的强制性规定，合法有效，各方当事人均应全面履行自己的义务。本案中，某银行威海分行已依约发放了贷款，宏润公司亦应依约归还借款本息。虽然某银行威海分行与宏润公司、新经济公司、马某海、施某萍、张某雨于2019年6月25日签订了还款协议，约定就涉案1158万元先偿还部分本金，但还款协议明确约定补充协议未约定事项仍适用流动资金借款合同的约定，而流动资金借款合同明确约定："借款人在履行与贷款人订立的其他合同或与第三人订立的合同时，有违约行为或债务可能或已经被宣布提前到期的，某银行威海分行有权单方面宣布合同项下以发放的贷款本金全部提前到期并要求借款人立即偿还所有到期贷款本金并结清利息"，现因宏润公司有多起涉诉案件，存在履行不能的情况，某银行威海分行有权依据上述规定宣布还款协议下的欠款全部到期，故某银行威海分行要求宏润公司偿还截至2019年12月26日的借款本金及利息、罚息、复利于法有据。

二审法院认为，"宏润公司现已停止营业多年，且有多起涉诉案件，其中陈继明与马某海、威海市宏润中油石油销售有限公司民间借贷纠纷一案，经一审法院调解，于2019年7月2日达成调解协议，现已进入执行程序"，一审法院虽未将相关证据向当事人出示质证，但相关事实已经生效法律文书确认，且二审中宏润公司法定代表人马某海也对上述事实予以确认。该事实符合涉案流动资金借款合同约定的提前到期事件情形，某银行威海分行有权单方宣布贷款提前到期，并要求借款人立即偿还借款本息。某银行威海分行签订合同时是否知晓宏润公司的涉诉情况，保证人资信是否良好均不影响某银行威海分行依约主张贷款提前到期。因某银行威海分行未主张解除合同，张某雨关于某银行威海分行应履行通知义务的主张，法院不予采纳。某银行威海分行主张涉案借款立即到期，并要求借款人、保证人承担责任有事实和法律依据，一审法院予以支持，并无不当。

第三百九十九条　【禁止抵押的财产范围】下列财产不得抵押：

（一）土地所有权；

（二）宅基地、自留地、自留山等集体所有土地的使用权，但是法律规定可以抵押的除外；

（三）学校、幼儿园、医疗机构等为公益目的成立的非营利法人的教育设施、医疗卫生设施和其他公益设施；

（四）所有权、使用权不明或者有争议的财产；
（五）依法被查封、扣押、监管的财产；
（六）法律、行政法规规定不得抵押的其他财产。

案例 88

城开公司与某银行海珠支行金融借款合同案［广东省珠海市中级人民法院（2020）粤01民终11391号］

2014年8月21日，某银行海珠支行（贷款人、抵押权人）与陈某安（借款人、抵押人）、城建公司（保证人）签订《个人购房担保借款合同》，合同约定：借款金额为135万元，用于购买位于某市番禺区可逸江畔花园自编1－18栋15栋3层××号房的房产，借款期限为168个月；借款执行利率以借款发放日中国人民银行同期同档次人民币贷款基准利率为基础上浮5%后确定，借款期间遇中国人民银行人民币贷款基准利率调整，执行利率按1.4.1约定的第（3）种方式进行浮动；本合同的还款的方式为等本递减还款法，还款周期为1个月，还款日为每期末月的借款发放日对应日；借款人未按约定归还本金的，贷款人对逾期借款从逾期之日起至本息清偿之日止在合同确定的执行年利率基础上上浮50%计收罚息；对应付未付利息，贷款人依据中国人民银行规定计收复利；借款人未按期足额偿还借款，某银行海珠支行有权停止发放借款、提前收回已发放借款，有权提前行使担保权，有权宣布借款人与贷款人签订的其他借款合同项下借款立即到期或采取其他资产保全措施，并有权在遭受损失要求借款人、担保人全额赔偿；借款采用阶段性保证＋抵押；保证方式为连带责任保证；保证范围包括本合同项下的借款本金、利息、罚息、复利、违约金、损害赔偿金。2014年9月1日，某银行海珠支行向陈某安发放贷款135万元，截至2019年8月6日，陈某安尚欠借款本金907828.64元，利息15598.66元。

一审法院认为，某银行海珠支行与陈某安、城建公司签订的《个人购房担保借款合同》，没有违反国家法律及行政法规的强制性规定，依法成立并生效。某银行海珠支行发放贷款后，陈某安有义务按照合同的约定逐月归还贷款本息。现陈某安截至2019年8月6日已逾期供款多期，其行为已构成根本违约。根据借款合同约定，某银行海珠支行要求提前收回贷款本息，合法有据，应予支持。陈某安应将尚欠的借款本金 907828.64 元、利息 15598.66 元偿还给某银行海珠支行，城建公司对陈某安的债务承担连带清偿责任。

二审法院认为，关于城建公司上诉状中提出本案应中止审理的问题。在二审庭审过程中城建公司已经反映其在另案中提出的执行异议请求被驳回，故其认为本案应中止审理的理由不能成立，法院不予接纳。关于城建公司上诉请求中要求二审改判支持被上诉人某银行海珠支行的抵押权主张问题。首先，作为一审原告的某银行海珠支行对一审判决驳回其该项诉请并没有上诉提出异议；其次，涉案房产在尚未办理抵押登记手续之前已被其他法院查封产权，现城建公司上诉要求协助某银行海珠支行办理正式的抵押登记，将某银行海珠支行设定为抵押权人并享有抵押优先受偿权，依据不足，法院不予支持。

● ***相关规定***

《文物保护法》第 24 条、第 25 条；《民用爆炸物品安全管理条例》第 3 条；《宗教事务条例》第 32 条；《城市房地产抵押管理办法》第 8 条

第四百条　【抵押合同】设立抵押权，当事人应当采用书面形式订立抵押合同。

抵押合同一般包括下列条款：

（一）被担保债权的种类和数额；

（二）债务人履行债务的期限；

（三）抵押财产的名称、数量等情况；

（四）担保的范围。

第四百零一条　【流押条款的效力】抵押权人在债务履行期限届满前，与抵押人约定债务人不履行到期债务时抵押财产归债权人所有的，只能依法就抵押财产优先受偿。

第四百零二条　【不动产抵押登记】以本法第三百九十五条第一款第一项至第三项规定的财产或者第五项规定的正在建造的建筑物抵押的，应当办理抵押登记。抵押权自登记时设立。

第四百零三条　【动产抵押的效力】以动产抵押的，抵押权自抵押合同生效时设立；未经登记，不得对抗善意第三人。

案例 89

高某强与畜牧业公司追偿权纠纷案［河南省郑州市中级人民法院（2020）豫01民终6283号］

2018年11月2日，天然林公司与案外人某银行签订编号为：×××《人民币流动资金贷款合同》一份，主要约定某银行同意向天然林公司提供流动资金贷款300万元，用于购买饲料，贷款期限自2018年11月6日至2019年9月1日，贷款利率以贷款实际提款日的定价基础利率上浮60%，本合同项下贷款采用保证质押担保。同日，畜牧业公司作为保证人与某银行签订《保证合同》一份，主要约定，就上述《人民币流动资金贷款合同》，畜牧业公司自愿为某银行依该合同所形成的债权提供连带责任保证担保，担保债权本金金额为300万元。保证范围为贷款合同项下的主债权、利息、罚息、复利、违约金、损害赔偿金、为实现债权的费用和其他所有应付的费用。2018年11月6日，天然林公司作为委托人与畜牧业公司作为受托人签订《委托担保合同》一份，主要约定天然林公司委托畜牧业公司对其与某银行签订的《人民币流动资金贷款合同》提供连带责任担保，保证期间自主合同中约定的天然林公司偿付期限届满之日起，为期两年。天然林公司同意向畜牧业公司提供反担保：该企业缴纳10%的保证金，张某凤、娄某萍、娄某磊、师某晨、娄某胜、杨某争承担自然人连带责任，实际以签订的反担保文本为准。畜牧业公司履行代偿义务后，有权向天然林公司追偿，畜牧业公司自履行代偿义务之日起至债权得到全部清偿之日止，天然林公司应按照畜牧业公司代偿的所有金额的日万分之八计算利息。

一审法院认为，依法成立的合同，对当事人具有法律约束力。当事人应当按照约定履行自己的义务。当事人一方不履行合同义务或者履行合同义务不符合约定的，应当承担继续履行、采取补救措施或者赔偿损失等违约责任。本案中，各方当事人签订的《人民币流动资金贷款合同》《委托担保合同》《保证合同》《保证反担保合同》《自然人担保反担保合同》《抵押反担保合同》，均系各方当事人的真实意思表示，内容不违反法律和行政法规的强制性规定，对其效力，予以确认。天然林公司未按约定及时还款，导致畜牧业公司承担保证责任并代偿借款本息3084383.72元，因此，畜牧业公司有权向天然林公司追偿。

二审法院认为，高某强向畜牧业公司出具的承诺书显示，高某强在涉案试点项目补贴资金打入鸿浩公司在银行的对公账户启动报账手续时，应通知畜牧业公司；涉案项目出具验收结果后，高某强有义务将验收结果告知畜牧业公司。但畜牧业公司认可鸿浩公司项目补贴资金未打入承诺书中约定的鸿浩公司在银行的对公账户，涉案项目没有验收结果。同时，高某强提供某县财政局的两份文件和证明，用于证明涉案项目已经终止，与高某强承诺有关的补贴资金根本没有发放。综上，高某强履行通知和告知义务的前提条件并不成就，且非其自身原因导致条件不成就，故高某强不应对畜牧业公司的涉案代偿款项承担连带清偿责任。关于畜牧业公司主张涉案项目补贴资金打入另外的账户，其虽提供证人证言，但未明确说明相应的详细情况，证人亦未出庭。且在法院释明可以申请调查令调取相关证据的情况下，其不申请调查令，对其该主张，不予采纳。关于高某强主张500头荷斯坦奶牛已经灭失的意见，未提供证据予以证明，不予采纳。

● ***相关规定***

《海商法》第13条；《道路交通安全法》第12条；《民用航空法》第14条、第16条

第四百零四条　【动产抵押权对抗效力的限制】以动产抵押的，不得对抗正常经营活动中已经支付合理价款并取得抵押财产的买受人。

第四百零五条　【抵押权和租赁权的关系】抵押权设立前，抵押财产已经出租并转移占有的，原租赁关系不受该抵押权的影响。

案例 90

张某元与张某房屋租赁合同案［浙江省宁波市中级人民法院（2020）浙02民终1456号］

2017年7月25日，案外人张某桦（乙方、承租方）与张某元（甲方、出租方）签订《房屋租赁合同》一份，约定甲方同意将其权属所有房屋租给乙方使用，建筑面积为284平方米，用途为办公；租期为2017年8月1日至2019年7月30日；年租金140000元，12个月付款一次，先付后用；在租住期间，如发生人力不可抗拒的各种自然灾害及国家规划拆迁，甲方有权终止协议，退还乙方多余租金，双方不作违约；甲、乙双方都必须遵守合同，如违约，由违约方支付违约金5000元，并承担由此给对方造成的损失，甚至追究法律责任；等等。协议签订后，张某桦支付押金5000元，并租用了一年。后张某承继该合同租用涉案房屋，并于2018年8月7日向张某元转账支付一年房租140000元，为此张某元向张某出具收条一份。之后，张某元向张某提供涉案房屋的房产证复印件，张某用以办理宁波南居逸房产代理有限公司（以下简称南居逸公司）营业执照。2018年9月17日，工商部门核准颁发南居逸公司营业执照，张某任法定代表人。

一审法院认为，虽张某提交的自工商部门调取的公司注册登记材料中包含一份出租人、承租人分别为廖某群、南居逸公司的《房屋租赁合同》，但张某陈述该合同系代办公司营业执照的人员自行制定、签字，张某元在答辩、证据交换中也都以其系作为左秀江代理人签订合同、出租房屋作为抗辩，未曾提出廖某群曾与张某签订合同，且张某元对该合同中“廖某群”的签字是否是廖某群本人所签也表示不清楚，因此一审法院对该合同真实性不予认定。涉案《房屋租赁合同》记载承租人为张某桦，张某未直接与张某元签订合同，而是从原承租人张某桦处承继了合同权利义务，并支付了合同项下第二年租金，租赁期限为2018年8月1日至2019年7月30日。根据审理查明的事实，涉案房屋原登记所有权人为廖某群，廖某群与左秀江原系夫妻，张某元受委托出租房屋。因张某元是以自己的名义签订合同出租房屋，故除非张某在订立合同时知道张某元与委托人之间的代理关系，否则合同不直接约束张某和委托人。张某元主张张某知道其代理人身份，张某对此不予认可。

二审法院认为，关于张某元的代理人身份问题，张某元以其自己的名义和张某联系房屋租赁事宜，以自己的名义收取租金，故至少在张某看到房产证之前，无证据显示张某知晓张某元的代理人身份，故张某有权选择张某元作为相对人主张权利，至于张某元和委托人之间的关系，双方可以另行理直。关于张某主张解除租赁合同是否有正当理由的问题，经查，本案抵押权设立日期为2017年4月25日，涉案的房屋租赁关系开始于2018年，晚于抵押权设立的时间，故张某腾退涉案房屋，并无不当，相关违约责任应由张某元承担。

● ***相关规定***

《城市房地产抵押管理办法》第21条；《商品房屋租赁管理办法》第6条

第四百零六条　【抵押期间抵押财产转让应当遵循的规则】 抵押期间，抵押人可以转让抵押财产。当事人另有约定的，按照其约定。抵押财产转让的，抵押权不受影响。

抵押人转让抵押财产的，应当及时通知抵押权人。抵押权人能够证明抵押财产转让可能损害抵押权的，可以请求抵押人将转让所得的价款向抵押权人提前清偿债务或者提存。转让的价款超过债权数额的部分归抵押人所有，不足部分由债务人清偿。

条文注释

注意本条对《担保法》第四十九条规定的修改，对转让抵押财产作了两方面规定：

1. 无论抵押财产是否登记都可以转让。但是抵押期间，抵押人转让抵押财产的，应当经抵押权人同意，而不是如担保法规定的仅仅通知抵押权人并告知受让人；同时，要将转让所得的价款向抵押权人提前清偿债权或者提存。

2. 抵押期间，未经抵押权人同意，不得转让抵押财产。除非受让人替抵押人向抵押权人偿还了债务消灭了抵押权。

第四百零七条　【抵押权的从属性】抵押权不得与债权分离而单独转让或者作为其他债权的担保。债权转让的，担保该债权的抵押权一并转让，但是法律另有规定或者当事人另有约定的除外。

● ***相关规定***

《海商法》第 18 条；《城市房地产抵押管理办法》第 37 条

第四百零八条　【抵押财产价值减少时抵押权人的保护措施】抵押人的行为足以使抵押财产价值减少的，抵押权人有权请求抵押人停止其行为；抵押财产价值减少的，抵押权人有权请求恢复抵押财产的价值，或者提供与减少的价值相应的担保。抵押人不恢复抵押财产的价值，也不提供担保的，抵押权人有权请求债务人提前清偿债务。

第四百零九条　【抵押权人放弃抵押权或抵押权顺位的法律后果】抵押权人可以放弃抵押权或者抵押权的顺位。抵押权人与抵押人可以协议变更抵押权顺位以及被担保的债权数额等内容。但是，抵押权的变更未经其他抵押权人书面同意的，不得对其他抵押权人产生不利影响。

债务人以自己的财产设定抵押，抵押权人放弃该抵押权、抵押权顺位或者变更抵押权的，其他担保人在抵押权人丧失优先受偿权益的范围内免除担保责任，但是其他担保人承诺仍然提供担保的除外。

条文注释

抵押权顺位是指在同一抵押物上同时存在多个抵押权时，抵押权人优先受偿的先后顺序。抵押权的顺位就是抵押权人依据其顺序就抵押财产的交换价值所能获得清偿的金额，抵押权人依法得自行处分，包括放弃。

抵押权顺位的变更，是指将同一抵押财产上的数个抵押权的清偿顺序互换。抵押权顺位变更后，各抵押权人只能在其变更后的顺序上行使优先受偿权。抵押权顺位的变更对其他抵押权人产生不利影响时，必须经过他们的书面同意。

第四百一十条　【抵押权实现的方式和程序】 债务人不履行到期债务或者发生当事人约定的实现抵押权的情形，抵押权人可以与抵押人协议以抵押财产折价或者以拍卖、变卖该抵押财产所得的价款优先受偿。协议损害其他债权人利益的，其他债权人可以请求人民法院撤销该协议。

抵押权人与抵押人未就抵押权实现方式达成协议的，抵押权人可以请求人民法院拍卖、变卖抵押财产。

抵押财产折价或者变卖的，应当参照市场价格。

案例 91

富康公司与某银行大连庄河支行金融借款合同案［辽宁省大连市中级人民法院（2020）辽 02 民终 3931 号］

2018 年 12 月 26 日，原告与被告富康公司签订编号为×××《授信额度协议》，原告授信被告富康公司流动资金贷款额度人民币 1700 万元，使用期限至 2019 年 5 月 14 日。2018 年 12 月 26 日，原告与被告王某胜、李某香签订编号为×××《最高额保证合同》。合同约定，被告王某胜、李某香为前述《授信额度协议》生效之日至授信额度使用期限届满之日实际发生的债权，以及在本合同生效前债务人与债权人之间已经发生的债权，提供最高债权额担保。其中所担保最高本金额为人民币 1700 万元，基于该主债权之本金所发生的利息、违约金、损害赔偿金、实现债权的费用（包括但不限于诉讼费用、律师费用、公证费用、执行费用等）也属于被担保债权。保证方式为连带责任保证。保证期间为主债权届满之日起两年。主债务在本合同之外同时存在其他物的担保或保证的，债权人有权决定各担保权利的行使顺序。同日，原告与被告富康公司签订编号为×××《最高额抵押合同》。

一审法院认为，原告与被告富康公司签订的《授信额度协议》《最高额抵押合同》《流动资金借款合同》意思表示真实、内容合法，不违反法律、行政法规的强制性规定，应受法律保护。原告向被告富康公司提供了贷款总计为1500万元，被告富康公司应按合同约定偿还贷款本息，逾期不履行还款义务，系违约行为，应承担违约责任。

二审法院认为，上诉人仅就一审判令其承担20000元律师费提起上诉，认为案涉四份《流动资金借款合同》中对律师费的约定系格式条款，其不应支付。案涉《流动资金借款合同》中关于"要求借款人赔偿因其违约而给贷款人造成的损失，包括但不限于因实现债权而导致的诉讼费、律师费、公证费、执行费等相关费用损失"的约定是否系格式条款而无效。对此，法院认为，虽然《流动资金借款合同》系被上诉人为了重复使用预先拟制，但该合同条款内容并未排除上诉人的主要权利，也未免除或限制被上诉人的主要义务，案涉四份《流动资金借款合同》中关于律师费约定的条款并非无效的格式条款。

第四百一十一条　【浮动抵押财产的确定】依据本法第三百九十六条规定设定抵押的，抵押财产自下列情形之一发生时确定：

（一）债务履行期限届满，债权未实现；

（二）抵押人被宣告破产或者解散；

（三）当事人约定的实现抵押权的情形；

（四）严重影响债权实现的其他情形。

案例 92

爱威公司与信元公司民间借贷纠纷案［山东省威海市中级人民法院（2020）鲁10民终520号］

信元公司与爱威公司于2015年7月1日、2015年10月21日、2016年4月18日、2018年5月17日、2018年6月25日分别各签订借款合同一份，约定爱威公司分别向信元公司借款60万元、30万元、50万元、340万元、20万元，上述合同均约定按月结息，每月15日为结息日；其中，借款金额为60万元、30万元的借款合同中，双方约定的利息为月利率1.50%，爱威公司未按时足额偿还本金、支付利息的，信元公司有权按逾期利率计收利息，并对应付未付利息计收复利，逾期贷款的罚息=罚息利率（合同约定利率上浮20%）×逾期本金金额×逾期天数（从应当还款日当日计算至实际还款日前一日）；借款金额为50万元的借款约定的利息为月利率1.45%，爱威公司未按时足额偿还本金、支付利息的，信元公司有权按逾期利率计收利息，并对应付未付利息计收复利，逾期贷款的罚息=罚息利率（合同约定利率上浮35%）×逾期本金金额×逾期天数（从应当还款日当日计算至实际还款日前一日）余下两笔借款金额为340万元及20万元的贷款，双方约定的利息为月利率1.25%；爱威公司未按时足额偿还本金、支付利息的，信元公司有权按逾期利率计收利息，并对应付未付利息计收复利，逾期贷款的罚息=罚息利率（合同约定利率上浮140%）×逾期本金金额×逾期天数（从应当还款日当日计算至实际还款日前一日）。此外，上述五份借款合同均约定爱威公司若未按时足额偿还贷款本金、利息的，应承担贷款人为实现债权而支付的催收费用、诉讼费（或仲裁费）、保全费、财产保全担保费、公告费、执行费、律师费、差旅费及其他费用。一审法院认为，合法的民间借贷关系受法律保护。信元公司、爱威公司、欧立公司、邦泰公司签订的借款合同及调整协议均系双方当事人的真实意思表示，亦不违反法律、行政法规的强制性规定，上述合同合法有效，各方均应依约履行。信元公司依约向爱威公司交付借款500万元，爱威公司理应按约偿还信元公司借款本息。现爱威公司未能按约偿还信元公司借款本息，存在违约行为，根据合同约定，信元公司有权要求其提前偿还全部借款本息。

二审法院认为，双方签订的借款合同及调整协议系双方当事人的真实意思表示，亦不违反法律、行政法规的强制性规定，合法有效。爱威公司与信元公司虽在贷款期限调整协议约定将借款还款期限同意调整到2020年7月4日，但同时约定其他条款仍按借款合同及补充协议履行，即爱威公司应按照借款合同约定的时间、金额偿还贷款本金并支付利息，爱威公司违反合同约定未及时支付利息的情况，信元公司有权解除合同，并享有宣布款项提前到期的权利。爱威公司虽然还款524947元，但未能举证证明该款项偿还的系本金或是利息。而信元公司主张上述款项系偿还2018年6月27日前的利息并不超出按照合同约定计算利息的数额，故一审法院依据在案证据认定爱威公司存在违约行为，信元公司有权要求爱威公司提前偿还全部借款本息正确，法院予以维持。

第四百一十二条　【抵押财产孳息归属】债务人不履行到期债务或者发生当事人约定的实现抵押权的情形，致使抵押财产被人民法院依法扣押的，自扣押之日起，抵押权人有权收取该抵押财产的天然孳息或者法定孳息，但是抵押权人未通知应当清偿法定孳息义务人的除外。

前款规定的孳息应当先充抵收取孳息的费用。

第四百一十三条　【抵押财产变价款的归属原则】抵押财产折价或者拍卖、变卖后，其价款超过债权数额的部分归抵押人所有，不足部分由债务人清偿。

案例 93

某银行长沙分行与李某金融借款合同案［湖南省长沙市中级人民法院（2020）湘01民终4292号］

某银行长沙分行主张，李某于2017年3月30日向其借款46700元，并以名下牌号为湘H×××某某的纳智捷牌小型轿车提供了抵押担保。其为此提供《某银行个人汽车消费贷款申请表》《个人担保贷款合同》《个人借款借据》打印件各一份欲予证明。某银行长沙分行称，《某银行个人汽车消费贷款申请表》和《个人担保贷款合同》中李某的签名均系电子签名，并提供《数字签名验证报告》一份欲以证明。但该验证报告仅能反映有人以李某的名义签名，却无法证明系李某本人签名。同时查明，2017年9月11日，车牌号为湘H×××某某的纳智捷牌小型轿车办理了抵押登记，抵押权人为某银行长沙分行，车辆所有权人为李某。

一审法院认为，某银行长沙分行仅提供了《某银行个人汽车消费贷款申请表》《个人担保贷款合同》《个人借款借据》打印件各一份以支持其主张，其虽还为此提供了《数字签名验证报告》一份，但该验证报告仅能反映有人以李某的名义签名，却无法证明系李某本人签名，故一审法院无法采信。另外，李某车牌号为湘H×××某某的纳智捷牌小型轿车虽办理了抵押登记，但也不能据此就反推出双方之间存在46700元借贷关系的结论。判决如下：驳回某银行长沙分行的诉讼请求。

二审法院认为，某银行长沙分行提交了李某电子签名的《某银行个人汽车消费贷款申请表》《个人担保贷款合同》《个人借款借据》，并提交了《数字签名验证报告》。而且，某银行长沙分行也支付了46700元款项，李某偿还了部分贷款，李某名下的车辆还设定了抵押权。此外，李某未提供任何反驳证据，也未到庭，视为其放弃答辩、质证等诉讼权利。综上，虽某银行长沙分行提交的证据并非原件，但上述证据相互印证，某银行长沙分行向李某发放贷款的事实具有高度可能性，法院予以认定。对于某银行长沙分行要求李某偿还借款本金、利息、罚息和复利，对车辆享有优先受偿权的诉讼请求，予以支持。

第四百一十四条　【同一财产上多个抵押权的效力顺序】同一财产向两个以上债权人抵押的，拍卖、变卖抵押财产所得的价款依照下列规定清偿：

（一）抵押权已经登记的，按照登记的时间先后确定清偿顺序；

（二）抵押权已经登记的先于未登记的受偿；

（三）抵押权未登记的，按照债权比例清偿。

其他可以登记的担保物权，清偿顺序参照适用前款规定。

第四百一十五条　【既有抵押权又有质权的财产的清偿顺序】同一财产既设立抵押权又设立质权的，拍卖、变卖该财产所得的价款按照登记、交付的时间先后确定清偿顺序。

第四百一十六条　【买卖价款抵押权】动产抵押担保的主债权是抵押物的价款，标的物交付后十日内办理抵押登记的，该抵押权人优先于抵押物买受人的其他担保物权人受偿，但是留置权人除外。

第四百一十七条　【抵押权对新增建筑物的效力】建设用地使用权抵押后，该土地上新增的建筑物不属于抵押财产。该建设用地使用权实现抵押权时，应当将该土地上新增的建筑物与建设用地使用权一并处分。但是，新增建筑物所得的价款，抵押权人无权优先受偿。

第四百一十八条　【集体所有土地使用权抵押权的实现效果】以集体所有土地的使用权依法抵押的，实现抵押权后，未经法定程序，不得改变土地所有权的性质和土地用途。

第四百一十九条　【抵押权的存续期间】抵押权人应当在主债权诉讼时效期间行使抵押权；未行使的，人民法院不予保护。

案例 94

孙某与新兴公司执行异议案［辽宁省辽阳市中级人民法院（2020）辽10民终545号］

孙某提供了一份2004年12月23日其（乙方）与陈某、吴某壮、曹某杰、温某香、百乐城公司（甲方）签订的协议书，主要内容是甲方将百乐城酒店的全部房产出售给乙方。该协议书签订时，本案涉案房屋已由甲方抵押给了农业银行辽塔支行，房屋所有权证上标注的抵押期限为2004年10月30日至2007年10月20日，2007年12月5日该抵押注销。协议约定甲方负责在2006年年底前偿还全部抵押贷款，并负责收回抵押房照；乙方负责办理房照更名及换照所发生的一切税费。孙某与温某香就案涉房屋未办理房屋过户登记，该房屋目前登记在温某香名下。孙某已先于本案另案起诉陈某、吴某壮、曹某杰、温某香、百乐城公司，要求确认上述协议有效，并让对方当事人协助其办理房屋更名过户手续。该案正在审理中。2013年10月14日，温某香与新兴公司签订了一份《最高额房产抵押借款合同》，温某香用前述案涉房屋作抵押向新兴公司借款50万元，双方在辽阳市太子河区公证处办理了具有强制执行效力的债权文书公证书［（2013）辽太证经字第898号］。双方办理了房屋抵押登记，登记抵押期限为2013年10月14日至2014年10月13日。2019年1月17日，辽阳市太子河区公证处根据新兴公司申请出具了一份执行证书［（2019）辽辽太证执字第1号］，执行证书中表明温某香表示自愿接受强制执行。新兴公司依据上述执行证书向法院申请强制执行。2019年3月29日，法院作出（2019）辽1011执79号执行裁定书，裁定查封温某香名下的前述案涉房屋，查封限额60万元。执行裁定作出后，案外人即本案孙某认为案涉房屋归其所有，于2019年5月20日向法院提出执行异议。法院于2019年9月9日作出（2019）辽1011执异10号执行裁定书，裁定驳回孙某的执行异议请求。孙某不服该裁定，向法院提出执行异议之诉。

一审法院认为，本案为案外人执行异议之诉，审查的焦点为案外人即孙某就案涉房屋是否享有足以排除强制执行的民事权益。新兴公司既是抵押权人亦是主债权人，其对温某香的主债权是否超过诉讼时效不是法院主动审查的范围，且温某香亦未提出诉讼时效的抗辩，故对孙某的该项主张不予认可。孙某提出新兴公司申请执行已经超过申请强制执行的二年时效期间，但新兴公司申请出具执行证书的时间为2019年1月，故其向法院提出执行申请并未超过申请期限。综上，对孙某的诉讼请求不予支持。判决：驳回孙某的诉讼请求。案件受理费9800元，由孙某负担。

二审法院认为，当事人对自己的主张有责任提供证据。当事人未能提供证据或者证据不足以证明其事实主张的，由负有举证证明责任的当事人承担不利的后果。本案中，孙某主要依据2004年12月23日签订的《协议书》主张排除强制执行，孙某应提供其对案涉房屋是否享有足以排除强制执行的民事权益。在法院审理中，孙某无证据证明其在2004年购买案涉房屋后至今未办理房屋更名过户非因其自身原因造成，即孙某的物权期待权不完全满足上述规定的四个条件，故不能对抗新兴公司的抵押权并阻却执行。综上，孙某提出的上诉主张，因未提供充分的证据证明，对其上诉请求法院不予支持。

第二节　最高额抵押权

第四百二十条　【最高额抵押规则】 为担保债务的履行，债务人或者第三人对一定期间内将要连续发生的债权提供担保财产的，债务人不履行到期债务或者发生当事人约定的实现抵押权的情形，抵押权人有权在最高债权额限度内就该担保财产优先受偿。

最高额抵押权设立前已经存在的债权，经当事人同意，可以转入最高额抵押担保的债权范围。

相关案例索引

某银行大丰支行与孙某伟等担保物权纠纷案 [（2015）大商特字第00008号]

本案要点

申请人A银行大丰支行与被申请人孙某伟签订的企业最高额抵押、保证借款合同，是双方当事人的真实意思表示，且不违反相关法律法规的强制性规定，应为合法有效。被申请人孙某伟以其所有的房产、土地为上述借款提供抵押担保并依法进行了抵押登记，办理了他项权证，该抵押权成立并生效。上述合同签订后，申请人A银行大丰支行依约向借款人B油脂公司发放了贷款，但借款人B油脂公司未能按约偿还借款。借款展期后，借款人仍未还款。故申请人A银行大丰支行按照企业最高额抵押、保证借款合同，要求实现担保物权，就抵押标的物的拍卖、变卖价款在其享有的债权范围内优先受偿，应予准许。

第四百二十一条 【最高额抵押权担保的部分债权转让效力】 最高额抵押担保的债权确定前，部分债权转让的，最高额抵押权不得转让，但是当事人另有约定的除外。

案例 95

诚远公司与信达公司浙江省分公司金融借款合同案 ［浙江省温州市中级人民法院（2020）浙03民终990号］

2017年12月27日，借款人诚远公司与某银行温州龙湾支行（以下简称某银行龙湾支行）签订编号为×××的《流动资金借款合同》，借款人须于每一结息日当日付息。如借款本金的最后一次偿还日不在结息日，则未付利息应利随本清。借款人未按合同约定的用途使用借款的，贷款人对违约使用的借款从违约之日起在约定的借款利率基础上上浮100%计收罚息，直至本息清偿为止。

一审法院认为，因诚远公司在2018年10月21日开始未按约定归还利息，贷款到期后也未归还本金，以及被告孙成迪、王建华未履行共同还款义务，已经构成违约，由此不可能再产生新的债权，故抵押权人的债权已经确定。信达公司对涉案抵押物享有优先受偿权。

二审法院认为，涉案合同约定按月结息，未能按期结息计算复利具有违约金属性。根据中国人民银行有关规定，金融机构对不能按期支付的利息，可以计收利息。故涉案复利的计收，具有合法依据。诚远公司的上诉意见，理由不能成立，法院不予采信。

第四百二十二条 【最高额抵押合同条款变更】 最高额抵押担保的债权确定前，抵押权人与抵押人可以通过协议变更债权确定的期间、债权范围以及最高债权额。但是，变更的内容不得对其他抵押权人产生不利影响。

第四百二十三条　【最高额抵押所担保债权的确定事由】 有下列情形之一的，抵押权人的债权确定：

（一）约定的债权确定期间届满；

（二）没有约定债权确定期间或者约定不明确，抵押权人或者抵押人自最高额抵押权设立之日起满二年后请求确定债权；

（三）新的债权不可能发生；

（四）抵押权人知道或者应当知道抵押财产被查封、扣押；

（五）债务人、抵押人被宣告破产或者解散；

（六）法律规定债权确定的其他情形。

第四百二十四条　【最高额抵押的法律适用】 最高额抵押权除适用本节规定外，适用本章第一节的有关规定。

第十八章　质　　权

第一节　动产质权

第四百二十五条　【动产质权概念】 为担保债务的履行，债务人或者第三人将其动产出质给债权人占有的，债务人不履行到期债务或者发生当事人约定的实现质权的情形，债权人有权就该动产优先受偿。

前款规定的债务人或者第三人为出质人，债权人为质权人，交付的动产为质押财产。

案例 96

丰华公司与诚信公司执行异议案［辽宁省营口市中级人民法院(2020)辽08民终385号］

2018年11月6日，法院对案外人某银行营口分行与申请执行人丰华公司、被执行人诚信公司民间借贷纠纷一案，作出（2018）辽0882执异136号执行裁定书，裁定中止对被执行人担保公司在某银行开户账户13×××16存款人民币170万元的执行。另查，2017年9月28日，某银行营口分行与诚信公司签订最高额保证金质押合同，载明：保证金人民币20万元。2017年3月9日，某银行营口分行与诚信公司签订最高额保证金质押合同，载明：保证金人民币50万元。2016年9月28日，某银行营口分行与诚信公司签订最高额保证金质押合同，载明：保证金人民币30万元。2017年11月17日，某银行营口分行与诚信公司签订最高额保证金质押合同，载明：保证金人民币20万元。2017年9月4日，某银行营口分行与诚信公司签订最高额保证金质押合同，载明：保证金人民币50万元。

一审法院认为，被告之间签订的质押合同合法有效，诚信公司作为某银行的债务人，在不能清偿某银行的债权时或者发生当事人约定的实现质权的情形时，债权人某银行有权就该质押动产优先受偿。某银行作为案外人对执行标的享有足以排除强制执行的民事权益。原告主张继续对诚信公司在某银行开户账户13×××16存款人民币170万元的执行请求，没有法律依据，依法驳回。

二审法院认为，本案审理的焦点问题为，某银行营口分行对诚信公司开立在某银行营口分行13×××16的账户内170万元资金是否享有足以排除人民法院强制执行的民事权益以及对该资金是否享有质权。

诚信公司与某银行营口分行签订的最高额保证金质押合同系各方当事人真实意思的表示，不违反法律、法规的强制性规定，合法有效，按照各方当事人的约定，上述合同目前均在实际履行过程中。金钱作为一种特殊的动产可以用于质押，但应当符合金钱特定化和移交债权人的要件，以使金钱既不与出质人其他财产相混同，又能独立于质权人的财产。

第四百二十六条　【禁止出质的动产范围】法律、行政法规禁止转让的动产不得出质。

● ***相关规定***

《文物保护法》第52条；《海关法》第37条、第86条

第四百二十七条　【质押合同形式及内容】设立质权，当事人应当采用书面形式订立质押合同。

质押合同一般包括下列条款：

（一）被担保债权的种类和数额；

（二）债务人履行债务的期限；

（三）质押财产的名称、数量等情况；

（四）担保的范围；

（五）质押财产交付的时间、方式。

第四百二十八条　【流质条款的效力】质权人在债务履行期限届满前，与出质人约定债务人不履行到期债务时质押财产归债权人所有的，只能依法就质押财产优先受偿。

案例 97

田某与飞速公司执行异议案［湖南省张家界市中级人民法院（2020）湘08民终410号］

2018年1月30日，第三人褚某与恒通公司签订《恒通公司汽车租赁合同》（包含主要条款和通用条款）及其附件一、《恒通公司抵押合同》（包含主要条款和通用条款）。合同生效后，甲方（恒通公司）依法将主债权转让给第三人的，在原抵押担保范围内继续承担担保责任。同月31日，恒通公司与褚某在车辆管理部门办理了抵押登记手续。2018年1月31日、2月1日，飞速公司分七次向褚某转账493000元，2018年2月1日，恒通公司将

493000元购车款与当日所有客户的回租货款一次性支付给被告飞速公司。自2018年7月31日起，第三人褚某开始拒绝向恒通公司履行租金给付义务。2018年7月15日，第三人褚某向案外人陈某良借款214500元，为担保该笔借款如期归还，双方签订了《车辆质押借款合同》，后因案外人陈某良与第三人孙某阳之间存在债权债务关系，陈某良将该车辆质押给第三人孙某阳。原告田某在二手车买卖的群里得知孙某阳处有案涉车辆出售，便与孙某阳于同年10月3日签订了《债权（抵、质押权）转让协议书》，原告田某于当日分七次转账325000元购车款给孙某阳，完成了车款支付后取得了该车辆的实际控制权。

一审法院认为，案外人执行异议之诉，应当对案外人对执行标的物是否享有权利、享有什么样的权利、权利是否足以排除强制执行作出判断。恒通公司于2018年2月1日将全部购车款通过银行转账的方式转入第三人褚某提供的本案被告飞速公司的账户，飞速公司已将全部购车款转给第三人褚某，故恒通公司自2018年2月1日取得案涉车辆的所有权。且第三人褚某为担保其租金、补偿金等应付费用的支付用案涉车辆办理了抵押登记，恒通公司于2018年1月31日取得案涉车辆的抵押权。后因第三人褚某资金紧张且无法及时还款，同年10月24日，恒通公司与被告飞速公司签订《债权转让协议》，提出将全部权利义务、确定的债权以及车辆抵押权转让给被告飞速公司，由被告飞速公司承担全部合同权利义务、享有债权以及抵押车辆的处置和优先受偿权，褚某对该转让行为予以认可，并愿意继续向被告飞速公司履行合同和付款义务，被告飞速公司因恒通公司的债权转让行为继受取得了案涉车辆的所有权和抵押权。故案涉车辆的所有权归属于被告飞速公司。

二审法院认为，本案车辆转让未征得法定登记的抵押权人飞速公司同意，田某亦未代为清偿相关债务，所有权不能转移至田某。田某还提出其善意取得涉案车辆所有权的理由，但作为拥有正常认知和判断能力的社会经济参与者，应当知晓在二手车交易中车辆是否存在抵押为主要风险之一，且田某有能力、有条件了解车辆的最新登记情况，故田某在涉案车辆已经登记抵押的情况下购买该车辆未尽到基本注意义务，不具备善意，不符合善意取得的条件。

第四百二十九条　【质权的设立】质权自出质人交付质押财产时设立。

第四百三十条　【质权人的孳息收取权】质权人有权收取质押财产的孳息，但是合同另有约定的除外。

前款规定的孳息应当先充抵收取孳息的费用。

第四百三十一条　【质权人对质押财产处分的限制及其法律责任】质权人在质权存续期间，未经出质人同意，擅自使用、处分质押财产，造成出质人损害的，应当承担赔偿责任。

第四百三十二条　【质物保管义务】质权人负有妥善保管质押财产的义务；因保管不善致使质押财产毁损、灭失的，应当承担赔偿责任。

质权人的行为可能使质押财产毁损、灭失的，出质人可以请求质权人将质押财产提存，或者请求提前清偿债务并返还质押财产。

案例 98

董某姗与邢某航民间借贷纠纷案［辽宁省朝阳市中级人民法院（2020）辽13民终698号］

原、被告双方通过他人介绍相识。2015年6月12日，原告董某姗因资金周转需要向被告邢某航借款1万元，并用其所有的辽N×××某某号曙光牌小型汽车为借款提供质押担保，为此原告董某姗作为卖方（甲方）与被告邢某航作为买方（乙方）签订《机动车买卖协议》一份，该协议第4项约定："该车在2015年6月12日15时00分以前发生的一切事宜均由甲方负全部责任，该车在2015年6月12日15时00分以后发生的一切事宜均由乙方负全部责任。"协议签订后，原告将案涉车辆交付给被告，后该车分别于2016年4月1

日、4月7日、4月12日在某省某路41公里处三次违章被处以罚款共计2400元，于2016年9月26日在双鸭山市宝清县口违章被处以罚款200元。原告称从朝阳市公安局交通警察支队查询得知因上述违章行为车辆除被罚款外还被扣27分，但其提交的朝阳市公安局交通警察支队出具的机动车违章查询信息中未予记载，且其未提交其他证据予以证明。现原告以要求被告缴纳罚款及清除车辆违章扣分（27分）为由，诉至法院。

一审法院认为，原告董某姗向被告邢某航借款用其所有的辽N×××某某号曙光牌小型汽车作为质押担保，虽然原、被告之间签订的是《机动车买卖协议》，但结合双方当事人的陈述及证据可以认定该协议的性质实际为借款质押协议，本案案由应变更为质押合同纠纷。原告将案涉车辆交付给被告后，被告作为车辆的质押权利人，对车辆负有妥善保管的义务，而其称又将车辆质押给第三人，在第三人使用车辆过程中因违章被罚款扣分，但对此未能提供证据予以证明，故被告应承担处理占有案涉车辆期间的违章罚款责任。原告要求被告清除车辆违章扣分的诉讼请求，因其未能提供证据予以证明，法院不予支持。关于被告邢某航提出因原告方原因车辆无法过户，应由原告承担不能过户的责任的辩解意见，虽然原、被告双方签订的协议名为《机动车买卖协议》，但双方之间的法律关系实为质押合同关系，质权自出质人交付质押财产时设立，原告已将车辆交付给被告，质押权已设立，故被告此项辩解意见，法院不予采信。

二审法院认为，本案中董某姗主张辽N×××某某号曙光牌小型汽车在质押给邢某航期间内，车辆违章造成罚款2600元及违章扣分27分，应由邢某航承担缴纳罚款和清除违章扣分的责任。虽然邢某航未经董某姗同意，将质押车辆转质，存在过错，但董某姗获得主张权利的前提是质押权消灭或损失实际产生。现辽N×××某某号曙光牌小型汽车仍在质押过程中，并且车辆罚款董某姗也未缴纳，损失未实际产生，故董某姗可在车辆质押权消灭或实际损失产生后，另行主张权利。

第四百三十三条　【质押财产保全】因不可归责于质权人的事由可能使质押财产毁损或者价值明显减少，足以危害质权人权利的，质权人有权请求出质人提供相应的担保；出质人不提供的，质权人可以拍卖、变卖质押财产，并与出质人协议将拍卖、变卖所得的价款提前清偿债务或者提存。

第四百三十四条　【转质】质权人在质权存续期间，未经出质人同意转质，造成质押财产毁损、灭失的，应当承担赔偿责任。

条文注释

转质，是指质权人为了担保自己的或者他人的债务，将质物向第三人再度设定新的质权。质物的转质可以分为两类：其一，责任转质，即质权人于质权存续期间，未经出质人的同意以自己的责任将质物为第三人设定质权；其二，承诺转质，即质权人在获得出质人的同意后，为了担保自己或者他人的债务而以质物向第三人设定质权。

承诺转质是经出质人同意的行为，质权人对因转质权人的过错而造成的损失承担责任，并不因转质而加重法律责任。责任转质因未经出质人同意将质物转质，不仅要承担质物因转质权人的过失而灭失、毁损的责任，而且要承担转质期间发生的因不可抗力产生的质物的风险责任，其责任要重得多。

第四百三十五条　【放弃质权】质权人可以放弃质权。债务人以自己的财产出质，质权人放弃该质权的，其他担保人在质权人丧失优先受偿权益的范围内免除担保责任，但是其他担保人承诺仍然提供担保的除外。

案例 99

黄某萍与杨某杰民间借贷纠纷案［湖北省武汉市中级人民法院（2019）鄂01民终11084号］

黄某萍和杨某杰系夫妻关系。2014年9月4日，天合公司通过《股东会决议》（第六十号），载明“会议以举手表决的方式，一致同意向刘某和王某借款伍佰万元，期限叁个月。以公司在某银行陆佰万定期存单担保，如若逾期未还，愿转让公司贰仟万股权给债权人”。同日，天合公司向刘某、王某出具《借条》，《借条》载明：“今借到刘某、王某人民币大写伍佰万元整，小写5000000元整，用于交通银行保证金，借款期限为叁个月（即定于2014年12月4日按期偿还）。若逾期未还，本单位自愿在偿还本金的基础上，按中国人民银行贷款利率的四倍从借款之日起一并计算利息，另以支付本金的20%违约金给债权人，作为赔偿损失，本单位的资产作为还款的无限责任保证直至本金、利息、违约金还清为止，并自愿接受人民法院的强制执行（满壹个月可提前还款）。”落款处盖有天合公司的公章和天合公司法定代表人库某祥的个人印章。

一审法院认为，天合公司向刘某、王某出具《借条》《还款承诺书》，刘某向天合公司及其指定账户转款300万元，王某向天合公司转款200万元，刘某、王某与天合公司之间的民间借贷关系成立。

二审法院认为，黄某萍、杨某杰对2014年9月4日出具的《还款担保承诺书》中落款处其本人签名和捺手印的真实性无异议，黄某萍、杨某杰虽对《还款担保承诺书》中手书的部分内容和指印不予认可，但并不影响《还款担保承诺书》关于担保的法律效力，且黄某萍、杨某杰在一审中申请鉴定后又放弃鉴定，二审中黄某萍、杨某杰再申请鉴定既无必要也不应准许。黄某萍、杨某杰称当时是作为见证人签名，该《还款担保承诺书》是伪造，且是在受欺诈的情况下签名，担保并非其真实意思表示的上诉理由，因无证据证实，法院不予支持。黄某萍、杨某杰不能否定其担保人身份。

第四百三十六条　【质物返还与质权实现】债务人履行债务或者出质人提前清偿所担保的债权的，质权人应当返还质押财产。

债务人不履行到期债务或者发生当事人约定的实现质权的情形，

质权人可以与出质人协议以质押财产折价，也可以就拍卖、变卖质押财产所得的价款优先受偿。

质押财产折价或者变卖的，应当参照市场价格。

第四百三十七条　【出质人请求质权人及时行使质权】出质人可以请求质权人在债务履行期限届满后及时行使质权；质权人不行使的，出质人可以请求人民法院拍卖、变卖质押财产。

出质人请求质权人及时行使质权，因质权人怠于行使权利造成出质人损害的，由质权人承担赔偿责任。

第四百三十八条　【质押财产变价款归属原则】质押财产折价或者拍卖、变卖后，其价款超过债权数额的部分归出质人所有，不足部分由债务人清偿。

第四百三十九条　【最高额质权】出质人与质权人可以协议设立最高额质权。

最高额质权除适用本节有关规定外，参照适用本编第十七章第二节的有关规定。

第二节　权利质权

第四百四十条　【可出质的权利的范围】债务人或者第三人有权处分的下列权利可以出质：

（一）汇票、本票、支票；

（二）债券、存款单；

（三）仓单、提单；

（四）可以转让的基金份额、股权；

（五）可以转让的注册商标专用权、专利权、著作权等知识产权中的财产权；

（六）现有的以及将有的应收账款；

（七）法律、行政法规规定可以出质的其他财产权利。

案例 100

农某锋与陈某琼金融借款合同案［广西壮族自治区崇左市中级人民法院（2020）桂 14 民终 690 号］

农某锋与陈某琼系夫妻关系。2017 年 9 月 5 日，农某锋与某银行凭祥支行签订《个人贷款合同》（编号：×××），约定：贷款额度 290 万元，贷款期限 12 期，贷款用途为购买红木家具，按季付息，到期一次性还本，并在借款人违约事件及处理的条款中约定了若出现规定的违约事件（借款人未按期归还贷款本息或应支付的其他费用）时，某银行凭祥支行有权从借款人在贷款人及中行其他机构处开立的其他账户中直接扣划款项用于清偿贷款本息。同日，农某锋与某银行凭祥支行签订《个人贷款质押合同》（编号：×××），约定：质押方式为全程担保，以 29 万元定期存款质押。农某锋按贷款金额的 10%（29 万元）存入某银行凭祥支行指定的账户（户名：中国－东盟凭祥红木文化商会）作为 2016 年“红木贷”资金池保证金，为 2017 年 9 月 5 日至 2018 年 12 月 31 日发放的其他“红木贷”贷款客户提供担保。并按贷款金额的 1%（29000 元）存入中国－东盟凭祥红木文化商会在某银行凭祥支行营业部开立的贷款风险金账户，用于扩大“红木贷”风险资金池，防范贷款资金损失风险。陈某琼对质押物进行了确认。2017 年 9 月 5 日，陈某琼向某银行凭祥支行出具《共同还款承诺书》，承诺作为共同还款人与农某锋共同偿还上述债务。某银行凭祥支行于 2017 年 9 月 6 日依约定向农某锋发放了 290 万元贷款。2018 年 9 月 6 日，农某锋、陈某琼未按照约定的期限归还贷款本息，某银行凭祥支行按照合同约定，于 2018 年 10 月 31 日将农某锋、陈某琼质押的 29 万元（含利息）用于归还其贷款。至 2019 年 10 月 22 日，农某锋、陈某琼尚欠某银行凭祥支行贷款本金 1496228.51 元、本金的罚息 207691.62 元，合计 1703920.13 元。某银行凭祥支行为向农某锋、陈某琼追讨借款支出律师代理费 5000 元。

一审法院认为，某银行凭祥支行与农某锋签订的《个人贷款合同》《个人贷款质押合同》，陈某琼向某银行凭祥支行出具的《共同还款承诺书》属于各方当事人的真实意思表示，符合相关规定，其并不符合合同无效条款的规定，依法确认上述合同为有效合同，双方当事人均应当遵守合同约定，全面履行合同义务。合同签订后，某银行凭祥支行已经依约向农某锋履行了发放 290 万元贷款的义务，农某锋、陈某琼依法应当按照合同约定履行还本付息的责任，但其未依约履行还款义务，依法应当承担合同约定的违约责任，含罚息的承担。农某锋至 2019 年 10 月 22 日尚欠某银行凭祥支行贷款本金 1496228.51 元、本金的罚息 207691.62 元。2019 年 10 月 23 日起的罚息应按合同约定的计算方式计付至实际清偿之日止，故对某银行凭祥支行的该项诉讼请求予以支持。在本案的审理过程中，某银行凭祥支行以农某锋、陈某琼的 29 万元质押金已用于抵扣借款本息为由，申请撤回该项诉讼请求，予以准许。关于农某锋、陈某琼辩称其按贷款金额的 10%（29 万元）存入中国－东盟凭祥红木文化商会作为“红木贷”资金池保证金，和按贷款金额的 1%（29000 元）存入中国－东盟凭祥红木文化商会作为风险金应当冲抵其债务，因该两笔款项与本案不属于同一法律关系，故本案不作处理；根据合同的相对性，红木商会不是本案适格被告。

二审法院认为，本案中，农某锋、陈某琼对其尚拖欠某银行凭祥支行贷款本金 1496228.51 元的事实并无异议，其上诉主要理由认为《个人贷款质押合同》约定的保证金、风险金条款属于格式条款，某银行凭祥支行没有作出必要提示，致使农某锋作出错误的意思表示，该条款为无效条款，主张农某锋缴存到资金池里的 29 万元保证金和 29000 元风险金（合计 319000 元）应当用于抵销本案部分贷款本金，319000 元免于计算罚息。但涉案《个人贷款质押合同》约定的保证金、风险金系为特定期间某银行凭祥支行发放的其他“红木贷”贷款客户提供担保，而非为农某锋个人贷款提供担保。故一审法院认定涉案保证金、风险金与本案不属于同一法律关系，在本案中不作处理，并无不当，法院予以认同。

第四百四十一条　【有价证券质权】以汇票、本票、支票、债券、存款单、仓单、提单出质的，质权自权利凭证交付质权人时设立；没有权利凭证的，质权自办理出质登记时设立。法律另有规定的，依照其规定。

第四百四十二条　【有价证券质权人行使权利的特别规定】汇票、本票、支票、债券、存款单、仓单、提单的兑现日期或者提货日期先于主债权到期的，质权人可以兑现或者提货，并与出质人协议将兑现的价款或者提取的货物提前清偿债务或者提存。

第四百四十三条　【基金份额质权、股权质权】以基金份额、股权出质的，质权自办理出质登记时设立。

基金份额、股权出质后，不得转让，但是出质人与质权人协商同意的除外。出质人转让基金份额、股权所得的价款，应当向质权人提前清偿债务或者提存。

条文注释

以证券登记结算机构登记的股权出质的，质权自证券登记结算机构办理出质登记时设立。依法应当在证券登记结算机构登记的股权，包括上市公司的股权、公开发行股份的公司的股权、非公开发行但股东在200人以上的公司的股权等，这些股权的表现形式都为股票。

以其他股权出质的，质权自工商行政管理部门办理出质登记时设立。其他股权，指不在证券登记结算机构登记的股权，包括有限责任公司的股权，非公开发行的股东在200人以下的股份有限公司的股权等。

需要注意的是，以股权设质的，是以其全部权能，包括共益权和自益权为标的，并不仅仅是其中的自益权（财产权）。实现质权时，将发生转让股权的效力。

原则上基金份额和股权出质后，不能转让，但如果出质人与质权人协商一致，都同意转让出质基金份额和股权，这属于双方当事人对自己权利的自由处分，法律自然允许。但转让基金份额和股权所得的价款，并不当然用于清偿所担保的债权，因为此时债务清偿期尚未届至，出质人应当与质权人协商，将所得的价款提前清偿所担保的债权或者提存。提前清偿债权的，质权消灭。提存的，质权继续存在于提存的价款上。出质人只能在提前清偿债权和提存中选择，不能既不同意提前清偿债权，也不同意提存。

第四百四十四条　【知识产权质权】以注册商标专用权、专利权、著作权等知识产权中的财产权出质的，质权自办理出质登记时设立。

知识产权中的财产权出质后，出质人不得转让或者许可他人使用，但是出质人与质权人协商同意的除外。出质人转让或者许可他人使用出质的知识产权中的财产权所得的价款，应当向质权人提前清偿债务或者提存。

第四百四十五条　【应收账款质权】以应收账款出质的，质权自办理出质登记时设立。

应收账款出质后，不得转让，但是出质人与质权人协商同意的除外。出质人转让应收账款所得的价款，应当向质权人提前清偿债务或者提存。

案例 101

某银行涵江支行与新果公司金融借款合同案［福建省莆田市中级人民法院（2020）闽03民终1192号］

2019年1月4日，作为甲方的新果公司与作为乙方的某银行涵江支行签署编号：×××《授信额度协议》，主要约定：乙方向甲方提供授信额度1300万元，使用期限为自本协议生效之日起至2019年12月27日止；对于依据本协议和单项协议发生的甲方对乙方的债务，由大吉利公司提供最高额保证，由新果公司提供最高额抵押和出口退税账户质押担保以及保证金质押担保。

一审法院认为，某银行涵江支行与新果公司签订的《授信额度协议》《最高额抵押合同》《出口退税托管账户质押合同》《出口退税托管账户质押登记协议》《保证金质押总协议》《出口商业发票贴现协议》，与大吉利公司签订的《最高额保证合同》意思表示真实，未违反国家法律、行政法规的强制性规定，合法有效，法院予以确认。各方当事人应按照合同的约定履行相关的合同义务。本案中，某银行涵江支行已依约履行了发放借款及支付贴现款的义务，其合法权益应受法律保护，新果公司未按合同约定还款，已构成违约，某银行涵江支行有权按合同约定宣布合同项下所有款项立即到期，新果公司应向某银行涵江支行归还尚欠款项本金、支付约定利息并承担逾期付款的违约责任，并应按合同约定承担某银行涵江支行因本案诉讼支出的律师费5000元和诉讼财产保全费5000元。

二审法院认为，某银行涵江支行是否对新果公司为本案债务设定质押的银行账户内款项享有优先受偿权的问题。对此，法院予以分析认定如下：某银行涵江支行与新果公司签订《出口退税账户托管协议》《出口退税托管质押合同》《出口退税托管质押登记协议》，并依法办理相应的质押登记。案涉账户内的资金根据业务发生情况虽处于浮动状态，但也仅是用于归还讼争贴现款本息，且该账户及账户内的资金均在质权人某银行涵江支行的控制下，故该账户的浮动仍符合金钱作为质权的特定化和移交占有的要求。综上，某银行涵江支行上诉主张对新果公司前述银行账户上的资金享有优先受偿权，有事实及法律依据，法院予以支持。

第四百四十六条　【权利质权的法律适用】权利质权除适用本节规定外，适用本章第一节的有关规定。

第十九章 留 置 权

第四百四十七条 【留置权的定义】债务人不履行到期债务，债权人可以留置已经合法占有的债务人的动产，并有权就该动产优先受偿。

前款规定的债权人为留置权人，占有的动产为留置财产。

案例 102

梁某剑与高某考返还原物纠纷案［山东省聊城市中级人民法院（2020）鲁15民终1176号］

高某考、梁某剑为熟人关系，经双方协商，2016年10月由梁某剑联系建设鸡房的土地后，二人便开始各自建设鸡房。高某考在上述梁某剑联系好的土地即某县妹冢镇妹冢中学北后张家村建设大鸡房两座、前梁家村建设雏鸡房一座及鸡房内外养鸡、制料设施。后高某考、梁某剑产生纠纷，2019年5月20日，高某考欲将其所有的养鸡设施拆除拉走，梁某剑予以阻拦，高某考遂向某县公安局妹冢镇派出所报警。莘县公安局认为属于经济纠纷，不属于其管辖，建议高某考到法院起诉解决。

一审法院认为，梁某剑以高某考租赁其土地未付清租金为由占有该部分财产，违反了物权法的相关规定，故高某考要求梁某剑返还上述财产的诉讼请求，依法应予支持。庭审中，高某考主张其自行将上述财产中的动产拉走或将不动产拆除后拉走，不违反法律规定，一审法院依法予以准许。梁某剑主张其曾为修理高某考的雏鸡房进行过出资，双方对出资金额说法不一致，且均未提供证据证明自己的主张，梁某剑待证据充分后可另案主张权利。

二审法院认为，本案是返还原物纠纷，关于一审未对梁某剑主张的土地租金进行处理是否正确的问题。本案是返还原物纠纷，审理的是梁某剑是否应返还高某考鸡房及附属设施的问题，与梁某剑主张的土地租金问题不属同一法律关系，且梁某剑已就土地租金问题向一审法院另行起诉。因此，一审未对梁某剑主张的土地租金问题进行处理并无不当，法院依法予以维持。

第四百四十八条　【留置财产与债权的关系】 债权人留置的动产，应当与债权属于同一法律关系，但是企业之间留置的除外。

条文注释

所谓"同一法律关系"，是指动产的占有和债权的发生之间有关联，动产的占有与债权的发生均基于同一法律关系。同一法律关系不以合同关系为限，合同关系以外的其他法律关系，诸如因不当得利、无因管理、侵权行为而发生的债权关系，若与动产的占有之间存在关联，亦属于存在同一法律关系。

这里的"企业"包括公司以及非公司化的国有企业、合伙企业等。但个体工商户、个人合伙不能认定为企业。

第四百四十九条　【留置权适用范围的限制性规定】 法律规定或者当事人约定不得留置的动产，不得留置。

第四百五十条　【可分留置物】 留置财产为可分物的，留置财产的价值应当相当于债务的金额。

第四百五十一条　【留置权人保管义务】 留置权人负有妥善保管留置财产的义务；因保管不善致使留置财产毁损、灭失的，应当承担赔偿责任。

条文注释

留置权人对留置物的保管义务，产生于留置权产生之时，当债权人享有留置权时，则产生了基于留置权对留置物的保管义务，这一义务贯穿留置期间的始终。

留置权人对于留置物的保管有无过失，应依据客观标准进行判断，不适用主观标准，换言之，是看留置权人对留置物的保管在客观上是否尽到了注意义务，而留置权人有无过失的证明，应由留置权人自己举证，即对留置权人提起的留置物损害之诉，应实行过错推定，举证责任倒置。

案例 103

高某华与卞某海、顾某贞等房屋买卖合同案［山西省某市中级人民法院（2020）晋01民终1451号］

本案争议房屋位于某市杏花岭区国师街××幢1单元3层4号，该房屋在某市房地产管理部门依法登记。被告卞某海、顾某贞系夫妻关系，卞某平系其夫妻二人之子。卞某海出具《委托书》委托卞某平办理涉案房屋出售事宜。2015年10月29日，原告高某华（乙方、买方）与被告卞某海（甲方、卖方）通过中介太原伟业我爱我家房地产经纪有限公司签订《房地产买卖契约》和《补充协议》，约定原告购买被告位于杏花岭区国师街××幢×单元×层×号的房屋，该房权属证号为×××，房屋建筑面积182.08平方米，房屋成交价格为157万元；乙方支付甲方购房定金为10000元。《补充协议》约定双方在过户前进行房屋移交和验收。落款处有甲方委托代理人卞某平、乙方高某华、丙方我爱我家（其经纪人系张某丽）签字。2015年11月12日，被告卞某海、顾某贞（甲方、出卖人）与原告高某华（乙方、买受人）签订了《某市存量房买卖合同》，约定甲方将上述涉案房屋于2015年11月12日正式交给乙方；甲方应当将该房屋建筑范围内的土地使用权、附属设施及其装饰装修随同该房屋一并转让给乙方。落款处有卞某海、顾某贞与高某华签字。

一审法院认为，本案所涉《房地产买卖契约》《补充协议》《协议书》《收条》均系当事人的真实意思表示，不违反法律禁止性规定，合法有效，一审法院予以确认。因被告卞某海、顾某贞出售给原告高某华的涉案房屋已经依法办理了过户手续，原告取得了该涉案房屋的所有权证；且针对原告所述被邻房占用的一间卧室和卫生间的问题，《协议书》中已经对其有了约定，如甲方在2016年12月31日前不能按本协议向乙方交付房屋，乙方有权选择与甲方解除合同或者50万元保证金作为赔偿款归乙方所有。被告卞某海没有按协议向原告交付房屋不足部分，原告收到卞某海的50万元保证金作为赔偿款也没有退还。故原告的诉求，一审法院不予支持。

二审法院认为，案涉《房地产买卖契约》《补充协议》《协议书》《收条》均系当事人的真实意思表示，不违反法律禁止性规定，合法有效。关于案涉房屋被邻房占用的一间卧室和卫生间的问题，《协议书》中已有约定，赋予了上诉人高某华选择与甲方解除合同或者将50万元保证金作为赔偿款归其所有的权利。且在其后双方当事人签订的《承诺书》中明确，“针对房屋现状，乙方（高某华）愿意继续履行交易。”故上诉人高某华对案涉房屋的现状是明知的，其购买案涉房屋并未违背其真实的意思表示，对其上诉请求不予支持。

第四百五十二条　【留置财产的孳息收取】 留置权人有权收取留置财产的孳息。

前款规定的孳息应当先充抵收取孳息的费用。

第四百五十三条　【留置权的实现】 留置权人与债务人应当约定留置财产后的债务履行期限；没有约定或者约定不明确的，留置权人应当给债务人六十日以上履行债务的期限，但是鲜活易腐等不易保管的动产除外。债务人逾期未履行的，留置权人可以与债务人协议以留置财产折价，也可以就拍卖、变卖留置财产所得的价款优先受偿。

留置财产折价或者变卖的，应当参照市场价格。

案例 104

刘某亮与金惠公司修理合同案［湖南省娄底市中级人民法院（2020）湘13民终248号］

原告金惠公司成立于2004年4月8日，该公司的经营范围：普通货运、大件货物运输、货物专用运输（罐式）、车辆维修等。被告恭喜发财公司成立于2014年6月13日，经营范围：普通货运、货物专用运输（集装箱）

等。被告恭喜发财公司于2015年8月24日设立恭喜发财涟源分公司。2016年12月21日，被告刘某亮等与被告恭喜发财涟源分公司签订《车辆挂靠合同》，约定将其购买的车牌号为湘K×××××和湘K×××××车辆挂靠被告恭喜发财涟源分公司从事货物运输，挂靠期限为四年，自2016年12月21日至2020年12月20日，每年挂靠服务费3600元。上述车辆均登记在被告恭喜发财涟源分公司名下，并在某保险公司娄底市中心支公司投保了交强险等保险。2018年6月7日，湘K×××××、湘K×××××车辆在行驶过程中发生交通事故，造成车辆受损及车上人员受伤。

一审法院认为，原告与被告刘某亮之间的汽车维修协议系双方当事人的真实意思表示，且不违反法律、行政法规的强制性规定，合法、有效。双方均应按照协议约定履行自己的义务，原告已完成维修义务，被告刘某亮理应按时支付修理费。关于修理费为多少的问题，某保险公司对受损车辆进行了勘验定损，核定两台受损车辆的修理费共计113500元，修理完毕后，某保险公司按该金额进行了理赔，故法院认为本案所涉两台受损车辆的修理费为113500元，核减被告刘某亮已支付的修理费10000元后，被告刘某亮应向原告支付尚欠的修理费103500元。

二审审理查明，法院确认一审判决认定的案件事实。

二审法院认为，关于涉案车辆维修费是否应由上诉人刘某亮及被上诉人恭喜发财公司及其涟源分公司共同支付给被上诉人金惠公司的问题。本案中，上诉人刘某亮与被上诉人金惠公司签订的《汽车维修协议》系双方当事人的真实意思表示，且未违反法律、行政法规的强制性规定，受法律保护，被上诉人金惠公司按协议约定已完成维修义务，上诉人刘某亮应当按照协议之约定及时支付修理费。故上诉人刘某亮是承担支付汽车修理费的责任主体。

第四百五十四条　【债务人请求留置权人行使留置权】债务人可以请求留置权人在债务履行期限届满后行使留置权；留置权人不行使的，债务人可以请求人民法院拍卖、变卖留置财产。

条文注释

债务履行期间届满，应当是指留置权人在留置财产之后与债务人约定的债务履行期间届满，即债务履行宽限期届满。只有在该情形下，才有敦促留置权人及时行使留置权的必要。

第四百五十五条　【留置权实现方式】留置财产折价或者拍卖、变卖后，其价款超过债权数额的部分归债务人所有，不足部分由债务人清偿。

案例 105

刘某凤与葛某平合同纠纷案 [浙江省绍兴市中级人民法院（2020）浙06民终429号]

2015年3月13日，葛某平曾向案外人顾某利购买20台明东6F电脑袜机。2015年6月1日，吉迪酒庄（系刘某凤开办的个体工商户）向案外人杨某平购买明东大电脑袜机一台，价值7500元。刘某凤认为该台袜机后来已经转让到其个人名下，并由上述酒庄在2016年3月18日给其开具了7500元的收款收据一份。2016年3月15日，葛某平与吉迪公司签订协议二份，一份载明："2015年3月13日，吉迪公司编号是×××叁台1某某针的明东6F全电脑放在葛某平袜车间生产"，另一份载明："2016年3月15日吉迪公司没有编号的明东168针壹台从别处搬放至葛某平袜车间生产"。双方一致确认前一份协议中的5台袜机就是葛某平从顾某利处买来的20台袜机中的，刘某凤于2016年3月19日、3月28日分别向葛某平转账15000元、20000元，用于支付上述5台袜机款。后一份协议中的袜机即从杨某平处所购买。

一审法院审理认为，虽然刘某凤提供的合同上均加盖了吉迪酒庄的印章，又写明是吉迪公司，但双方一致认可系个人与个人之间发生的合同关系，结合双方后来的对账、付款等情况，该院依法予以确认。刘某凤与葛某平之间包括了袜机转让、袜机保管、袜子加工等几种合同关系，均系双方当事人的真实意思表示，内容未违反法律法规的禁止性规定，应属合法有效。双方之间主要是袜子加工合同关系，与一般袜子加工合同的不同之处在于葛某平是使用刘某凤所有的袜机，为刘某凤生产袜子。至于刘某凤辩称的葛某平存在偷税漏税的情况，与本案审理不具有关联性，刘某凤可另行向有关部门反映。

二审法院认为，双方之间经过多次对账，由刘某凤书写了多份结算单，并由双方签字确认，但有关结算单的表述含义较为模糊。形成于2018年8月1日的结算单上，刘某凤写了“2018年8月1日前双方账全清”，但同时将落款日期由2018年8月1日改成了8月2日。刘某凤解释是听葛某平讲，当天是8月2日，所以将日期进行了更改，葛某平解释是其对“账全清”这一点提出异议的情况下，刘某凤特意更改了日期，表示尚欠结算单项下加工费的意思。两者的解释都有牵强之处，但2018年8月1日结算单以及之前的结算单均由刘某凤书写，在含义存在模糊歧义时，不利后果应由其承担，且在之后葛某平向刘某凤催讨加工费，非常强烈、直接的主张欠款，也提到了2018年8月1日结算单中的数字，刘某凤对此的反应主要是强调葛某平多报数量、袜子有质量问题等，并没有指摘葛某平无中生有，其丈夫更明确承认欠款的事实，这显然否定了刘某凤关于其已付清加工费的主张。结合这些因素，法院认为一审判决认定刘某凤欠付加工费的事实并无不当。

第四百五十六条　【留置权优先于其他担保物权效力】同一动产上已经设立抵押权或者质权，该动产又被留置的，留置权人优先受偿。

条文注释

本条是关于留置权与抵押权或者质权关系的规定。适用本条应注意以下几点：

1. 在同一动产上，无论留置权是产生于抵押权或者质权之前，还是产生于抵押权或者质权之后，留置权的效力都优先于抵押权或者质权。也就是说，留置权对抵押权或者质权的优先效力不受其产生时间的影响。

2. 留置权对抵押权或者质权的优先效力不受留置权人在留置动产时是善意还是恶意的影响。这里的“善意”指留置权人对同一动产已存在的抵押权或者质权不知情，与之相对应的“恶意”指留置权人对同一动产上已存在的抵押权或者质权知情，而并非恶意串通的意思。

3. 本法未规定留置权和优先权的效力关系。一般情况，在同一物上既存在优先权又存在留置权的情况下，优先权先于留置权实现。

● ***相关规定***

《海商法》第25条

第四百五十七条　【留置权消灭】留置权人对留置财产丧失占有或者留置权人接受债务人另行提供担保的，留置权消灭。

第五分编　占　　有

第二十章　占　　有

第四百五十八条　【有权占有法律适用】基于合同关系等产生的占有，有关不动产或者动产的使用、收益、违约责任等，按照合同约定；合同没有约定或者约定不明确的，依照有关法律规定。

案例 106

李某丽与高某平、刘某玉占有物返还纠纷案［陕西省延安市中级人民法院（2020）陕06民终915号］

第三人大朝公司在本市宝塔区××沟××居××小区。2015年4月8日，原告高某平、刘某玉向第三人大朝公司预交了购房款30万元，第三人给原告高某平、刘某玉出具了《收款收据》。2016年5月10日，第三人大朝公司出具《证明》，××沟××号楼××单元××房、××房给李某丽、李某彦返还，此房由其自行解决。2016年11月2日，第三人的法定代表人姬某利给永圣公司出具了由其单方签字的《协议书》，载明第三人借原告高某平、刘某玉30万元，将××沟××号楼××单元××房屋抵押，如半年到期还不了，该房屋归原告所有。以给该物业公司确认原告高某平、刘某玉可以接收××沟××号楼××单元××房屋。2018年6月18日，原告高某平、刘某玉与第三人大朝公司订立《商品房认购书》，第三人将其开发建设的位于本市宝塔区××沟××小区房屋出卖给原告高某平、刘某玉。双方约定，该房屋为××幢××单元××层××室住宅，建筑面积100m^2，单价3000元/平方米，结算价款30万元。2019年5月22日，原告与其签订了《永圣苑小区前期物业服务管理合同》和《房屋装饰装修管理协议书》，交纳了天然气开口费4000元、自救款9135元、装修保证金2000元、装修垃圾清理费300元、门禁卡40元和2019年5月22日至2020年5月22日的物业费1096元、电梯费840元、生活垃圾费120元。2019年6月11日，被告李某丽以第三人大朝公司承诺给其返还该套住房为由，占有了上述永圣苑小区××幢××单元××层××室房屋。随后，原告高某平、刘某玉与被告李某丽的纠纷产生，原告即向人民法院提起诉讼，请求依法保护其合法权益。

一审法院认为，原告诉求的中心内容是排除妨碍，根据原告、被告和第三人诉争法律关系的性质，本案应当是占有物返还纠纷。2015年4月8日，原告高某平、刘某玉向第三人大朝公司预交了购房款30万元，第三人给原告出具了预购房《收款收据》和2016年11月2日第三人给永圣公司出具的《协议书》以及2018年6月18日原告高某平、刘某玉与第三人大朝公司订立的《商品房认购书》均表明，第三人作为房屋所有人，将其所属的××沟××号楼××单元××房屋交付原告占有，同时第三人确认了原告高某平、刘某玉是接收××沟××号楼××单元××房屋的业主。因此，原告高某平、刘某玉依法有权占有使用××沟××小区××幢××单元××层××室房屋。

二审法院认为，上诉人虽然提供了用于主张涉案房屋应属其所有的“证明”，但该“证明”出具的前提条件应是上诉人与第三人之间确有过兑换房屋的事实。经法院调查核实，第三人因修建工程的确曾经与上诉人之间达成过兑换房屋的协议，但在第三人出具该“证明”后，上诉人用于兑换涉案房屋的平房遇政府拆迁征收，上诉人已经拿走了用于兑换涉案房屋的平房拆迁款，其未完全履行与第三人之间的约定，基于此事实，该证据已经不足以证明上诉人对涉案房屋具有合法所有权或占有权，故上诉人主张涉案房屋应属其所有的诉讼请求无事实及法律依据，法院不予支持。

第四百五十九条　【恶意占有人的损害赔偿责任】 占有人因使用占有的不动产或者动产，致使该不动产或者动产受到损害的，恶意占有人应当承担赔偿责任。

条文注释

以占有是否具有法律上的原因为标准，占有可分为有权占有和无权占有，如所有权人、土地承包经营权人、承租人等均根据所有权、土地承包经营权、租赁权而占有标的物，属于有权占有；拾得人对遗失物的占有，盗贼对盗赃物的占有等均属于无权占有。

以无权占有人是否误信其占有为有权占有和无权占有为标准，可分为善意占有和恶意占有。善意占有是指占有人不知或不应当知道其无占有的权利而进行的占有。恶意占有是指占有人明知或应当知道无占有的权利而进行的占有。

案例 107

王某华与侯某财产损害赔偿纠纷案［河北省唐山市中级人民法院（2020）冀02民终1075号］

王某华系迁安市村民。侯某与崔某琴系夫妻关系，二人系迁安市村民。2015年12月9日，王某华与同村村民田某苍签订《果园转让协议》，田某苍愿意将个人承包的部分果园转让给王某华，约定协议签订时，转入方一次性付给田某苍两万元的转让费。王某华承包果园内的小房子为石灰和焦子的顶，椽子为木质材料，有一扇窗户，但没有窗框和玻璃，房内有一个炕，该房子王某华受让后一直未使用。侯某与崔某琴在该小房子内的炕上堆放了秸秆，2019年年初，该秸秆燃烧将小房子烧毁，起火原因不明。

一审法院认为，虽然案涉小房子归原告王某华所有，堆放在小房子内的秸秆为二被告所有，但秸秆燃烧原因不明，此结果也不是二被告所希望发生的，原告未有证据证明二被告系直接侵权人。二被告将自己的秸秆堆放在原告的小房子内，方便了自己生活，也正是因为秸秆燃烧才将原告的小房子烧毁，故二被告出于公平责任原则应对原告损失适当予以补偿，又因原告并未提供证据证明该小房子的价值，一审法院酌定二被告补偿原告损失600元为宜。

二审法院认为，当事人对自己提出的主张，有责任提供证据。上诉人主张被上诉人赔偿损失，应就被上诉人本案存在过错行为及因被上诉人该过错行为对上诉人产生损失的具体数额承担举证责任，因上诉人依据不足，原审法院酌情补偿上诉人损失600元并无不当，法院对上诉人主张不予支持。

第四百六十条　【权利人的返还请求权和占有人的费用求偿权】不动产或者动产被占有人占有的，权利人可以请求返还原物及其孳息；但是，应当支付善意占有人因维护该不动产或者动产支出的必要费用。

第四百六十一条　【占有物毁损或者灭失时占有人的责任】占有的不动产或者动产毁损、灭失，该不动产或者动产的权利人请求赔偿的，占有人应当将因毁损、灭失取得的保险金、赔偿金或者补偿金等返还给权利人；权利人的损害未得到足够弥补的，恶意占有人还应当赔偿损失。

第四百六十二条　【占有保护的方法】占有的不动产或者动产被侵占的，占有人有权请求返还原物；对妨害占有的行为，占有人有权请求排除妨害或者消除危险；因侵占或者妨害造成损害的，占有人有权依法请求损害赔偿。

占有人返还原物的请求权，自侵占发生之日起一年内未行使的，该请求权消灭。

条文注释

本条规定的“一年”为除斥期间，没有中断、中止的问题。当然，占有保护请求权的除斥期间已经超过，占有人不能再主张请求权，但这绝不妨害真正的实体权利人或享有实体权利的占有人基于实体权利而提出所有权或其他权利的请求权。

案例108

肖某明与李某军返还原物纠纷案［新疆维吾尔自治区乌鲁木齐市中级人民法院（2020）新01民终1478号］

2013年，肖某明与李某军签订《工程劳务协议》2份，肖某明将其承包的《乌机段新建运用车间生产综合楼》《乌机务段新建救援车间间休综合楼》《乌西车辆段新建修配车间生产综合楼》《乌西站新建车务宿舍》4项工程劳务分包给李某军，承包方式为包工不包料，工地使用的小型材料和周转性材料及施工中所用的全部机具，设备租赁费由李某军负责。李某军施工期间，指派李某芝、方某前从肖某明处领取钢管、竹架板、木方、铁皮、大板、安全网等设备材料用于工地，并出具收条等凭证，双方约定工程完工后上述材料予以返还。2014年11月，李某军分包的工程完工，李某芝、方某前向肖某明返还了部分领取的材料，尚有6米钢管1098根、1.8米铁皮330张、竹架板32张、1.2米大方825根、1.5米大板62张、安全网43张未予返还。

一审法院认为，向人民法院请求保护民事权利的诉讼时效期间为三年。法律另有规定的，依照其规定。诉讼时效期间自权利人知道或者应当知道权利受到损害以及义务人之日起计算。物权请求权是物权效力的具体体现，是包含在物权权能之中的。只要物权存在，物权请求权就应该存在，物权请求权被侵害产生的返还财产请求权不受诉讼时效的限制。肖某明提供的"领条""借条""证明"等凭证可以证实李某芝等领取和归还设备材料的名称及数量，李某军则未提供证据证实其已将领取的设备材料全部归还的事实，故对李某军的该辩解意见一审法院不予采纳。

二审法院认为，本案双方争议的主要问题是李某军是否应当支付占用上诉人肖某明建筑设备的占用期间费用，是否应当承担上诉人肖某明因提起本案诉讼所支付的财产保全保险费用。针对上述双方争议的问题，除一审所提交的相关证据外，二审期间，肖某明未能提供新证据支持其主张的上述权益。本案一审法院已查明的基本事实证实，在李某军通过肖某明承包了相应的建设工程劳务分包工程后，根据约定工程完工，李某军使用的上诉人肖某明所有的建筑设备应予以返还。

附　录

最高人民法院关于适用《中华人民共和国民法典》物权编的解释（一）

（2020年12月25日最高人民法院审判委员会第1825次会议通过　2020年12月29日最高人民法院公告公布　自2021年1月1日起施行　法释〔2020〕24号）

为正确审理物权纠纷案件，根据《中华人民共和国民法典》等相关法律规定，结合审判实践，制定本解释。

第一条　因不动产物权的归属，以及作为不动产物权登记基础的买卖、赠与、抵押等产生争议，当事人提起民事诉讼的，应当依法受理。当事人已经在行政诉讼中申请一并解决上述民事争议，且人民法院一并审理的除外。

第二条　当事人有证据证明不动产登记簿的记载与真实权利状态不符、其为该不动产物权的真实权利人，请求确认其享有物权的，应予支持。

第三条　异议登记因民法典第二百二十条第二款规定的事由失效后，当事人提起民事诉讼，请求确认物权归属的，应当依法受理。异议登记失效不影响人民法院对案件的实体审理。

第四条　未经预告登记的权利人同意，转让不动产所有权等物权，或者设立建设用地使用权、居住权、地役权、抵押权等其他物权的，应当依照民法典第二百二十一条第一款的规定，认定其不发生物权效力。

第五条　预告登记的买卖不动产物权的协议被认定无效、被撤销，或者预告登记的权利人放弃债权的，应当认定为民法典第二百二十一条第二款所称的“债权消灭”。

第六条　转让人转让船舶、航空器和机动车等所有权，受让人已经支付合理价款并取得占有，虽未经登记，但转让人的债权人主张其为民法典第二百二十五条所称的“善意第三人”的，不予支持，法律另有规定的除外。

第七条 人民法院、仲裁机构在分割共有不动产或者动产等案件中作出并依法生效的改变原有物权关系的判决书、裁决书、调解书，以及人民法院在执行程序中作出的拍卖成交裁定书、变卖成交裁定书、以物抵债裁定书，应当认定为民法典第二百二十九条所称导致物权设立、变更、转让或者消灭的人民法院、仲裁机构的法律文书。

第八条 依据民法典第二百二十九条至第二百三十一条规定享有物权，但尚未完成动产交付或者不动产登记的权利人，依据民法典第二百三十五条至第二百三十八条的规定，请求保护其物权的，应予支持。

第九条 共有份额的权利主体因继承、遗赠等原因发生变化时，其他按份共有人主张优先购买的，不予支持，但按份共有人之间另有约定的除外。

第十条 民法典第三百零五条所称的“同等条件”，应当综合共有份额的转让价格、价款履行方式及期限等因素确定。

第十一条 优先购买权的行使期间，按份共有人之间有约定的，按照约定处理；没有约定或者约定不明的，按照下列情形确定：

（一）转让人向其他按份共有人发出的包含同等条件内容的通知中载明行使期间的，以该期间为准；

（二）通知中未载明行使期间，或者载明的期间短于通知送达之日起十五日的，为十五日；

（三）转让人未通知的，为其他按份共有人知道或者应当知道最终确定的同等条件之日起十五日；

（四）转让人未通知，且无法确定其他按份共有人知道或者应当知道最终确定的同等条件的，为共有份额权属转移之日起六个月。

第十二条 按份共有人向共有人之外的人转让其份额，其他按份共有人根据法律、司法解释规定，请求按照同等条件优先购买该共有份额的，应予支持。其他按份共有人的请求具有下列情形之一的，不予支持：

（一）未在本解释第十一条规定的期间内主张优先购买，或者虽主张优先购买，但提出减少转让价款、增加转让人负担等实质性变更要求；

（二）以其优先购买权受到侵害为由，仅请求撤销共有份额转让合同或者认定该合同无效。

第十三条　按份共有人之间转让共有份额，其他按份共有人主张依据民法典第三百零五条规定优先购买的，不予支持，但按份共有人之间另有约定的除外。

第十四条　受让人受让不动产或者动产时，不知道转让人无处分权，且无重大过失的，应当认定受让人为善意。

真实权利人主张受让人不构成善意的，应当承担举证证明责任。

第十五条　具有下列情形之一的，应当认定不动产受让人知道转让人无处分权：

（一）登记簿上存在有效的异议登记；

（二）预告登记有效期内，未经预告登记的权利人同意；

（三）登记簿上已经记载司法机关或者行政机关依法裁定、决定查封或者以其他形式限制不动产权利的有关事项；

（四）受让人知道登记簿上记载的权利主体错误；

（五）受让人知道他人已经依法享有不动产物权。

真实权利人有证据证明不动产受让人应当知道转让人无处分权的，应当认定受让人具有重大过失。

第十六条　受让人受让动产时，交易的对象、场所或者时机等不符合交易习惯的，应当认定受让人具有重大过失。

第十七条　民法典第三百一十一条第一款第一项所称的“受让人受让该不动产或者动产时”，是指依法完成不动产物权转移登记或者动产交付之时。

当事人以民法典第二百二十六条规定的方式交付动产的，转让动产民事法律行为生效时为动产交付之时；当事人以民法典第二百二十七条规定的方式交付动产的，转让人与受让人之间有关转让返还原物请求权的协议生效时为动产交付之时。

法律对不动产、动产物权的设立另有规定的，应当按照法律规定的时间认定权利人是否为善意。

第十八条　民法典第三百一十一条第一款第二项所称“合理的价格”，应当根据转让标的物的性质、数量以及付款方式等具体情况，参考转让时交易地市场价格以及交易习惯等因素综合认定。

第十九条　转让人将民法典第二百二十五条规定的船舶、航空器和机动车等交付给受让人的，应当认定符合民法典第三百一十一条第一款第三项规定的善意取得的条件。

第二十条 具有下列情形之一，受让人主张依据民法典第三百一十一条规定取得所有权的，不予支持：

（一）转让合同被认定无效；

（二）转让合同被撤销。

第二十一条 本解释自2021年1月1日起施行。

最高人民法院关于适用《中华人民共和国民法典》有关担保制度的解释

（2020年12月25日最高人民法院审判委员会第1824次会议通过 2020年12月31日最高人民法院公告公布 自2021年1月1日起施行 法释〔2020〕28号）

为正确适用《中华人民共和国民法典》有关担保制度的规定，结合民事审判实践，制定本解释。

一、关于一般规定

第一条 因抵押、质押、留置、保证等担保发生的纠纷，适用本解释。所有权保留买卖、融资租赁、保理等涉及担保功能发生的纠纷，适用本解释的有关规定。

第二条 当事人在担保合同中约定担保合同的效力独立于主合同，或者约定担保人对主合同无效的法律后果承担担保责任，该有关担保独立性的约定无效。主合同有效的，有关担保独立性的约定无效不影响担保合同的效力；主合同无效的，人民法院应当认定担保合同无效，但是法律另有规定的除外。

因金融机构开立的独立保函发生的纠纷，适用《最高人民法院关于审理独立保函纠纷案件若干问题的规定》。

第三条 当事人对担保责任的承担约定专门的违约责任，或者约定的担保责任范围超出债务人应当承担的责任范围，担保人主张仅在债务人应当承担的责任范围内承担责任的，人民法院应予支持。

担保人承担的责任超出债务人应当承担的责任范围，担保人向债务人追偿，债务人主张仅在其应当承担的责任范围内承担责任的，人民法院应予支持；担保人请求债权人返还超出部分的，人民法院依法予以支持。

第四条 有下列情形之一，当事人将担保物权登记在他人名下，债务人不履行到期债务或者发生当事人约定的实现担保物权的情形，债权人或者其受托人主张就该财产优先受偿的，人民法院依法予以支持：

（一）为债券持有人提供的担保物权登记在债券受托管理人名下；

（二）为委托贷款人提供的担保物权登记在受托人名下；

（三）担保人知道债权人与他人之间存在委托关系的其他情形。

第五条 机关法人提供担保的，人民法院应当认定担保合同无效，但是经国务院批准为使用外国政府或者国际经济组织贷款进行转贷的除外。

居民委员会、村民委员会提供担保的，人民法院应当认定担保合同无效，但是依法代行村集体经济组织职能的村民委员会，依照村民委员会组织法规定的讨论决定程序对外提供担保的除外。

第六条 以公益为目的的非营利性学校、幼儿园、医疗机构、养老机构等提供担保的，人民法院应当认定担保合同无效，但是有下列情形之一的除外：

（一）在购入或者以融资租赁方式承租教育设施、医疗卫生设施、养老服务设施和其他公益设施时，出卖人、出租人为担保价款或者租金实现而在该公益设施上保留所有权；

（二）以教育设施、医疗卫生设施、养老服务设施和其他公益设施以外的不动产、动产或者财产权利设立担保物权。

登记为营利法人的学校、幼儿园、医疗机构、养老机构等提供担保，当事人以其不具有担保资格为由主张担保合同无效的，人民法院不予支持。

第七条 公司的法定代表人违反公司法关于公司对外担保决议程序的规定，超越权限代表公司与相对人订立担保合同，人民法院应当依照民法典第六十一条和第五百零四条等规定处理：

（一）相对人善意的，担保合同对公司发生效力；相对人请求公司承担担保责任的，人民法院应予支持。

（二）相对人非善意的，担保合同对公司不发生效力；相对人请求公司承担赔偿责任的，参照适用本解释第十七条的有关规定。

法定代表人超越权限提供担保造成公司损失，公司请求法定代表人承担赔偿责任的，人民法院应予支持。

第一款所称善意，是指相对人在订立担保合同时不知道且不应当知道法定代表人超越权限。相对人有证据证明已对公司决议进行了合理审查，人民法院应当认定其构成善意，但是公司有证据证明相对人知道或者应当知道决议系伪造、变造的除外。

第八条 有下列情形之一，公司以其未依照公司法关于公司对外担保的规定作出决议为由主张不承担担保责任的，人民法院不予支持：

（一）金融机构开立保函或者担保公司提供担保；

（二）公司为其全资子公司开展经营活动提供担保；

（三）担保合同系由单独或者共同持有公司三分之二以上对担保事项有表决权的股东签字同意。

上市公司对外提供担保，不适用前款第二项、第三项的规定。

第九条 相对人根据上市公司公开披露的关于担保事项已经董事会或者股东大会决议通过的信息，与上市公司订立担保合同，相对人主张担保合同对上市公司发生效力，并由上市公司承担担保责任的，人民法院应予支持。

相对人未根据上市公司公开披露的关于担保事项已经董事会或者股东大会决议通过的信息，与上市公司订立担保合同，上市公司主张担保合同对其不发生效力，且不承担担保责任或者赔偿责任的，人民法院应予支持。

相对人与上市公司已公开披露的控股子公司订立的担保合同，或者相对人与股票在国务院批准的其他全国性证券交易场所交易的公司订立的担保合同，适用前两款规定。

第十条 一人有限责任公司为其股东提供担保，公司以违反公司法关于公司对外担保决议程序的规定为由主张不承担担保责任的，人民法院不予支持。公司因承担担保责任导致无法清偿其他债务，提供担保时的股东不能证明公司财产独立于自己的财产，其他债权人请求该股东承担连带责任的，人民法院应予支持。

第十一条 公司的分支机构未经公司股东（大）会或者董事会决议以

自己的名义对外提供担保，相对人请求公司或者其分支机构承担担保责任的，人民法院不予支持，但是相对人不知道且不应当知道分支机构对外提供担保未经公司决议程序的除外。

金融机构的分支机构在其营业执照记载的经营范围内开立保函，或者经有权从事担保业务的上级机构授权开立保函，金融机构或者其分支机构以违反公司法关于公司对外担保决议程序的规定为由主张不承担担保责任的，人民法院不予支持。金融机构的分支机构未经金融机构授权提供保函之外的担保，金融机构或者其分支机构主张不承担担保责任的，人民法院应予支持，但是相对人不知道且不应当知道分支机构对外提供担保未经金融机构授权的除外。

担保公司的分支机构未经担保公司授权对外提供担保，担保公司或者其分支机构主张不承担担保责任的，人民法院应予支持，但是相对人不知道且不应当知道分支机构对外提供担保未经担保公司授权的除外。

公司的分支机构对外提供担保，相对人非善意，请求公司承担赔偿责任的，参照本解释第十七条的有关规定处理。

第十二条 法定代表人依照民法典第五百五十二条的规定以公司名义加入债务的，人民法院在认定该行为的效力时，可以参照本解释关于公司为他人提供担保的有关规则处理。

第十三条 同一债务有两个以上第三人提供担保，担保人之间约定相互追偿及分担份额，承担了担保责任的担保人请求其他担保人按照约定分担份额的，人民法院应予支持；担保人之间约定承担连带共同担保，或者约定相互追偿但是未约定分担份额的，各担保人按照比例分担向债务人不能追偿的部分。

同一债务有两个以上第三人提供担保，担保人之间未对相互追偿作出约定且未约定承担连带共同担保，但是各担保人在同一份合同书上签字、盖章或者按指印，承担了担保责任的担保人请求其他担保人按照比例分担向债务人不能追偿部分的，人民法院应予支持。

除前两款规定的情形外，承担了担保责任的担保人请求其他担保人分担向债务人不能追偿部分的，人民法院不予支持。

第十四条 同一债务有两个以上第三人提供担保，担保人受让债权的，人民法院应当认定该行为系承担担保责任。受让债权的担保人作为债权人请求其他担保人承担担保责任的，人民法院不予支持；该担保人请求其他担保人分担相应份额的，依照本解释第十三条的规定处理。

第十五条 最高额担保中的最高债权额，是指包括主债权及其利息、违约金、损害赔偿金、保管担保财产的费用、实现债权或者实现担保物权的费用等在内的全部债权，但是当事人另有约定的除外。

登记的最高债权额与当事人约定的最高债权额不一致的，人民法院应当依据登记的最高债权额确定债权人优先受偿的范围。

第十六条 主合同当事人协议以新贷偿还旧贷，债权人请求旧贷的担保人承担担保责任的，人民法院不予支持；债权人请求新贷的担保人承担担保责任的，按照下列情形处理：

（一）新贷与旧贷的担保人相同的，人民法院应予支持；

（二）新贷与旧贷的担保人不同，或者旧贷无担保新贷有担保的，人民法院不予支持，但是债权人有证据证明新贷的担保人提供担保时对以新贷偿还旧贷的事实知道或者应当知道的除外。

主合同当事人协议以新贷偿还旧贷，旧贷的物的担保人在登记尚未注销的情形下同意继续为新贷提供担保，在订立新的贷款合同前又以该担保财产为其他债权人设立担保物权，其他债权人主张其担保物权顺位优先于新贷债权人的，人民法院不予支持。

第十七条 主合同有效而第三人提供的担保合同无效，人民法院应当区分不同情形确定担保人的赔偿责任：

（一）债权人与担保人均有过错的，担保人承担的赔偿责任不应超过债务人不能清偿部分的二分之一；

（二）担保人有过错而债权人无过错的，担保人对债务人不能清偿的部分承担赔偿责任；

（三）债权人有过错而担保人无过错的，担保人不承担赔偿责任。

主合同无效导致第三人提供的担保合同无效，担保人无过错的，不承担赔偿责任；担保人有过错的，其承担的赔偿责任不应超过债务人不能清偿部分的三分之一。

第十八条 承担了担保责任或者赔偿责任的担保人，在其承担责任的范围内向债务人追偿的，人民法院应予支持。

同一债权既有债务人自己提供的物的担保，又有第三人提供的担保，承担了担保责任或者赔偿责任的第三人，主张行使债权人对债务人享有的担保物权的，人民法院应予支持。

第十九条 担保合同无效，承担了赔偿责任的担保人按照反担保合同的约定，在其承担赔偿责任的范围内请求反担保人承担担保责任的，人民法院应予支持。

反担保合同无效的，依照本解释第十七条的有关规定处理。当事人仅以担保合同无效为由主张反担保合同无效的，人民法院不予支持。

第二十条 人民法院在审理第三人提供的物的担保纠纷案件时，可以适用民法典第六百九十五条第一款、第六百九十六条第一款、第六百九十七条第二款、第六百九十九条、第七百条、第七百零一条、第七百零二条等关于保证合同的规定。

第二十一条 主合同或者担保合同约定了仲裁条款的，人民法院对约定仲裁条款的合同当事人之间的纠纷无管辖权。

债权人一并起诉债务人和担保人的，应当根据主合同确定管辖法院。

债权人依法可以单独起诉担保人且仅起诉担保人的，应当根据担保合同确定管辖法院。

第二十二条 人民法院受理债务人破产案件后，债权人请求担保人承担担保责任，担保人主张担保债务自人民法院受理破产申请之日起停止计息的，人民法院对担保人的主张应予支持。

第二十三条 人民法院受理债务人破产案件，债权人在破产程序中申报债权后又向人民法院提起诉讼，请求担保人承担担保责任的，人民法院依法予以支持。

担保人清偿债权人的全部债权后，可以代替债权人在破产程序中受偿；在债权人的债权未获全部清偿前，担保人不得代替债权人在破产程序中受偿，但是有权就债权人通过破产分配和实现担保债权等方式获得清偿总额中超出债权的部分，在其承担担保责任的范围内请求债权人返还。

债权人在债务人破产程序中未获全部清偿，请求担保人继续承担担保责任的，人民法院应予支持；担保人承担担保责任后，向和解协议或者重整计划执行完毕后的债务人追偿的，人民法院不予支持。

第二十四条 债权人知道或者应当知道债务人破产，既未申报债权也未通知担保人，致使担保人不能预先行使追偿权的，担保人就该债权在破产程序中可能受偿的范围内免除担保责任，但是担保人因自身过错未行使追偿权的除外。

二、关于保证合同

第二十五条 当事人在保证合同中约定了保证人在债务人不能履行债务或者无力偿还债务时才承担保证责任等类似内容，具有债务人应当先承担责任的意思表示的，人民法院应当将其认定为一般保证。

当事人在保证合同中约定了保证人在债务人不履行债务或者未偿还债务时即承担保证责任、无条件承担保证责任等类似内容，不具有债务人应当先承担责任的意思表示的，人民法院应当将其认定为连带责任保证。

第二十六条 一般保证中，债权人以债务人为被告提起诉讼的，人民法院应予受理。债权人未就主合同纠纷提起诉讼或者申请仲裁，仅起诉一般保证人的，人民法院应当驳回起诉。

一般保证中，债权人一并起诉债务人和保证人的，人民法院可以受理，但是在作出判决时，除有民法典第六百八十七条第二款但书规定的情形外，应当在判决书主文中明确，保证人仅对债务人财产依法强制执行后仍不能履行的部分承担保证责任。

债权人未对债务人的财产申请保全，或者保全的债务人的财产足以清偿债务，债权人申请对一般保证人的财产进行保全的，人民法院不予准许。

第二十七条 一般保证的债权人取得对债务人赋予强制执行效力的公证债权文书后，在保证期间内向人民法院申请强制执行，保证人以债权人未在保证期间内对债务人提起诉讼或者申请仲裁为由主张不承担保证责任的，人民法院不予支持。

第二十八条 一般保证中，债权人依据生效法律文书对债务人的财产依法申请强制执行，保证债务诉讼时效的起算时间按照下列规则确定：

（一）人民法院作出终结本次执行程序裁定，或者依照民事诉讼法第二百五十七条第三项、第五项的规定作出终结执行裁定的，自裁定送达债权人之日起开始计算；

（二）人民法院自收到申请执行书之日起一年内未作出前项裁定的，自人民法院收到申请执行书满一年之日起开始计算，但是保证人有证据证明债务人仍有财产可供执行的除外。

一般保证的债权人在保证期间届满前对债务人提起诉讼或者申请仲裁，债权人举证证明存在民法典第六百八十七条第二款但书规定情形的，保证债务的诉讼时效自债权人知道或者应当知道该情形之日起开始计算。

第二十九条 同一债务有两个以上保证人，债权人以其已经在保证期间内依法向部分保证人行使权利为由，主张已经在保证期间内向其他保证人行使权利的，人民法院不予支持。

同一债务有两个以上保证人，保证人之间相互有追偿权，债权人未在保证期间内依法向部分保证人行使权利，导致其他保证人在承担保证责任后丧失追偿权，其他保证人主张在其不能追偿的范围内免除保证责任的，人民法院应予支持。

第三十条 最高额保证合同对保证期间的计算方式、起算时间等有约定的，按照其约定。

最高额保证合同对保证期间的计算方式、起算时间等没有约定或者约定不明，被担保债权的履行期限均已届满的，保证期间自债权确定之日起开始计算；被担保债权的履行期限尚未届满的，保证期间自最后到期债权的履行期限届满之日起开始计算。

前款所称债权确定之日，依照民法典第四百二十三条的规定认定。

第三十一条 一般保证的债权人在保证期间内对债务人提起诉讼或者申请仲裁后，又撤回起诉或者仲裁申请，债权人在保证期间届满前未再行提起诉讼或者申请仲裁，保证人主张不再承担保证责任的，人民法院应予支持。

连带责任保证的债权人在保证期间内对保证人提起诉讼或者申请仲裁后，又撤回起诉或者仲裁申请，起诉状副本或者仲裁申请书副本已经送达保证人的，人民法院应当认定债权人已经在保证期间内向保证人行使了权利。

第三十二条 保证合同约定保证人承担保证责任直至主债务本息还清时为止等类似内容的，视为约定不明，保证期间为主债务履行期限届满之日起六个月。

第三十三条 保证合同无效，债权人未在约定或者法定的保证期间内依法行使权利，保证人主张不承担赔偿责任的，人民法院应予支持。

第三十四条 人民法院在审理保证合同纠纷案件时，应当将保证期间是否届满、债权人是否在保证期间内依法行使权利等事实作为案件基本事实予以查明。

债权人在保证期间内未依法行使权利的，保证责任消灭。保证责任消灭后，债权人书面通知保证人要求承担保证责任，保证人在通知书上签字、盖章或者按指印，债权人请求保证人继续承担保证责任的，人民法院不予支持，但是债权人有证据证明成立了新的保证合同的除外。

第三十五条 保证人知道或者应当知道主债权诉讼时效期间届满仍然提供保证或者承担保证责任，又以诉讼时效期间届满为由拒绝承担保证责任或者请求返还财产的，人民法院不予支持；保证人承担保证责任后向债务人追偿的，人民法院不予支持，但是债务人放弃诉讼时效抗辩的除外。

第三十六条 第三人向债权人提供差额补足、流动性支持等类似承诺文件作为增信措施，具有提供担保的意思表示，债权人请求第三人承担保证责任的，人民法院应当依照保证的有关规定处理。

第三人向债权人提供的承诺文件，具有加入债务或者与债务人共同承担债务等意思表示的，人民法院应当认定为民法典第五百五十二条规定的债务加入。

前两款中第三人提供的承诺文件难以确定是保证还是债务加入的，人民法院应当将其认定为保证。

第三人向债权人提供的承诺文件不符合前三款规定的情形，债权人请求第三人承担保证责任或者连带责任的，人民法院不予支持，但是不影响其依据承诺文件请求第三人履行约定的义务或者承担相应的民事责任。

三、关于担保物权

（一）担保合同与担保物权的效力

第三十七条 当事人以所有权、使用权不明或者有争议的财产抵押，经审查构成无权处分的，人民法院应当依照民法典第三百一十一条的规定处理。

当事人以依法被查封或者扣押的财产抵押，抵押权人请求行使抵押权，经审查查封或者扣押措施已经解除的，人民法院应予支持。抵押人以抵押权设立时财产被查封或者扣押为由主张抵押合同无效的，人民法院不予支持。

以依法被监管的财产抵押的，适用前款规定。

第三十八条 主债权未受全部清偿，担保物权人主张就担保财产的全部行使担保物权的，人民法院应予支持，但是留置权人行使留置权的，应当依照民法典第四百五十条的规定处理。

担保财产被分割或者部分转让，担保物权人主张就分割或者转让后的担保财产行使担保物权的，人民法院应予支持，但是法律或者司法解释另有规定的除外。

第三十九条 主债权被分割或者部分转让，各债权人主张就其享有的债权份额行使担保物权的，人民法院应予支持，但是法律另有规定或者当事人另有约定的除外。

主债务被分割或者部分转移，债务人自己提供物的担保，债权人请求以该担保财产担保全部债务履行的，人民法院应予支持；第三人提供物的担保，主张对未经其书面同意转移的债务不再承担担保责任的，人民法院应予支持。

第四十条 从物产生于抵押权依法设立前，抵押权人主张抵押权的效力及于从物的，人民法院应予支持，但是当事人另有约定的除外。

从物产生于抵押权依法设立后，抵押权人主张抵押权的效力及于从物的，人民法院不予支持，但是在抵押权实现时可以一并处分。

第四十一条 抵押权依法设立后，抵押财产被添附，添附物归第三人所有，抵押权人主张抵押权效力及于补偿金的，人民法院应予支持。

抵押权依法设立后，抵押财产被添附，抵押人对添附物享有所有权，抵押权人主张抵押权的效力及于添附物的，人民法院应予支持，但是添附导致抵押财产价值增加的，抵押权的效力不及于增加的价值部分。

抵押权依法设立后，抵押人与第三人因添附成为添附物的共有人，抵押权人主张抵押权的效力及于抵押人对共有物享有的份额的，人民法院应予支持。

本条所称添附，包括附合、混合与加工。

第四十二条 抵押权依法设立后，抵押财产毁损、灭失或者被征收等，抵押权人请求按照原抵押权的顺位就保险金、赔偿金或者补偿金等优先受偿的，人民法院应予支持。

给付义务人已经向抵押人给付了保险金、赔偿金或者补偿金，抵押权人请求给付义务人向其给付保险金、赔偿金或者补偿金的，人民法院不予支持，但是给付义务人接到抵押权人要求向其给付的通知后仍然向抵押人给付的除外。

抵押权人请求给付义务人向其给付保险金、赔偿金或者补偿金的，人民法院可以通知抵押人作为第三人参加诉讼。

第四十三条 当事人约定禁止或者限制转让抵押财产但是未将约定登记，抵押人违反约定转让抵押财产，抵押权人请求确认转让合同无效的，人民法院不予支持；抵押财产已经交付或者登记，抵押权人请求确认转让不发生物权效力的，人民法院不予支持，但是抵押权人有证据证明受让人知道的除外；抵押权人请求抵押人承担违约责任的，人民法院依法予以支持。

当事人约定禁止或者限制转让抵押财产且已经将约定登记，抵押人违反约定转让抵押财产，抵押权人请求确认转让合同无效的，人民法院不予支持；抵押财产已经交付或者登记，抵押权人主张转让不发生物权效力的，人民法院应予支持，但是因受让人代替债务人清偿债务导致抵押权消灭的除外。

第四十四条 主债权诉讼时效期间届满后，抵押权人主张行使抵押权的，人民法院不予支持；抵押人以主债权诉讼时效期间届满为由，主张不承担担保责任的，人民法院应予支持。主债权诉讼时效期间届满前，债权人仅对债务人提起诉讼，经人民法院判决或者调解后未在民事诉讼法规定的申请执行时效期间内对债务人申请强制执行，其向抵押人主张行使抵押权的，人民法院不予支持。

主债权诉讼时效期间届满后，财产被留置的债务人或者对留置财产享有所有权的第三人请求债权人返还留置财产的，人民法院不予支持；债务人或者第三人请求拍卖、变卖留置财产并以所得价款清偿债务的，人民法院应予支持。

主债权诉讼时效期间届满的法律后果，以登记作为公示方式的权利质权，参照适用第一款的规定；动产质权、以交付权利凭证作为公示方式的权利质权，参照适用第二款的规定。

第四十五条 当事人约定当债务人不履行到期债务或者发生当事人约定的实现担保物权的情形，担保物权人有权将担保财产自行拍卖、变卖并就所得的价款优先受偿的，该约定有效。因担保人的原因导致担保物权人无法自行对担保财产进行拍卖、变卖，担保物权人请求担保人承担因此增加的费用的，人民法院应予支持。

当事人依照民事诉讼法有关“实现担保物权案件”的规定，申请拍卖、变卖担保财产，被申请人以担保合同约定仲裁条款为由主张驳回申请的，人民法院经审查后，应当按照以下情形分别处理：

（一）当事人对担保物权无实质性争议且实现担保物权条件已经成就的，应当裁定准许拍卖、变卖担保财产；

（二）当事人对实现担保物权有部分实质性争议的，可以就无争议的部分裁定准许拍卖、变卖担保财产，并告知可以就有争议的部分申请仲裁；

（三）当事人对实现担保物权有实质性争议的，裁定驳回申请，并告知可以向仲裁机构申请仲裁。

债权人以诉讼方式行使担保物权的，应当以债务人和担保人作为共同被告。

（二）不动产抵押

第四十六条　不动产抵押合同生效后未办理抵押登记手续，债权人请求抵押人办理抵押登记手续的，人民法院应予支持。

抵押财产因不可归责于抵押人自身的原因灭失或者被征收等导致不能办理抵押登记，债权人请求抵押人在约定的担保范围内承担责任的，人民法院不予支持；但是抵押人已经获得保险金、赔偿金或者补偿金等，债权人请求抵押人在其所获金额范围内承担赔偿责任的，人民法院依法予以支持。

因抵押人转让抵押财产或者其他可归责于抵押人自身的原因导致不能办理抵押登记，债权人请求抵押人在约定的担保范围内承担责任的，人民法院依法予以支持，但是不得超过抵押权能够设立时抵押人应当承担的责任范围。

第四十七条　不动产登记簿就抵押财产、被担保的债权范围等所作的记载与抵押合同约定不一致的，人民法院应当根据登记簿的记载确定抵押财产、被担保的债权范围等事项。

第四十八条　当事人申请办理抵押登记手续时，因登记机构的过错致使其不能办理抵押登记，当事人请求登记机构承担赔偿责任的，人民法院依法予以支持。

第四十九条 以违法的建筑物抵押的，抵押合同无效，但是一审法庭辩论终结前已经办理合法手续的除外。抵押合同无效的法律后果，依照本解释第十七条的有关规定处理。

当事人以建设用地使用权依法设立抵押，抵押人以土地上存在违法的建筑物为由主张抵押合同无效的，人民法院不予支持。

第五十条 抵押人以划拨建设用地上的建筑物抵押，当事人以该建设用地使用权不能抵押或者未办理批准手续为由主张抵押合同无效或者不生效的，人民法院不予支持。抵押权依法实现时，拍卖、变卖建筑物所得的价款，应当优先用于补缴建设用地使用权出让金。

当事人以划拨方式取得的建设用地使用权抵押，抵押人以未办理批准手续为由主张抵押合同无效或者不生效的，人民法院不予支持。已经依法办理抵押登记，抵押权人主张行使抵押权的，人民法院应予支持。抵押权依法实现时所得的价款，参照前款有关规定处理。

第五十一条 当事人仅以建设用地使用权抵押，债权人主张抵押权的效力及于土地上已有的建筑物以及正在建造的建筑物已完成部分的，人民法院应予支持。债权人主张抵押权的效力及于正在建造的建筑物的续建部分以及新增建筑物的，人民法院不予支持。

当事人以正在建造的建筑物抵押，抵押权的效力范围限于已办理抵押登记的部分。当事人按照担保合同的约定，主张抵押权的效力及于续建部分、新增建筑物以及规划中尚未建造的建筑物的，人民法院不予支持。

抵押人将建设用地使用权、土地上的建筑物或者正在建造的建筑物分别抵押给不同债权人的，人民法院应当根据抵押登记的时间先后确定清偿顺序。

第五十二条 当事人办理抵押预告登记后，预告登记权利人请求就抵押财产优先受偿，经审查存在尚未办理建筑物所有权首次登记、预告登记的财产与办理建筑物所有权首次登记时的财产不一致、抵押预告登记已经失效等情形，导致不具备办理抵押登记条件的，人民法院不予支持；经审查已经办理建筑物所有权首次登记，且不存在预告登记失效等情形的，人民法院应予支持，并应当认定抵押权自预告登记之日起设立。

当事人办理了抵押预告登记，抵押人破产，经审查抵押财产属于破产财产，预告登记权利人主张就抵押财产优先受偿的，人民法院应当在受理破产申请时抵押财产的价值范围内予以支持，但是在人民法院受理破产申请前一年内，债务人对没有财产担保的债务设立抵押预告登记的除外。

（三）动产与权利担保

第五十三条 当事人在动产和权利担保合同中对担保财产进行概括描述，该描述能够合理识别担保财产的，人民法院应当认定担保成立。

第五十四条 动产抵押合同订立后未办理抵押登记，动产抵押权的效力按照下列情形分别处理：

（一）抵押人转让抵押财产，受让人占有抵押财产后，抵押权人向受让人请求行使抵押权的，人民法院不予支持，但是抵押权人能够举证证明受让人知道或者应当知道已经订立抵押合同的除外；

（二）抵押人将抵押财产出租给他人并移转占有，抵押权人行使抵押权的，租赁关系不受影响，但是抵押权人能够举证证明承租人知道或者应当知道已经订立抵押合同的除外；

（三）抵押人的其他债权人向人民法院申请保全或者执行抵押财产，人民法院已经作出财产保全裁定或者采取执行措施，抵押权人主张对抵押财产优先受偿的，人民法院不予支持；

（四）抵押人破产，抵押权人主张对抵押财产优先受偿的，人民法院不予支持。

第五十五条 债权人、出质人与监管人订立三方协议，出质人以通过一定数量、品种等概括描述能够确定范围的货物为债务的履行提供担保，当事人有证据证明监管人系受债权人的委托监管并实际控制该货物的，人民法院应当认定质权于监管人实际控制货物之日起设立。监管人违反约定向出质人或者其他人放货、因保管不善导致货物毁损灭失，债权人请求监管人承担违约责任的，人民法院依法予以支持。

在前款规定情形下，当事人有证据证明监管人系受出质人委托监管该货物，或者虽然受债权人委托但是未实际履行监管职责，导致货物仍由出质人实际控制的，人民法院应当认定质权未设立。债权人可以基于质押合同的约定请求出质人承担违约责任，但是不得超过质权有效设立时出质人应当承担的责任范围。监管人未履行监管职责，债权人请求监管人承担责任的，人民法院依法予以支持。

第五十六条 买受人在出卖人正常经营活动中通过支付合理对价取得已被设立担保物权的动产，担保物权人请求就该动产优先受偿的，人民法院不予支持，但是有下列情形之一的除外：

（一）购买商品的数量明显超过一般买受人；

（二）购买出卖人的生产设备；

（三）订立买卖合同的目的在于担保出卖人或者第三人履行债务；

（四）买受人与出卖人存在直接或者间接的控制关系；

（五）买受人应当查询抵押登记而未查询的其他情形。

前款所称出卖人正常经营活动，是指出卖人的经营活动属于其营业执照明确记载的经营范围，且出卖人持续销售同类商品。前款所称担保物权人，是指已经办理登记的抵押权人、所有权保留买卖的出卖人、融资租赁合同的出租人。

第五十七条 担保人在设立动产浮动抵押并办理抵押登记后又购入或者以融资租赁方式承租新的动产，下列权利人为担保价款债权或者租金的实现而订立担保合同，并在该动产交付后十日内办理登记，主张其权利优先于在先设立的浮动抵押权的，人民法院应予支持：

（一）在该动产上设立抵押权或者保留所有权的出卖人；

（二）为价款支付提供融资而在该动产上设立抵押权的债权人；

（三）以融资租赁方式出租该动产的出租人。

买受人取得动产但未付清价款或者承租人以融资租赁方式占有租赁物但是未付清全部租金，又以标的物为他人设立担保物权，前款所列权利人为担保价款债权或者租金的实现而订立担保合同，并在该动产交付后十日内办理登记，主张其权利优先于买受人为他人设立的担保物权的，人民法院应予支持。

同一动产上存在多个价款优先权的，人民法院应当按照登记的时间先后确定清偿顺序。

第五十八条 以汇票出质，当事人以背书记载“质押”字样并在汇票上签章，汇票已经交付质权人的，人民法院应当认定质权自汇票交付质权人时设立。

第五十九条 存货人或者仓单持有人在仓单上以背书记载“质押”字样，并经保管人签章，仓单已经交付质权人的，人民法院应当认定质权自仓单交付质权人时设立。没有权利凭证的仓单，依法可以办理出质登记的，仓单质权自办理出质登记时设立。

出质人既以仓单出质，又以仓储物设立担保，按照公示的先后确定清偿顺序；难以确定先后的，按照债权比例清偿。

保管人为同一货物签发多份仓单，出质人在多份仓单上设立多个质权，按照公示的先后确定清偿顺序；难以确定先后的，按照债权比例受偿。

存在第二款、第三款规定的情形，债权人举证证明其损失系由出质人与保管人的共同行为所致，请求出质人与保管人承担连带赔偿责任的，人民法院应予支持。

第六十条 在跟单信用证交易中，开证行与开证申请人之间约定以提单作为担保的，人民法院应当依照民法典关于质权的有关规定处理。

在跟单信用证交易中，开证行依据其与开证申请人之间的约定或者跟单信用证的惯例持有提单，开证申请人未按照约定付款赎单，开证行主张对提单项下货物优先受偿的，人民法院应予支持；开证行主张对提单项下货物享有所有权的，人民法院不予支持。

在跟单信用证交易中，开证行依据其与开证申请人之间的约定或者跟单信用证的惯例，通过转让提单或者提单项下货物取得价款，开证申请人请求返还超出债权部分的，人民法院应予支持。

前三款规定不影响合法持有提单的开证行以提单持有人身份主张运输合同项下的权利。

第六十一条 以现有的应收账款出质，应收账款债务人向质权人确认应收账款的真实性后，又以应收账款不存在或者已经消灭为由主张不承担责任的，人民法院不予支持。

以现有的应收账款出质，应收账款债务人未确认应收账款的真实性，质权人以应收账款债务人为被告，请求就应收账款优先受偿，能够举证证明办理出质登记时应收账款真实存在的，人民法院应予支持；质权人不能举证证明办理出质登记时应收账款真实存在，仅以已经办理出质登记为由，请求就应收账款优先受偿的，人民法院不予支持。

以现有的应收账款出质，应收账款债务人已经向应收账款债权人履行了债务，质权人请求应收账款债务人履行债务的，人民法院不予支持，但是应收账款债务人接到质权人要求向其履行的通知后，仍然向应收账款债权人履行的除外。

以基础设施和公用事业项目收益权、提供服务或者劳务产生的债权以及其他将有的应收账款出质，当事人为应收账款设立特定账户，发生法定或者约定的质权实现事由时，质权人请求就该特定账户内的款项优先受偿的，人民法院应予支持；特定账户内的款项不足以清偿债务或者未设立特定账户，质权人请求折价或者拍卖、变卖项目收益权等将有的应收账款，并以所得的价款优先受偿的，人民法院依法予以支持。

第六十二条　债务人不履行到期债务，债权人因同一法律关系留置合法占有的第三人的动产，并主张就该留置财产优先受偿的，人民法院应予支持。第三人以该留置财产并非债务人的财产为由请求返还的，人民法院不予支持。

企业之间留置的动产与债权并非同一法律关系，债务人以该债权不属于企业持续经营中发生的债权为由请求债权人返还留置财产的，人民法院应予支持。

企业之间留置的动产与债权并非同一法律关系，债权人留置第三人的财产，第三人请求债权人返还留置财产的，人民法院应予支持。

四、关于非典型担保

第六十三条　债权人与担保人订立担保合同，约定以法律、行政法规尚未规定可以担保的财产权利设立担保，当事人主张合同无效的，人民法院不予支持。当事人未在法定的登记机构依法进行登记，主张该担保具有物权效力的，人民法院不予支持。

第六十四条　在所有权保留买卖中，出卖人依法有权取回标的物，但是与买受人协商不成，当事人请求参照民事诉讼法“实现担保物权案件”的有关规定，拍卖、变卖标的物的，人民法院应予准许。

出卖人请求取回标的物，符合民法典第六百四十二条规定的，人民法院应予支持；买受人以抗辩或者反诉的方式主张拍卖、变卖标的物，并在扣除买受人未支付的价款以及必要费用后返还剩余款项的，人民法院应当一并处理。

第六十五条　在融资租赁合同中，承租人未按照约定支付租金，经催告后在合理期限内仍不支付，出租人请求承租人支付全部剩余租金，并以拍卖、变卖租赁物所得的价款受偿的，人民法院应予支持；当事人请求参照民事诉讼法“实现担保物权案件”的有关规定，以拍卖、变卖租赁物所得价款支付租金的，人民法院应予准许。

出租人请求解除融资租赁合同并收回租赁物，承租人以抗辩或者反诉的方式主张返还租赁物价值超过欠付租金以及其他费用的，人民法院应当一并处理。当事人对租赁物的价值有争议的，应当按照下列规则确定租赁物的价值：

（一）融资租赁合同有约定的，按照其约定；

（二）融资租赁合同未约定或者约定不明的，根据约定的租赁物折旧以及合同到期后租赁物的残值来确定；

（三）根据前两项规定的方法仍然难以确定，或者当事人认为根据前两项规定的方法确定的价值严重偏离租赁物实际价值的，根据当事人的申请委托有资质的机构评估。

第六十六条 同一应收账款同时存在保理、应收账款质押和债权转让，当事人主张参照民法典第七百六十八条的规定确定优先顺序的，人民法院应予支持。

在有追索权的保理中，保理人以应收账款债权人或者应收账款债务人为被告提起诉讼，人民法院应予受理；保理人一并起诉应收账款债权人和应收账款债务人的，人民法院可以受理。

应收账款债权人向保理人返还保理融资款本息或者回购应收账款债权后，请求应收账款债务人向其履行应收账款债务的，人民法院应予支持。

第六十七条 在所有权保留买卖、融资租赁等合同中，出卖人、出租人的所有权未经登记不得对抗的“善意第三人”的范围及其效力，参照本解释第五十四条的规定处理。

第六十八条 债务人或者第三人与债权人约定将财产形式上转移至债权人名下，债务人不履行到期债务，债权人有权对财产折价或者以拍卖、变卖该财产所得价款偿还债务的，人民法院应当认定该约定有效。当事人已经完成财产权利变动的公示，债务人不履行到期债务，债权人请求参照民法典关于担保物权的有关规定就该财产优先受偿的，人民法院应予支持。

债务人或者第三人与债权人约定将财产形式上转移至债权人名下，债务人不履行到期债务，财产归债权人所有的，人民法院应当认定该约定无效，但是不影响当事人有关提供担保的意思表示的效力。当事人已经完成财产权利变动的公示，债务人不履行到期债务，债权人请求对该财产享有所有权的，人民法院不予支持；债权人请求参照民法典关于担保物权的规定对财产折价或者以拍卖、变卖该财产所得的价款优先受偿的，人民法院应予支持；债务人履行债务后请求返还财产，或者请求对财产折价或者以拍卖、变卖所得的价款清偿债务的，人民法院应予支持。

债务人与债权人约定将财产转移至债权人名下，在一定期间后再由债务人或者其指定的第三人以交易本金加上溢价款回购，债务人到期不履行回购义务，财产归债权人所有的，人民法院应当参照第二款规定处理。回购对象自始不存在的，人民法院应当依照民法典第一百四十六条第二款的规定，按照其实际构成的法律关系处理。

第六十九条 股东以将其股权转移至债权人名下的方式为债务履行提供担保，公司或者公司的债权人以股东未履行或者未全面履行出资义务、抽逃出资等为由，请求作为名义股东的债权人与股东承担连带责任的，人民法院不予支持。

第七十条 债务人或者第三人为担保债务的履行，设立专门的保证金账户并由债权人实际控制，或者将其资金存入债权人设立的保证金账户，债权人主张就账户内的款项优先受偿的，人民法院应予支持。当事人以保证金账户内的款项浮动为由，主张实际控制该账户的债权人对账户内的款项不享有优先受偿权的，人民法院不予支持。

在银行账户下设立的保证金分户，参照前款规定处理。

当事人约定的保证金并非为担保债务的履行设立，或者不符合前两款规定的情形，债权人主张就保证金优先受偿的，人民法院不予支持，但是不影响当事人依照法律的规定或者按照当事人的约定主张权利。

五、附　则

第七十一条 本解释自 2021 年 1 月 1 日起施行。

不动产登记暂行条例

（2014 年 11 月 24 日中华人民共和国国务院令第 656 号公布 根据 2019 年 3 月 24 日《国务院关于修改部分行政法规的决定》修订）

第一章　总　　则

第一条　为整合不动产登记职责，规范登记行为，方便群众申请登记，保护权利人合法权益，根据《中华人民共和国物权法》等法律，制定本条例。

第二条　本条例所称不动产登记，是指不动产登记机构依法将不动产权利归属和其他法定事项记载于不动产登记簿的行为。

本条例所称不动产，是指土地、海域以及房屋、林木等定着物。

第三条　不动产首次登记、变更登记、转移登记、注销登记、更正登记、异议登记、预告登记、查封登记等，适用本条例。

第四条　国家实行不动产统一登记制度。

不动产登记遵循严格管理、稳定连续、方便群众的原则。

不动产权利人已经依法享有的不动产权利，不因登记机构和登记程序的改变而受到影响。

第五条　下列不动产权利，依照本条例的规定办理登记：

（一）集体土地所有权；

（二）房屋等建筑物、构筑物所有权；

（三）森林、林木所有权；

（四）耕地、林地、草地等土地承包经营权；

（五）建设用地使用权；

（六）宅基地使用权；

（七）海域使用权；

（八）地役权；

（九）抵押权；

（十）法律规定需要登记的其他不动产权利。

第六条 国务院国土资源主管部门负责指导、监督全国不动产登记工作。

县级以上地方人民政府应当确定一个部门为本行政区域的不动产登记机构，负责不动产登记工作，并接受上级人民政府不动产登记主管部门的指导、监督。

第七条 不动产登记由不动产所在地的县级人民政府不动产登记机构办理；直辖市、设区的市人民政府可以确定本级不动产登记机构统一办理所属各区的不动产登记。

跨县级行政区域的不动产登记，由所跨县级行政区域的不动产登记机构分别办理。不能分别办理的，由所跨县级行政区域的不动产登记机构协商办理；协商不成的，由共同的上一级人民政府不动产登记主管部门指定办理。

国务院确定的重点国有林区的森林、林木和林地，国务院批准项目用海、用岛，中央国家机关使用的国有土地等不动产登记，由国务院国土资源主管部门会同有关部门规定。

第二章 不动产登记簿

第八条 不动产以不动产单元为基本单位进行登记。不动产单元具有唯一编码。

不动产登记机构应当按照国务院国土资源主管部门的规定设立统一的不动产登记簿。

不动产登记簿应当记载以下事项：

（一）不动产的坐落、界址、空间界限、面积、用途等自然状况；

（二）不动产权利的主体、类型、内容、来源、期限、权利变化等权属状况；

（三）涉及不动产权利限制、提示的事项；

（四）其他相关事项。

第九条 不动产登记簿应当采用电子介质，暂不具备条件的，可以采用纸质介质。不动产登记机构应当明确不动产登记簿唯一、合法的介质形式。

不动产登记簿采用电子介质的，应当定期进行异地备份，并具有唯一、确定的纸质转化形式。

第十条 不动产登记机构应当依法将各类登记事项准确、完整、清晰地记载于不动产登记簿。任何人不得损毁不动产登记簿，除依法予以更正外不得修改登记事项。

第十一条 不动产登记工作人员应当具备与不动产登记工作相适应的专业知识和业务能力。

不动产登记机构应当加强对不动产登记工作人员的管理和专业技术培训。

第十二条 不动产登记机构应当指定专人负责不动产登记簿的保管，并建立健全相应的安全责任制度。

采用纸质介质不动产登记簿的，应当配备必要的防盗、防火、防渍、防有害生物等安全保护设施。

采用电子介质不动产登记簿的，应当配备专门的存储设施，并采取信息网络安全防护措施。

第十三条 不动产登记簿由不动产登记机构永久保存。不动产登记簿损毁、灭失的，不动产登记机构应当依据原有登记资料予以重建。

行政区域变更或者不动产登记机构职能调整的，应当及时将不动产登记簿移交相应的不动产登记机构。

第三章 登 记 程 序

第十四条 因买卖、设定抵押权等申请不动产登记的，应当由当事人双方共同申请。

属于下列情形之一的，可以由当事人单方申请：

（一）尚未登记的不动产首次申请登记的；

（二）继承、接受遗赠取得不动产权利的；

（三）人民法院、仲裁委员会生效的法律文书或者人民政府生效的决定等设立、变更、转让、消灭不动产权利的；

（四）权利人姓名、名称或者自然状况发生变化，申请变更登记的；

（五）不动产灭失或者权利人放弃不动产权利，申请注销登记的；

（六）申请更正登记或者异议登记的；

（七）法律、行政法规规定可以由当事人单方申请的其他情形。

第十五条 当事人或者其代理人应当向不动产登记机构申请不动产登记。

不动产登记机构将申请登记事项记载于不动产登记簿前，申请人可以撤回登记申请。

第十六条 申请人应当提交下列材料，并对申请材料的真实性负责：

（一）登记申请书；

（二）申请人、代理人身份证明材料、授权委托书；

（三）相关的不动产权属来源证明材料、登记原因证明文件、不动产权属证书；

（四）不动产界址、空间界限、面积等材料；

（五）与他人利害关系的说明材料；

（六）法律、行政法规以及本条例实施细则规定的其他材料。

不动产登记机构应当在办公场所和门户网站公开申请登记所需材料目录和示范文本等信息。

第十七条 不动产登记机构收到不动产登记申请材料，应当分别按照下列情况办理：

（一）属于登记职责范围，申请材料齐全、符合法定形式，或者申请人按照要求提交全部补正申请材料的，应当受理并书面告知申请人；

（二）申请材料存在可以当场更正的错误的，应当告知申请人当场更正，申请人当场更正后，应当受理并书面告知申请人；

（三）申请材料不齐全或者不符合法定形式的，应当当场书面告知申请人不予受理并一次性告知需要补正的全部内容；

（四）申请登记的不动产不属于本机构登记范围的，应当当场书面告知申请人不予受理并告知申请人向有登记权的机构申请。

不动产登记机构未当场书面告知申请人不予受理的，视为受理。

第十八条 不动产登记机构受理不动产登记申请的，应当按照下列要求进行查验：

（一）不动产界址、空间界限、面积等材料与申请登记的不动产状况是否一致；

（二）有关证明材料、文件与申请登记的内容是否一致；

（三）登记申请是否违反法律、行政法规规定。

第十九条 属于下列情形之一的，不动产登记机构可以对申请登记的不动产进行实地查看：

（一）房屋等建筑物、构筑物所有权首次登记；

（二）在建建筑物抵押权登记；

（三）因不动产灭失导致的注销登记；

（四）不动产登记机构认为需要实地查看的其他情形。

对可能存在权属争议，或者可能涉及他人利害关系的登记申请，不动产登记机构可以向申请人、利害关系人或者有关单位进行调查。

不动产登记机构进行实地查看或者调查时，申请人、被调查人应当予以配合。

第二十条 不动产登记机构应当自受理登记申请之日起30个工作日内办结不动产登记手续，法律另有规定的除外。

第二十一条 登记事项自记载于不动产登记簿时完成登记。

不动产登记机构完成登记，应当依法向申请人核发不动产权属证书或者登记证明。

第二十二条 登记申请有下列情形之一的，不动产登记机构应当不予登记，并书面告知申请人：

（一）违反法律、行政法规规定的；

（二）存在尚未解决的权属争议的；

（三）申请登记的不动产权利超过规定期限的；

（四）法律、行政法规规定不予登记的其他情形。

第四章 登记信息共享与保护

第二十三条 国务院国土资源主管部门应当会同有关部门建立统一的不动产登记信息管理基础平台。

各级不动产登记机构登记的信息应当纳入统一的不动产登记信息管理基础平台，确保国家、省、市、县四级登记信息的实时共享。

第二十四条 不动产登记有关信息与住房城乡建设、农业、林业、海洋等部门审批信息、交易信息等应当实时互通共享。

不动产登记机构能够通过实时互通共享取得的信息，不得要求不动产登记申请人重复提交。

第二十五条 国土资源、公安、民政、财政、税务、工商、金融、审计、统计等部门应当加强不动产登记有关信息互通共享。

第二十六条 不动产登记机构、不动产登记信息共享单位及其工作人员应当对不动产登记信息保密；涉及国家秘密的不动产登记信息，应当依法采取必要的安全保密措施。

第二十七条 权利人、利害关系人可以依法查询、复制不动产登记资料，不动产登记机构应当提供。

有关国家机关可以依照法律、行政法规的规定查询、复制与调查处理事项有关的不动产登记资料。

第二十八条 查询不动产登记资料的单位、个人应当向不动产登记机构说明查询目的，不得将查询获得的不动产登记资料用于其他目的；未经权利人同意，不得泄露查询获得的不动产登记资料。

第五章 法律责任

第二十九条 不动产登记机构登记错误给他人造成损害，或者当事人提供虚假材料申请登记给他人造成损害的，依照《中华人民共和国物权法》的规定承担赔偿责任。

第三十条 不动产登记机构工作人员进行虚假登记，损毁、伪造不动产登记簿，擅自修改登记事项，或者有其他滥用职权、玩忽职守行为的，依法给予处分；给他人造成损害的，依法承担赔偿责任；构成犯罪的，依法追究刑事责任。

第三十一条 伪造、变造不动产权属证书、不动产登记证明，或者买卖、使用伪造、变造的不动产权属证书、不动产登记证明的，由不动产登记机构或者公安机关依法予以收缴；有违法所得的，没收违法所得；给他人造成损害的，依法承担赔偿责任；构成违反治安管理行为的，依法给予治安管理处罚；构成犯罪的，依法追究刑事责任。

第三十二条 不动产登记机构、不动产登记信息共享单位及其工作人员，查询不动产登记资料的单位或者个人违反国家规定，泄露不动产登记资料、登记信息，或者利用不动产登记资料、登记信息进行不正当活动，给他人造成损害的，依法承担赔偿责任；对有关责任人员依法给予处分；有关责任人员构成犯罪的，依法追究刑事责任。

第六章 附 则

第三十三条 本条例施行前依法颁发的各类不动产权属证书和制作的不动产登记簿继续有效。

不动产统一登记过渡期内，农村土地承包经营权的登记按照国家有关规定执行。

第三十四条 本条例实施细则由国务院国土资源主管部门会同有关部门制定。

第三十五条 本条例自 2015 年 3 月 1 日起施行。本条例施行前公布的行政法规有关不动产登记的规定与本条例规定不一致的，以本条例规定为准。

最高人民法院关于审理建筑物区分所有权纠纷案件适用法律若干问题的解释

（2009 年 3 月 23 日最高人民法院审判委员会第 1464 次会议通过 根据 2020 年 12 月 23 日最高人民法院审判委员会第 1823 次会议通过的《最高人民法院关于修改〈最高人民法院关于在民事审判工作中适用《中华人民共和国工会法》若干问题的解释〉等二十七件民事类司法解释的决定》修正）

为正确审理建筑物区分所有权纠纷案件，依法保护当事人的合法权益，根据《中华人民共和国民法典》等法律的规定，结合民事审判实践，制定本解释。

第一条 依法登记取得或者依据民法典第二百二十九条至第二百三十一条规定取得建筑物专有部分所有权的人，应当认定为民法典第二编第六章所称的业主。

基于与建设单位之间的商品房买卖民事法律行为，已经合法占有建筑物专有部分，但尚未依法办理所有权登记的人，可以认定为民法典第二编第六章所称的业主。

第二条 建筑区划内符合下列条件的房屋，以及车位、摊位等特定空间，应当认定为民法典第二编第六章所称的专有部分：

（一）具有构造上的独立性，能够明确区分；

（二）具有利用上的独立性，可以排他使用；

（三）能够登记成为特定业主所有权的客体。

规划上专属于特定房屋，且建设单位销售时已经根据规划列入该特定房屋买卖合同中的露台等，应当认定为前款所称的专有部分的组成部分。

本条第一款所称房屋，包括整栋建筑物。

第三条 除法律、行政法规规定的共有部分外，建筑区划内的以下部分，也应当认定为民法典第二编第六章所称的共有部分：

（一）建筑物的基础、承重结构、外墙、屋顶等基本结构部分，通道、楼梯、大堂等公共通行部分，消防、公共照明等附属设施、设备，避难层、设备层或者设备间等结构部分；

（二）其他不属于业主专有部分，也不属于市政公用部分或者其他权利人所有的场所及设施等。

建筑区划内的土地，依法由业主共同享有建设用地使用权，但属于业主专有的整栋建筑物的规划占地或者城镇公共道路、绿地占地除外。

第四条 业主基于对住宅、经营性用房等专有部分特定使用功能的合理需要，无偿利用屋顶以及与其专有部分相对应的外墙面等共有部分的，不应认定为侵权。但违反法律、法规、管理规约，损害他人合法权益的除外。

第五条 建设单位按照配置比例将车位、车库，以出售、附赠或者出租等方式处分给业主的，应当认定其行为符合民法典第二百七十六条有关“应当首先满足业主的需要”的规定。

前款所称配置比例是指规划确定的建筑区划内规划用于停放汽车的车位、车库与房屋套数的比例。

第六条 建筑区划内在规划用于停放汽车的车位之外，占用业主共有道路或者其他场地增设的车位，应当认定为民法典第二百七十五条第二款所称的车位。

第七条 处分共有部分，以及业主大会依法决定或者管理规约依法确定应由业主共同决定的事项，应当认定为民法典第二百七十八条第一款第（九）项规定的有关共有和共同管理权利的“其他重大事项”。

第八条 民法典第二百七十八条第二款和第二百八十三条规定的专有部分面积可以按照不动产登记簿记载的面积计算；尚未进行物权登记的，暂按测绘机构的实测面积计算；尚未进行实测的，暂按房屋买卖合同记载的面积计算。

第九条 民法典第二百七十八条第二款规定的业主人数可以按照专有部分的数量计算，一个专有部分按一人计算。但建设单位尚未出售和虽已出售但尚未交付的部分，以及同一买受人拥有一个以上专有部分的，按一人计算。

第十条 业主将住宅改变为经营性用房，未依据民法典第二百七十九条的规定经有利害关系的业主一致同意，有利害关系的业主请求排除妨害、消除危险、恢复原状或者赔偿损失的，人民法院应予支持。

将住宅改变为经营性用房的业主以多数有利害关系的业主同意其行为进行抗辩的，人民法院不予支持。

第十一条 业主将住宅改变为经营性用房，本栋建筑物内的其他业主，应当认定为民法典第二百七十九条所称“有利害关系的业主”。建筑区划内，本栋建筑物之外的业主，主张与自己有利害关系的，应证明其房屋价值、生活质量受到或者可能受到不利影响。

第十二条 业主以业主大会或者业主委员会作出的决定侵害其合法权益或者违反了法律规定的程序为由，依据民法典第二百八十条第二款的规定请求人民法院撤销该决定的，应当在知道或者应当知道业主大会或者业主委员会作出决定之日起一年内行使。

第十三条 业主请求公布、查阅下列应当向业主公开的情况和资料的，人民法院应予支持：

（一）建筑物及其附属设施的维修资金的筹集、使用情况；

（二）管理规约、业主大会议事规则，以及业主大会或者业主委员会的决定及会议记录；

（三）物业服务合同、共有部分的使用和收益情况；

（四）建筑区划内规划用于停放汽车的车位、车库的处分情况；

（五）其他应当向业主公开的情况和资料。

第十四条 建设单位、物业服务企业或者其他管理人等擅自占用、处分业主共有部分、改变其使用功能或者进行经营性活动，权利人请求排除妨害、恢复原状、确认处分行为无效或者赔偿损失的，人民法院应予支持。

属于前款所称擅自进行经营性活动的情形，权利人请求建设单位、物业服务企业或者其他管理人等将扣除合理成本之后的收益用于补充专项维修资金或者业主共同决定的其他用途的，人民法院应予支持。行为人对成本的支出及其合理性承担举证责任。

第十五条 业主或者其他行为人违反法律、法规、国家相关强制性标准、管理规约，或者违反业主大会、业主委员会依法作出的决定，实施下列行为的，可以认定为民法典第二百八十六条第二款所称的其他“损害他人合法权益的行为”：

（一）损害房屋承重结构，损害或者违章使用电力、燃气、消防设施，在建筑物内放置危险、放射性物品等危及建筑物安全或者妨碍建筑物正常使用；

（二）违反规定破坏、改变建筑物外墙面的形状、颜色等损害建筑物外观；

（三）违反规定进行房屋装饰装修；

（四）违章加建、改建，侵占、挖掘公共通道、道路、场地或者其他共有部分。

第十六条 建筑物区分所有权纠纷涉及专有部分的承租人、借用人等物业使用人的，参照本解释处理。

专有部分的承租人、借用人等物业使用人，根据法律、法规、管理规约、业主大会或者业主委员会依法作出的决定，以及其与业主的约定，享有相应权利，承担相应义务。

第十七条 本解释所称建设单位，包括包销期满，按照包销合同约定的包销价格购买尚未销售的物业后，以自己名义对外销售的包销人。

第十八条 人民法院审理建筑物区分所有权案件中，涉及有关物权归属争议的，应当以法律、行政法规为依据。

第十九条 本解释自2009年10月1日起施行。

因物权法施行后实施的行为引起的建筑物区分所有权纠纷案件，适用本解释。

本解释施行前已经终审，本解释施行后当事人申请再审或者按照审判监督程序决定再审的案件，不适用本解释。

最高人民法院关于审理物业服务纠纷案件适用法律若干问题的解释

（2009年4月20日最高人民法院审判委员会第1466次会议通过 根据2020年12月23日最高人民法院审判委员会第1823次会议通过的《最高人民法院关于修改〈最高人民法院关于在民事审判工作中适用《中华人民共和国工会法》若干问题的解释〉等二十七件民事类司法解释的决定》修正）

为正确审理物业服务纠纷案件，依法保护当事人的合法权益，根据《中华人民共和国民法典》等法律规定，结合民事审判实践，制定本解释。

第一条 业主违反物业服务合同或者法律、法规、管理规约，实施妨碍物业服务与管理的行为，物业服务人请求业主承担停止侵害、排除妨碍、恢复原状等相应民事责任的，人民法院应予支持。

第二条 物业服务人违反物业服务合同约定或者法律、法规、部门规章规定，擅自扩大收费范围、提高收费标准或者重复收费，业主以违规收费为由提出抗辩的，人民法院应予支持。

业主请求物业服务人退还其已经收取的违规费用的，人民法院应予支持。

第三条 物业服务合同的权利义务终止后，业主请求物业服务人退还已经预收，但尚未提供物业服务期间的物业费的，人民法院应予支持。

第四条 因物业的承租人、借用人或者其他物业使用人实施违反物业服务合同，以及法律、法规或者管理规约的行为引起的物业服务纠纷，人民法院院可以参照关于业主的规定处理。

第五条 本解释自 2009 年 10 月 1 日起施行。

本解释施行前已经终审，本解释施行后当事人申请再审或者按照审判监督程序决定再审的案件，不适用本解释。

图书在版编目（CIP）数据

中华人民共和国民法典：案例注释版．物权编／中国法制出版社编．—北京：中国法制出版社，2021.9
（法律法规案例注释版系列；3）
ISBN 978－7－5216－2150－1

Ⅰ．①中…　Ⅱ．①中…　Ⅲ．①物权法－案例－中国　Ⅳ．①D923.24

中国版本图书馆 CIP 数据核字（2021）第 180041 号

责任编辑　谢雯　　　　封面设计　蒋怡　杨鑫宇

中华人民共和国民法典：案例注释版．物权编
ZHONGHUA RENMIN GONGHEGUO MINFADIAN：ANLI ZHUSHIBAN. WUQUANBIAN

经销/新华书店
印刷/三河市国英印务有限公司
开本/850 毫米×1168 毫米　32 开　　　　印张/ 8.75　字数/ 244 千
版次/2021 年 9 月第 1 版　　　　2021 年 9 月第 1 次印刷

中国法制出版社出版
书号 ISBN 978－7－5216－2150－1　　　　定价：30.00 元

北京市西城区西便门西里甲 16 号西便门办公区
邮政编码 100053　　　　传真：传真：010－63141852
网址：http：//www.zgfzs.com　　　　**编辑部电话：010－63141792**
市场营销部电话：010－63141612　　　　**印务部电话：010－63141606**

（如有印装质量问题，请与本社印务部联系。）